Kohlhammer

Klausur Intensiv Training BWL Band 17

Herausgeber: Werner Pepels

Die Kurzlehrbuchreihe „Klausur Intensiv Training BWL" bildet den prüfungsrelevanten Stoff der Kernfächer des Wirtschaftsstudiums ab. Allgemeines Wirtschaftsrecht wird in diesem Band in einer Breite und Tiefe behandelt, wie es für den erfolgreichen Abschluss des Studiums als erforderlich anzusehen ist.

Udo Beer
Jürgen Reese

Allgemeines Wirtschaftsrecht

Verlag W. Kohlhammer

Die Deutsche Bibliothek – CIP-Einheitsaufnahme

Beer, Udo:
Allgemeines Wirtschaftsrecht / Udo Beer ; Jürgen Reese. –
Stuttgart ; Berlin ; Köln : Kohlhammer, 2001
    (Klausur-Intensivtraining BWL ; Bd. 17)
    ISBN 3-17-016499-6

Alle Rechte vorbehalten
© 2001 W. Kohlhammer GmbH
Stuttgart Berlin Köln
Verlagsort: Stuttgart
Umschlag: Data Images GmbH
Gesamtherstellung:
W. Kohlhammer Druckerei GmbH + Co. Stuttgart
Printed in Germany

Herausgebervorwort

Die Kurzlehrbuchreihe „Klausur Intensiv Training BWL" (BWL-KIT) besteht aus 20 Bänden, welche die Kerninhalte der gängigen Fächer im Grundstudium deutschsprachiger Hochschulen repräsentieren. Jeder Band ist dabei auf die Kerninhalte des jeweiligen Fachs konzentriert und schafft somit eine knappe, Aussage fähige Darstellung des relevanten Lehrstoffs. Die Autoren der Reihe sind ausnahmslos Professoren/Innen mit langjähriger Vorlesungs- und Prüfungsroutine sowie eigener fachpraktischer Berufserfahrung.
Unterstützend wirken zusätzlich zahlreiche didaktische Hilfsmittel wie

- Übungsaufgaben mit ausformulierten Lösungshinweisen,
- kommentierte Literaturhinweise,
- umfassende Verzeichnisse zu Abkürzungen und Stichwörtern,
- klar formulierte Lehrziele für jedes Kapitel,
- informative Abbildungen,
- verständliche Formulierungen mit erklärten Fachbegriffen.

Jeder Band der Reihe vereint damit die Kennzeichen eines guten Lehrbuchs mit denen von Skripten. Vom Lehrbuch hat er die systematische, analytische Strukturierung, von Skripten seine anschauliche, anwendungsbezogene Aufmachung. Diese Kurzlehrbuchreihe eignet sich damit für alle BWL-/WiWi-Studierenden an Universitäten und Fachhochschulen sowie an Akademien (wie BA/VWA) und Praxis orientierten Weiterbildungseinrichtungen. Ihnen wird hiermit eine fundierte Vor- und Nachbereitung aller gängigen Veranstaltungen sowie eine sichere Klausurvorbereitung zugänglich. Die Reihe eignet sich weiterhin bestens für Fach- und Führungskräfte in Industrie und Verwaltung.
Damit eine solche komplexe Reihe entstehen kann, bedarf es vielfältiger Unterstützung. Es sei daher den beteiligten Autoren/Innen gedankt. Ohne ihre kooperative Beteiligung wäre diese Reihe gar nicht möglich gewesen. Verbesserungsvorschläge (gerichtet an werner.pepels@t-online.de oder susanne.dubbers@kohlhammer.de) sind im Übrigen jederzeit hoch willkommen.
Im Mittelpunkt aller Arbeiten während der Konzipierung und Erstellung dieser Kurzlehrbuchreihe stehen jedoch immer Sie als Leser. Daher sei Ihnen nunmehr aller erdenkliche Erfolg bei der Umsetzung der gewonnenen Erkenntnisse aus diesem Band in Studium und Beruf gewünscht.

Krefeld, im September 2000   Werner Pepels

Autorenvorwort

Die Autoren haben versucht, das für Betriebswirte zum Bestehen der wirtschaftsrechtlichen Klausuren erforderliche Minimalwissen aufzubereiten. Um dem Leser die Mitarbeit zu erleichtern, befinden sich nach jedem größeren Abschnitt Checklisten mit Hinweisen auf den gerade gelesenen Stoff. Über das Buch verteilt, gibt es eine Reihe von Übungsfällen, die so oder ähnlich in Klausuren erscheinen können. Die Bearbeiter sollten versuchen, sich jeweils 15 bis 20 Minuten Zeit für die Lösung der Aufgaben zu nehmen. Am Ende des Buches geben wir Hinweise, worauf wir die Lösung stützen. All denen, die dieses Buch durcharbeiten, möchten wir quasi außerhalb der Tagesordnung einige wichtige Hinweise im Umgang mit dem Klausurtext geben. Geben Sie sich ausreichend Zeit, den Sachverhalt richtig wahrzunehmen. Lesen Sie ihn mehrfach durch, machen Sie sich eine Skizze mit den Beteiligten. Stellen Sie fest, wer was von wem will. Nehmen Sie anschließend das Gesetz zur Hand und suchen Sie die einschlägigen Anspruchsgrundlagen, notfalls über das Stichwortverzeichnis der Gesetzessammlung. Hüten Sie sich davor, den Sachverhalt zu verbiegen, um erlerntes Wissen an den Mann bzw. die Frau zu bringen. Die Sachverhalte sind in der Regel auf eine bestimmte Lösung hin konzipiert, so dass nichts Überflüssiges in ihnen steht.

Wenn Ihnen inhaltlich nicht sonderlich viel zur Lösung einfällt, achten Sie wenigstens darauf, dass die Arbeit einen sauberen, geordneten Eindruck macht. Da wir selbst jedes Semester zahlreiche Klausuren korrigieren, wissen wir, wovon wir reden. Es ist heute leider keine Regel mehr, die Arbeit gut leserlich und sauber zu verfassen. Ein Rand erleichtert es dem Prüfer oder der Prüferin, Bemerkungen anzubringen. Eine Klausur ist auch ein Stück Kommunikation mit dem Prüfer. Warum sollten Sie ihn gegen sich einnehmen? Wenn er den Text nicht lesen kann, das Papier dreckig und zerknickt ist, befinden Sie sich psychologisch im roten Bereich und müssen sich durch eine besondere Leistung erst wieder „beliebt" machen. Als BWLer sollten Sie genügend Verständnis für diese Art der Kundenbeeinflussung haben. Denn der Prüfer ist nichts anderes als der Kunde Ihres Werkes!

In diesem Sinne wünschen wir Ihnen viel Erfolg bei Ihren Bemühungen.

Sehestedt/Altenholz, im März 2001

Udo Beer
Jürgen Reese

Inhaltsverzeichnis

Abkürzungsverzeichnis XII
Abbildungsverzeichnis XV

1. Das Recht		1
1.1	Einführung	2
1.2	Die Rechtsgebiete	3
1.2.1	Allgemeines	3
1.2.2	Abgrenzung zwischen Zivilrecht und öffentlichem Recht	5
1.2.3	Die Rechtsfamilien	8
1.3	Die Gesetze	10
1.3.1	Allgemeines	10
1.3.2	Das Wirtschaftsprivatrecht	12
1.3.3	Die öffentlich-rechtlichen Überlagerungen	12
1.3.3.1	Im allgemeinen Zivilrecht	13
1.3.3.2	Im Mietrecht	14
1.3.3.3	Im Arbeitsrecht	15
1.3.3.4	In der staatlichen Wettbewerbsordnung	15
1.3.4	Hierarchie der Normen	16
1.3.5	Die Auslegung	17
1.3.6	Die Fallbearbeitung	24
1.3.7	Der Aufbau des BGB	30
1.4	Das Gerichtssystem	33
1.4.1	Allgemeines	33
1.4.2	Die Gerichtszweige und ihre Gliederung	33
1.4.3	Die Durchsetzung zivilrechtlicher Ansprüche	35
1.4.4	Die Kosten des Rechtsstreits	38
1.5	Die Wirtschaftsverwaltung	42
1.5.1	Die Wirtschaftsverfassung	42
1.5.2	Das Wirtschaftsverwaltungsrecht	44
1.5.3	Die Behörden der Wirtschaftsverwaltung	45

1.6	Die Europäisierung des Rechts	49
1.6.1	Primäres Gemeinschaftsrecht	49
1.6.1.1	EG-Vertrag	50
1.6.1.2	Ungeschriebenes Primärrecht	51
1.6.2	Sekundäres Gemeinschaftsrecht	51

2. Die Person ... 57

2.1	Allgemeines	58
2.2	Die natürliche Person	58
2.2.1	Der Bürger	59
2.2.1.1	Die Rechtsfähigkeit	59
2.2.1.2	Die Geschäftsfähigkeit	59
2.2.2.1	Geschäftsunfähigkeit	60
2.2.2.2	Beschränkte Geschäftsfähigkeit	61
2.3	Die Stellvertretung	64
2.3.1	Zulässigkeit	64
2.3.2	Erklärung des Vertreters	64
2.3.3	Im Namen des Vertretenen	65
2.3.4	Vertretungsmacht	65
2.3.4.1	Gesetzliche Vertretung	66
2.3.4.2	Gewillkürte Vertretung	66
2.3.4.3	Gesamtvertretung	67
2.3.5	Vertreter ohne Vertretungsmacht	67
2.3.6	Schutz des Dritten	68
2.3.6.1	Außenvollmacht	68
2.3.6.2	Duldungsvollmacht	68
2.3.6.3	Anscheinsvollmacht	68
2.3.7	Selbstkontrahieren	69
2.3.8	Außenverhältnis und Innenverhältnis	70
2.3.9	Erlöschen der Vollmacht	71
2.4	Der Kaufmann	71
2.4.1	Ist-Kaufmann	72
2.4.2	Kannkaufmann	73
2.4.2.1	Gewerbliches Unternehmen	73
2.4.2.2	Land- und forstwirtschaftliches Unternehmen	73
2.4.3	Scheinkaufmann	73
2.4.4	Kaufmann kraft Rechtsform	74

2.5	Das Handelsregister	75
2.5.1	Allgemeines	75
2.5.2	Eintragungspflichtige Tatsachen	75
2.5.3	Wirkung der Eintragung	75
2.5.4	Publizität des Handelsregisters	76
2.5.4.1	Nicht eingetragene Tatsachen	76
2.5.4.2	Wirkung eingetragener Tatsachen	76
2.5.4.3	Unrichtige Bekanntmachung	77
2.6	Die Firma	77
2.6.1	Begriff	77
2.6.2	Firmengrundsätze	77
2.6.2.1	Originäre Firma	77
2.6.2.2	Derivative Firma	79
2.6.2.3	Firmeneinheit	80
2.6.2.4	Firmenausschließlichkeit	80
2.6.3	Schutz der Firma	80
2.6.4	Die Haftung des Erwerbers bei Firmenfortführung	80
2.6.4.1	Erwerb eines Handelsgeschäfts	80
2.6.4.2	Besonderheiten bei Eintritt in ein bestehendes Handelsgeschäft	81
2.7	Gesellschaftsrecht	81
2.7.1	Personengesellschaften und Kapitalgesellschaften	81
2.7.2	Personengesellschaften	83
2.7.2.1	Gesellschaften bürgerlichen Rechts	83
2.7.2.2	Offene Handelsgesellschaft	89
2.7.2.3	Kommanditgesellschaft	93
2.7.2.4	Partnerschaftsgesellschaft	94
2.7.2.5	EWIV	94
2.7.2.6	Stille Gesellschaft	94
2.7.3	Juristische Personen	95
2.7.3.1	Gesellschaft mit beschränkter Haftung	96
2.7.3.2	Aktiengesellschaft	102

3. Der Gegenstand 109

3.1	Allgemeines	110
3.2	Die Sache	111
3.3	Der Besitz	115

3.4	Das Eigentum	117
3.4.1	Erwerb des Eigentums	120
3.4.2	Wichtige Prüfungsschemata	122
3.5	Sonstige Rechte	125
3.6	Die Abtretung	126

4. Das Rechtsgeschäft ... 129

4.1	Willenserklärung	130
4.1.1	Erklärungstatbestand	131
4.1.2	Innerer Tatbestand	131
4.1.3	Abgabe der Willenserklärung	132
4.1.4	Zugang	133
4.2	Vertrag	134
4.2.1	Grundsatz der Vertragsfreiheit	134
4.2.2	Vertragsabschluss	135
4.2.2.1	Antrag	135
4.2.2.2	Annahme	136
4.2.2.3	Bedeutung des Schweigens	138
4.2.3	Auslegung von Verträgen	140
4.3	Dissens	141
4.3.1	Offener Dissens	142
4.3.2	Versteckter Dissens	142
4.4	Wegfall der Geschäftsgrundlage	143
4.5	Verpflichtungs- und Verfügungsgeschäfte	145
4.6	Nichtigkeitsgründe	147
4.6.1	Scheingeschäft	148
4.6.2	Scherzerklärung	148
4.6.3	Formmangel	148
4.6.3.1	Gesetzliche Formvorschriften	149
4.6.3.2	Gewillkürte Form	150
4.6.3.3	Rechtsfolgen bei Nichtbeachtung der Form	150
4.6.4	Verstoß gegen gesetzliches Verbot	151
4.6.5	Sittenwidrige Rechtsgeschäfte	151
4.6.6	Teilnichtigkeit	152

4.7	Anfechtbare Rechtsgeschäfte	153
4.7.1	Irrtum	153
4.7.1.1	Erklärungs- und Inhaltsirrtum	153
4.7.1.2	Motivirrtum	154
4.7.2	Arglistige Täuschung	154
4.7.3	Widerrechtliche Drohung	154
4.7.4	Erklärung der Anfechtung	155
4.8	Die Nebenbestimmungen des Vertrages	155
4.8.1	Leistungsort	156
4.8.2	Leistungszeit	157
4.8.3	Bedingung	157
4.8.4	Befristung	158
4.9	Allgemeine Geschäftsbedingungen	159
4.9.1	Allgemeines	159
4.9.2	Einbeziehung in den Vertrag	159
4.9.2.1	Besonderheiten für den kaufmännischen Geschäftsverkehr	160
4.9.2.2	Sonderproblem: Kollidierende AGB	160
4.9.3	Überraschungsklauseln	161
4.9.4	Auslegungsregeln	161
4.9.5	Rechtsfolgen der Unwirksamkeit von AGB	161
4.9.6	Inhaltskontrolle	162
4.9.7	Klauselverbote	162
4.10	Die Einbeziehung Dritter	164
4.10.1	Leistung an Dritte	164
4.10.2	Drittschadensliquidation	166
4.10.3	Mehrheit von Vertragspartnern	166

Kalender gesetzlicher Definitionen 171
**Verzeichnis verwendeter und weiterer nützlicher Merksprüche
und Rechtsweisheiten** 173
Lösungshinweise zu den Fällen 175
Weiterführende Literatur 191
Stichwortverzeichnis 193

Abkürzungsverzeichnis

Abt.	Abteilung
AG	Aktiengesellschaft, Amtsgericht
AGB	Allgemeine Geschäftsbedingungen
AGBG	AGB-Gesetz
AktG	Aktiengesetz
AO	Abgabenordnung
ArbG	Arbeitsgericht
ArbGG	Arbeitsgerichtsgesetz
AuslG	Ausländergesetz
BAG	Bundesarbeitsgericht
BauGB	Baugesetzbuch
BErzGG	Bundeserziehungsgeldgesetz
BetrVG	Betriebsverfassungsgesetz
BeurkG	Beurkundungsgesetz
BFH	Bundesfinanzhof
BGB	Bürgerliches Gesetzbuch
BGH	Bundesgerichtshof
BGHZ	Entscheidungen des BGH in Zivilsachen
BRAGO	Bundesrechtsanwaltsgebührenordnung
BSG	Bundessozialgericht
BVerfG	Bundesverfassungsgericht
BVerfGE	Bundesverfassungsgerichtsentscheidungen
BVerwG	Bundesverwaltungsgericht
CR	Computer und Recht (Zeitschrift)
DStR	Deutsches Steuerecht
EAG	Europäische Atomgemeinschaft (Euratom)
EEA	Einheitliche Europäische Akte
EG	Europäische Gemeinschaft
eG	eingetragene Genossenschaft
EGBGB	Einführungsgesetz zum BGB
EGHGB	Einführungsgesetz zum HGB
EGKS	Europäische Gemeinschaft für Kohle und Stahl
EStG	Einkommensteuergesetz
EU	Europäische Union
EuGH	Europäischer Gerichtshof
EWG	Europäische Wirtschaftsgemeinschaft

EWIV	Europäische Wirtschaftliche Interessenvereinigung
Fa.	Firma
FernAbsG	Fernabsatzgesetz
FG	Finanzgericht
FGG	Gesetz über die freiwillige Gerichtsbarkeit
FGO	Finanzgerichtsordnung
GASP	Gemeinsame Außen- und Sicherheitspolitik
GBO	Grundbuchordnung
GbR	Gesellschaft bürgerlichen Rechts
GewO	Gewerbeordnung
GG	Grundgesetz
GKG	Gerichtskostengesetz
GmbH	Gesellschaft mit beschränkter Haftung
GmbHG	GmbH-Gesetz
GoA	Geschäftsführung ohne Auftrag
GRUR	Gewerblicher Rechtsschutz und Urheberrecht
GVG	Gerichtsverfassungsgesetz
GWB	Gesetz gegen Wettbewerbsbeschränkungen (Kartellgesetz)
HaustürWG	Gesetz über den Widerruf von Haustürgeschäften
HGB	Handelsgesetzbuch
HSG	Hochschulgesetz
IHK	Industrie- und Handelskammer
kfm.	kaufmännisch
KG	Kommanditgesellschaft
KGaA	Kommanditgesellschaft auf Aktien
KSchG	Kündigungsschutzgesetz
KStG	Körperschaftsteuergesetz
LAG	Landesarbeitsgericht
LG	Landgericht
LKW	Lastkraftwagen
LSG	Landessozialgericht
MHG	Miethöhengesetz
MuSchG	Mutterschutzgesetz
NJW	Neue Juristische Wochenschrift
OHG	Offene Handelsgesellschaft
OLG	Oberlandesgericht
OVG	Oberverwaltungsgericht
PartG	Partnerschaftsgesellschaft
PartGG	Partnerschaftsgesellschaftsgesetz

PatentG	Patentgesetz
pFV	positive Forderungsverletzung
PKW	Personenkraftwagen
ProduktHaftG	Produkthaftungsgesetz
pVV	positive Vertragsverletzung
RG	Reichsgericht
Rdnr.	Randnummer
Rn.	Randnummer
RzB	Recht zum Besitz
ScheckG	Scheckgesetz
SchwbG	Schwerbehindertengesetz
SG	Sozialgericht
SGG	Sozialgerichtsordnung
SOG	Sicherheits- und Ordnungsgesetz
StGB	Strafgesetzbuch
StilleG	Stille Gesellschaft
StPO	Strafprozessordnung
StVG	Straßenverkehrsgesetz
StVO	Straßenverkehrs-Ordnung
TM	Tatbestandsmerkmal
TÜV	Technischer Überwachungsverein
TVG	Tarifvertragsgesetz
UrhG	Urhebergesetz
UStG	Umsatzsteuergesetz
UWG	Gesetz gegen den unlauteren Wettbewerb
VerbrKG	Verbraucherkreditgesetz
VG	Verwaltungsgericht
VGH	Verwaltungsgerichtshof
VO	Verordnung
VVaG	Versicherungsverein auf Gegenseitigkeit
VwGO	Verwaltungsgerichtsordnung
VwVfG	Verwaltungsverfahrensgesetz
WE	Willenserklärung
WEG	Wohnungseigentumsgesetz
WG	Wechselgesetz
WM	Zeitschrift für Wirtschafts- und Bankrecht, Wertpapiermitteilungen
ZBIJ	Zusammenarbeit in den Bereichen Inneres und Justiz
ZPO	Zivilprozessordnung

Abbildungsverzeichnis

Abbildung 1:	Rechtsquellen	5
Abbildung 2:	Öffentliches/Privates Recht	7
Abbildung 3:	Rechtsfamilien	9
Abbildung 4:	Gesetzgebungskompetenz Bund/Länder	11
Abbildung 5:	Gebiete des Wirtschaftsprivatrechts	12
Abbildung 6:	Subsumtion	25
Abbildung 7:	Subsumtion	27
Abbildung 8:	Aufbau des BGB	31
Abbildung 9:	Anspruchsgrundlagen	31
Abbildung 10:	Gerichtsbarkeiten	34
Abbildung 11:	Instanzenzug im Zivilrecht	34
Abbildung 12:	Zuständigkeit	35
Abbildung 13:	Gerichtskostentabelle	39
Abbildung 14:	Rechtsanwaltsgebührentabelle	39
Abbildung 15:	Behörden der Wirtschaftsverwaltung	47
Abbildung 16:	Wirtschaftsverwaltung durch Private	48
Abbildung 17:	Säulen der Europäischen Union	50
Abbildung 18:	Europäisches Gemeinschaftsrecht (EGR)	52
Abbildung 19:	Vertikale und horizontale Wirkungen von Richtlinien	52
Abbildung 20:	Personen	58
Abbildung 21:	Rechtsfähigkeit und Handlungsfähigkeit	62
Abbildung 22:	Beschränkte Geschäftsfähigkeit	63
Abbildung 23:	Innenverhältnis/Außenverhältnis	64
Abbildung 24:	Kaufmann	74
Abbildung 25:	Einzutragende Tatsache	77
Abbildung 26:	Gesellschaften	82
Abbildung 27:	GbR – OHG – KG	93
Abbildung 28:	Juristische Personen	96
Abbildung 29:	GmbH-Gründung	98
Abbildung 30:	Gegenstände	110
Abbildung 31:	Sachen	111
Abbildung 32:	Vertretbare Sachen	114
Abbildung 33:	Verbrauchbare Sachen	114

Abbildung 34:	Dingliche Rechte	114
Abbildung 35:	Arten des Besitzes	115
Abbildung 36:	Arten des Eigentums	119
Abbildung 37:	Eigentumsschutz	120
Abbildung 38:	Eigentumserwerb	122
Abbildung 39:	Rechtsgeschäft	130
Abbildung 40:	Willenserklärung	132
Abbildung 41:	Vertragsfreiheit	135
Abbildung 42:	Vertragserklärungen	136
Abbildung 43:	Vertragsschluss	137
Abbildung 44:	Abstraktionsprinzip	146
Abbildung 45:	Nichtigkeitsgründe	152
Abbildung 46:	Anfechtungsgründe	155
Abbildung 47:	Haftungsbegrenzungen im AGB	163
Abbildung 48:	Gestaltungsspielraum der Vertragspartner	164

1. Das Recht

Lehrziele

Der Leser soll einen Überblick über die Rechtsordnung und das Gerichtssystem bekommen. Außerdem wird der Umgang mit dem Gesetz und die Fallbearbeitung besprochen.

1.1 Einführung

[1] Ein Zusammenleben von Menschen ist ohne Recht nicht denkbar, eine Wirtschaft ohne Recht nicht funktionsfähig. Obwohl das Recht für die Menschen eine solche große Bedeutung hat, ist es nicht einfach, den Begriff des Rechts zu definieren. Bereits Kant stellte fest, noch suchten die Juristen eine Definition zu ihrem Begriffe vom Recht. Dieser Zustand hat sich bis heute nicht geändert. In der Rechtsphilosophie der letzten 300 Jahre hat sich die Idee durchgesetzt, das Recht als Freiheit zu verstehen. Kant versteht unter Recht den Inbegriff der Bedingungen, unter denen die Willkür des einen mit der Willkür des anderen nach einem allgemeinen Gesetze der Freiheit zusammen vereinigt werden kann.

Pragmatischer sind die Interpretationsversuche der Angelsachsen. Der amerikanische Richter Oliver Wendell Holmes stellt ganz einfach fest: „The propheties of what the courts will do in fact, and nothing more pretentious, are what I mean by the law." Einen ähnlichen Ansatz verfolgt Max Weber, wenn er sagt, das Recht begründe eine berechenbare Chance, bei Verwirklichung des Rechtstatbestandes werde die vorgesehene Rechtsfolge eintreten.

Recht hat also immer etwas damit zu tun, ob ein von der Rechtsordnung abstrakt geregelter Sachverhalt einem Rechtssubjekt im konkreten Einzelfall die Macht verleiht, seine Interessen durchzusetzen. Mit Arthur Kaufmann kann definiert werden:

„Recht ist die Entsprechung von Sollen und Sein."

Oder bildhafter mit Edgar Bodenheimer:

„Law is a Bridge between Is and Ought."

[2] Mit dieser philosophischen Fragestellung werden die Studierenden des Wirtschaftsrechts nur selten konfrontiert. Das Wirtschaftsrecht ist konkreter, aber wegen der großen Bandbreite schwierig zu erfassen. Es bedarf daher einer Orientierung. Dieses Buch will ein solcher Wegweiser sein. Dabei werden zwei Themenkomplexe besprochen. Zum einen werden die Rechtsgebiete, der Umgang mit den Gesetzen und das Gerichtssystem vorgestellt, zum anderen geht es darum, die Akteure in der Rechtslandschaft mit den Gegenständen ihrer Aktionen in einen Zusammenhang zu setzen. Es geht den Verfassern darum, dass der Leser Rechtsprobleme wirtschaftlich und rechtlich richtig einzuordnen versteht, aber auch darum, dass einfachere Fragestellungen selbständig gelöst werden können.

Die Verfasser möchten den Blick des Lesers für Strukturen und wesentliche Grundzüge des Wirtschaftsrechts schärfen. Neben theoretischen Ausführungen werden dazu immer wieder Fälle herangezogen werden. Für den Leser ist es daher möglich und angeraten, aktiv zu werden. Dabei dürfte der Blick in das Gesetz das Verständnis für die Lösung erhöhen. Der jahrhundertealte Spruch der Repetitoren hat bis heute nichts von seiner Weisheit eingebüßt:

„Ein Blick in das Gesetz erleichtert die Rechtsfindung!"

Eine weitere alte Weisheit gilt im Wirtschaftsrecht noch mehr als im privaten Bereich:

**Vigilantibus, non dormientibus jura subveniunt.
= Das Recht hilft den Wachsamen, nicht den Träumenden.**[1]

1.2 Die Rechtsgebiete

1.2.1 Allgemeines

[3] Jede Gesellschaft von Menschen benötigt Verhaltensnormen, um das Zusammenleben ihrer Mitglieder zu gestalten. Die Verhaltensvorschriften ergeben sich aus Recht, Sitten und Gebräuchen, Moral (Sittlichkeit) und Religion.
Unter „Sitte" versteht man Gebräuche und Gewohnheiten. Sie bestimmen die äußeren Formen menschlichen Zusammenlebens (z.B. Tischsitten), die nicht rechtlich, sondern gesellschaftlich binden. Sie können aber auch Vorformen des Rechts darstellen (z.B. der Handschlag beim Viehkauf) und für das Recht von Bedeutung sein („Verkehrssitte" – §§ 157, 242 BGB; die „im Handel geltenden Gewohnheiten und Gebräuche" – § 346 HGB). Sie können zum Gewohnheitsrecht werden und somit zu Rechtsnormen.
Die Zielsetzung der Moral (Sittlichkeit) ist nach innen gerichtet (Gewissen); die Missachtung ihrer Gebote hat – für sich genommen – keine äußeren Nachteile zur Folge. Zwischen Recht und Moral bestehen jedoch vielfältige Beziehungen und Überschneidungen, da eine Rechtsordnung ohne moralische Wertentscheidungen nach heutigem Verständnis nicht möglich ist. Sittliche Ge- und Verbote finden sich in Rechtsnormen wieder. Das Recht verweist auf das „Sittengesetz" (Art. 2 I GG) und auf die „guten Sitten" (§§ 138, 817, 826 BGB, 226 a StGB). Das Recht übernimmt nur solche moralischen Pflichten, die für das äußere Zusammenleben wichtig sind oder für wichtig gehalten werden (politisch und zeitlich bedingt; vgl. z.B. die Diskussion über die Strafbarkeit der Abtreibung). Das Recht sollte nur das „ethische Minimum" sichern.

---

1 Cod. Just. 7.40, 2 pr. G. A. (Justinian)

Religionen legen den Menschen auch soziale Verhaltenspflichten auf (z.B. Koran, Talmud, die Zehn Gebote). Ihre Gebote sind sanktionsbewehrt, i.d.R. durch jenseitige, aber auch durch weltliche Strafen (Hexen- und Ketzerprozesse).

[4]   Das Recht stellt Regeln zur Konfliktverhütung und -lösung bereit. Es ist damit eine „soziale Spielregel", deren Einhaltung i.d.R. mit staatlichen Machtmitteln durchgesetzt werden kann. Das Recht soll den sozialen Frieden sichern. Dazu dient das Gewaltmonopol des Staates (niemand darf – von wenigen Ausnahmen wie Notwehr und erlaubter Selbsthilfe abgesehen – sein „Recht" selbst durchsetzen) und die Rechtskraft bestimmter Entscheidungen.

Das Recht ist aber nicht nur eine „soziale Technik", sondern wertbezogen: Es sollte an der Idee der Gerechtigkeit ausgerichtet sein. Das Bundesverfassungsgericht führt hierzu wörtlich aus:

„Wenn gesetzliche Anordnungen als Recht gelten sollen, können sie diese Qualität nicht lediglich dadurch erlangen, dass sie von der staatlichen Macht im jeweils vorgesehenen Verfahren gesetzt sind, sondern dass sie darüber hinaus inhaltlich nicht fundamentalen Prinzipien der Idee der Gerechtigkeit widersprechen".[2]

[5]   Demgegenüber sind die Anhänger des Gesetzespositivismus der Auffassung, dass Recht nur das sei, was von den zur Normsetzung berufenen staatlichen Organen formell ordnungsgemäß zum Gesetz erhoben worden ist. Das Recht ist nach dieser Ansicht nur ein Instrument zur Durchsetzung des staatlichen Willens, der Richter das ausführende Organ des Staates.

Von diesem Recht im objektiven Sinne ist das Recht im subjektiven Sinne zu unterscheiden.

Unter Recht im subjektiven Sinne ist die Befugnis zu verstehen, die sich aus einer Rechtsnorm für den Berechtigten unmittelbar ergibt (z. B. Anspruch, Forderung etc.).

[6]   Bevor ein subjektives Recht geprüft werden kann, muss Klarheit darüber bestehen, welche Rechtsquellen es gibt.

Rechtsnormen entstehen durch dauernde Übung (Gewohnheitsrecht) oder dadurch, dass sie von den zuständigen Organen der Rechtsgemeinschaft ausdrücklich gesetzt werden (gesetztes Recht).

[7]   **Gewohnheitsrecht** hat sich aus Sitten und Gebräuchen allmählich herausgebildet und wird durch tatsächliche, gleichmäßige und langjährige Übung zur Rechtsnorm, wenn dieser Übung die allgemeine Überzeugung der Rechtmäßigkeit zu Grunde liegt (ungeschriebenes Recht). Das Gewohnheitsrecht steht in seiner Wirkung dem Gesetzesrecht gleich (vgl. z.B. Art. 2 EGBGB). Es ist heute

---

2 BVerfGE 54, S. 67 f.

jedoch nur noch von geringerer Bedeutung, weil es weitgehend vom Gesetzesrecht verdrängt wurde.

[8] **Gesetztes oder positives Recht** sind die Rechtsnormen, die von einem Hoheitsträger (Gesetzgebungsorgan oder Exekutive) ausdrücklich gesetzt worden sind (geschriebenes Recht).

[9] Der Begriff „Gesetz" wird in doppeltem Sinne verwendet und hat einerseits eine materielle Bedeutung: Gesetze sind alle Rechtsnormen, die einen bestimmten Bereich für eine unbestimmte Vielzahl von Personen und Fällen allgemeinverbindlich regeln (Gesetze im materiellen Sinne).

[10] Gesetze im formellen Sinne andererseits werden von dem hierfür zuständigen Gesetzgeber (der Legislative) in einem förmlichen Verfahren geschaffen. Gesetzgeber ist bei Bundesgesetzen der Bundestag (unter Mitwirkung des Bundesrates). Das Gesetzgebungsverfahren richtet sich nach den Art. 70 ff. GG. Landesgesetze werden entsprechend der jeweiligen Landesverfassung von den Länderparlamenten beschlossen.

[11] Von den Gesetzen im formellen Sinne sind andere Formen von materiellen Gesetzen zu unterscheiden. Hierzu gehören Verordnungen und Satzungen.

Verordnungen sind Gesetze im materiellen, nicht aber formellen Sinne. Sie werden nicht von der Legislative, sondern von der Exekutive (Regierung, Minister) erlassen. Erforderlich hierfür ist eine ausdrückliche Ermächtigung durch (formelles) Gesetz (vgl. Art. 80 GG). Beispiel: StVO /§ 6 I StVG.

Satzungen sind Gesetze, die von Körperschaften des öffentlichen Rechts für ihren Bereich autonom geschaffen werden (Städte, Gemeinden, Landkreise, Universitäten, IHK, Sparkassen u.a.m.).

Abbildung 1: Rechtsquellen

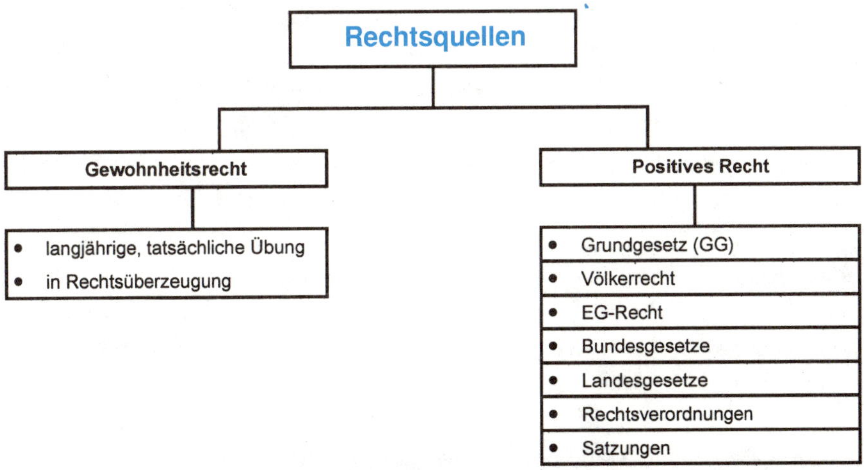

```
                          Rechtsquellen
                         /             \
              Gewohnheitsrecht      Positives Recht
              ─────────────────     ──────────────────
              • langjährige,        • Grundgesetz (GG)
                tatsächliche Übung  • Völkerrecht
              • in Rechtsüberzeugung • EG-Recht
                                    • Bundesgesetze
                                    • Landesgesetze
                                    • Rechtsverordnungen
                                    • Satzungen
```

Gerichtsurteile haben zwar für die Rechtsauslegung eine erhebliche faktische Bedeutung, sind jedoch – mit Ausnahme bestimmter Entscheidungen des BVerfG – keine Rechtsquelle. Die Gerichte entscheiden nur jeweils den Einzelfall.

[12] Unter **materiellem Recht** werden die Rechtsnormen verstanden, die das Recht als solches regeln (z.B. BGB, HGB, StGB, EStG, GewO u.a.m.). **Formelles Recht** (Verfahrensrecht) sind die Vorschriften, die der Durchsetzung des materiellen Rechts dienen (z.B. ZPO, StPO, FGG, VwGO, SGG, ArbGG). Sie gehören zum Öffentlichen Recht.

1.2.2 Abgrenzung zwischen Zivilrecht und öffentlichem Recht

[13] Das Recht ist von einer weiteren Unterscheidung nachhaltig geprägt, nämlich durch die Unterscheidung in Privatrecht und öffentliches Recht.
Das **Privatrecht** (Zivilrecht) ist gekennzeichnet durch eine (formale) Gleichordnung der Beteiligten (Koordinationsverhältnis). Hierzu gehören das bürgerliche Recht, das Handelsrecht, das Arbeitsrecht (z.T.), das Urheberrecht, das Patentrecht u.a.m.

[14] Im **öffentlichen Recht** stehen die Beteiligten i.d.R. in einem Über-Unterordnungsverhältnis (Subordinationsverhältnis), meistens Staat – Bürger. Möglich ist aber auch ein öffentlich-rechtliches Gleichordnungsverhältnis, z.B. beim öffentlich-rechtlichen Vertrag oder bei Streitigkeiten zwischen Bundesländern. Zum öffentlichen Recht gehören das Völkerrecht, Staats- und Verfassungsrecht, Verwaltungsrecht, Steuerrecht, Straf- und Ordnungswidrigkeitenrecht und das gesamte Verfahrensrecht.

[15] Die Abgrenzung zwischen öffentlichem und privatem Recht wird nach unterschiedlichen Theorien vorgenommen. Die klassische ist die Subordinationstheorie, die von einem reinen Über-Unterordnungsverhältnis ausgeht. Diese Theorie stammt noch aus der Zeit, als der Staat sich mehr oder weniger auf die Aufgaben einer Gefahrenabwehr und Eingriffsverwaltung (Polizei, Steuerverwaltung) beschränkt hatte. In Zeiten einer umfangreichen Leistungsverwaltung (Sozialamt) wird diese Theorie den Abgrenzungsproblemen nicht mehr gerecht. Dieses Problem löst die heute üblicherweise herangezogene Sonderrechts- oder modifizierte Subjektstheorie besser. Danach liegt öffentliches Recht dann vor, wenn der Staat als solcher aus der konkreten Norm berechtigt oder verpflichtet wird. Das öffentliche Recht ist danach das Sonderrecht des Staates. Das Privatrecht ist dagegen das Jedermannsrecht, wobei der Staat auch „jedermann" sein kann (z.B. Fiskalverwaltung).

[16] Ein Lebenssachverhalt wird durch öffentliches und privates Recht unterschiedlich behandelt. Dafür ein einfaches Beispiel aus der Praxis:

1.2 Die Rechtsgebiete

Abbildung 2: Öffentliches Recht/Privates Recht

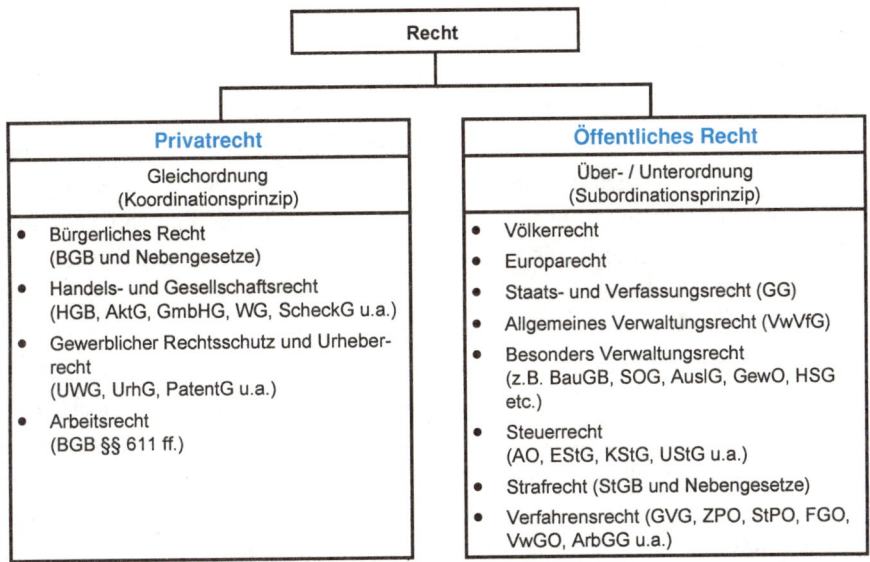

Beispiel: A verursacht durch stark überhöhte Geschwindigkeit einen Verkehrsunfall, bei dem B erheblich verletzt wird und ihr PKW beschädigt wird. Wie reagiert das Recht auf diese Störung des Rechtsfriedens?

a)	B kann nach den Regeln des Zivilrechts Schadenersatz und Schmerzensgeld von B verlangen.	Zivilrecht
b)	Der Staatsanwalt wird u.U. ein Verfahren wegen Körperverletzung einleiten. Zumindest wird das Ordnungsamt wegen der Verletzung der Straßenverkehrsregeln einen Bußgeldbescheid erlassen.	Strafrecht Ordnungswidrigkeitenrecht
c)	Es kommt zum Eintrag von „Punkten" in das Verkehrszentralregister. Die Straßenverkehrsbehörde prüft den Entzug der Fahrerlaubnis.	Öffentliches Recht
d)	Wenn S sozialversicherungspflichtig ist, werden die verschiedenen Träger der Sozialversicherung aktiv: die Krankenkasse leistet Behandlungskosten vor, die die Haftpflichtversicherung des A dann später erstatten muss. Die Unfallversicherung greift ein, wenn es sich um einen Wegeunfall auf dem Weg von oder zur Arbeit gehandelt hat. Die Rentenversicherung muss u.U. Berufsunfähigkeitsrente oder Rehabilitationskosten leisten.	Sozialversicherungsrecht
e)	Der Unfall wird auch Auswirkungen auf die Betriebsausgaben und Werbungskosten der Beteiligten haben.	Steuerrecht

1.2.3 Die Rechtsfamilien

[17] Die deutsche Rechtsordnung steht nicht allein auf der Welt. Das deutsche Recht hat nahe „Verwandte" in Österreich und der Schweiz, aber auch in Frankreich, Spanien, Portugal, Italien und den Benelux-Staaten. Das deutsche BGB war Anfang des 20. Jahrhunderts eine Art „Exportschlager" und hat nachhaltig die Zivilrechtsordnungen in Japan, Griechenland und einer großen Zahl von südamerikanischen Staaten beeinflusst. All diese Staaten bilden die kontinental-europäische Rechtsfamilie. Typisch für diese Rechtsordnungen ist der Versuch, bestimmte Lebenssachverhalte im geschriebenen Recht abstrakt zu lösen. Alle künftigen Lebenssachverhalte werden dann unter diesen Gesetzestatbestand subsumiert.

[18] Die angelsächsische Rechtstradition lebt dagegen von einer Einzelfallbetrachtung. Jeder neue Lebenssachverhalt wird anhand von Präzedenzfällen aus der Vergangenheit gelöst. Rechtsquelle ist insoweit die Judikatur (case law) und nicht das gesetzte Recht. Sowohl in den U.S.A. als auch in Großbritannien gibt es allerdings eine stetig steigende Zahl von geschriebenen Rechten, weil auch in diesen Staaten bestimmte Lebenssachverhalte abstrakt gelöst werden sollen. Umgekehrt kommen auch die kontinentaleuropäischen Rechtsordnungen nicht ohne Generalklauseln und unbestimmte Rechtsbegriffe aus. Ein besonders einprägsames Beispiel des deutschen case law stellen §§ 1, 3 UWG dar. Begriffe wie „gute Sitten" oder „irreführend" provozieren ganze Bücherschränke voller Urteile, deren Kenntnis bei der Beurteilung von Verstößen gegen das Wettbewerbsrecht entscheidend sein kann.

Sowohl das kontinentaleuropäische als auch das angelsächsische Recht berufen sich auf das römische Recht, das als corpus iuris civilis das Ende des römischen Reiches überlebte und im Laufe einer mehrhundertjährigen Rezeptionsgeschichte das germanische Recht überlagert, beeinflusst oder verdrängt hat. Bis heute gibt es Rechtsschichten, die germanischrechtlicher Natur sind, wie etwa das Familien- und Erbrecht in Deutschland.

[19] Wegen der geringeren römischen Wurzeln wird der skandinavische Rechtskreis als eigenständige Rechtsordnung in Europa anerkannt. Neben diesen drei europäischen Rechtstraditionen ist der islamische Rechtskreis von besonderem Interesse. Wirtschaftsrechtlich ist in diesem Bereich insbesondere das Verzinsungsverbot hervorzuheben. Die übrigen Besonderheiten erstrecken sich im wesentlichen auf das Personen-, Familien- und Erbrecht.

Von schwindender Bedeutung sind kommunistisch geprägte Rechtsordnungen, die insbesondere in der Eigentumsfrage und den Persönlichkeitsrechten andere Wege eingeschlagen haben.

[20] Rechtssoziologisch interessant ist, dass es ein archaisches Recht gibt, das bei allen Naturvölkern der Welt ähnlich ist. Es gehört quasi zum Menschen. Wie im altgermanischen Recht ist dabei das Gastrecht von entscheidender Bedeutung. Denn ein reisender Händler ist in derartigen Rechtsordnungen darauf angewiesen, unter den Schutz eines Gastgebers zu gelangen, weil er sonst als Fremder vogelfrei ist. Aus dieser archaischen Rechtsschicht hat sich bis heute beispielsweise der verpflichtende Charakter von (Gast-)geschenken erhalten.

Abbildung 3: Rechtsfamilien

Archaische Rechtstradition					
Römische Rechtstradition					
Kontinentaleuropäische Rechtsordnungen	Angelsächsische Rechtsordnungen	Skandinavische Rechtsordnungen	Kommunistische Rechtsordnungen	Islamische Rechtsordnungen

Checkliste

Fragen	Lösungshinweise Gehen Sie zu Absatznummer (An) oder Abbildung Nr. (Abb.-Nr.)	✓
1. Was verstehen Sie unter Gewohnheitsrecht?	An 7	
2. Unterscheiden Sie materielles Recht und formelles Recht.	An 12	
3. Was sind Gesetze im materiellen Sinne und was sind Gesetze im formellen Sinne?	An 10 + 11	
4. Was ist eine Satzung?	An 11	
5. Wie grenzen Sie das Privatrecht vom öffentlichen Recht ab?	An 15	
6. Nennen Sie fünf Gesetze aus dem Bereich des Privatrechts.	Abb.-Nr. 2	

Fragen	Lösungshinweise Gehen Sie zu Absatznummer (An) oder Abbildung Nr. (Abb.-Nr.)	✓
7. Nennen Sie fünf Gesetze aus dem Bereich des öffentlichen Rechts.	Abb.-Nr. 2	
8. Gehört das Strafrecht zum Privatrecht?	Abb.-Nr. 2	
9. Worin unterscheiden sich das angelsächsische Recht vom kontinentaleuropäischen Recht?	An 18	
10. Welche Rechtsfamilien kennen Sie?	Abb.-Nr. 3	
11. Was unterscheidet das Recht von den Sitten?	An 3	
12. Was verstehen Sie unter Recht?	An 1 + 4	
13. Was bedeutet positives Recht?	An 8	
14. Wenn der Vorsteher des Finanzamtes Heizöl für das Finanzamt einkauft, handelt er dann öffentlich-rechtlich?	An 15 am Ende	
15. Was verstehen Sie unter einem subjektiven Recht?	An 5	

1.3 Die Gesetze

1.3.1 Allgemeines

[21] Gesetze sind in erster Linie geschriebenes Recht. Es stellt sich somit die Frage, wer überhaupt Gesetze erlassen darf. Dies regelt sich nach der jeweiligen Verfassung eines Staates. Für die Bundesrepublik Deutschland ergibt sich die Gesetzgebungskompetenz nach dem Grundgesetz. Gesetzgebungskompetenz bezeichnet die Zuständigkeit für die Gesetzgebung. Diese liegt in Deutschland grundsätzlich (d.h. mit anderen Worten: es gibt Ausnahmen von diesem Grundsatz) bei den Ländern, sofern das Grundgesetz nicht ausdrücklich dem Bund diese Kompetenz zuweist oder die Europäische Union zuständig ist.
Die wirtschaftsrechtlich relevanten Bereiche fallen ganz überwiegend in die (konkurrierende) Gesetzgebungskompetenz des Bundes.

Abbildung 4: Gesetzgebungskompetenz Bund/Länder

Bund			Länder
Ausschließliche Kompetenz (Art. 71, 73 GG)	konkurrierende Kompetenz (Art. 72, 74, 74a GG)	Rahmenkompetenz (Art. 75 GG)	soweit nicht Bund (Art. 70 I GG)
Beispiele: • auswärtige Angelegenheiten • Verteidigung • Währung • GRUR • Post • etc.	Beispiele: • Zivilrecht • Recht der Wirtschaft • Strafrecht • Gerichtsverfahren • Ausländerrecht • Atomrecht • Immissionsschutz	Beispiele: • Hochschulrecht • Presse und Film • Naturschutz • Meldewesen • etc.	

[22] Das Gesetzgebungsverfahren kann von der Bundesregierung, vom Bundesrat oder von einer qualifizierten Gruppe von Mitgliedern des Bundestages eröffnet werden (Art. 76 GG). In den meisten Fällen wird die Bundesregierung aktiv. Eine Regierungsvorlage wird von Beamten in einem Ministerium erstellt und vom zuständigen Minister dem Kabinett vorgestellt. Nach positivem Beschluss im Bundeskabinett gelangt der Entwurf an den Bundesrat, der erste Anmerkungen und Änderungsvorschläge machen kann (Art. 76 Abs. 2 GG). Der auf diese Weise kommentierte Entwurf wird anschließend an den Bundestag weitergeleitet, der in drei Lesungen über das Gesetzgebungsvorhaben berät. Bei einfacher Mehrheit im Bundestag ist das Gesetz angenommen. In Ausnahmefällen ist eine Zweidrittelmehrheit erforderlich (Art. 79 GG). Das Gesetz muss nun den Bundesrat passieren. Für das Schicksal des Gesetzes ist entscheidungserheblich, ob es sich um ein zustimmungsbedürftiges oder ein Einspruchsgesetz handelt. Im Falle eines zustimmungsbedürftigen Gesetzes ist die Zustimmung des Bundesrates zwingend erforderlich, andernfalls ist das Gesetzgebungsvorhaben gescheitert. Im Falle eines Einspruchsgesetzes kann der Bundesrat nach einem Vermittlungsverfahren mit seinem Einspruch das Gesetzgebungsverfahren zunächst verzögern (Art. 77 Abs. 3 GG). Weist der Bundestag den Einspruch allerdings mit der absoluten Mehrheit seiner Mitglieder zurück, ist das Gesetz angenommen (Art. 77 Abs. IV, Art. 78 GG). Es muss dann nur noch durch den Bundespräsidenten ausgefertigt und im Bundesgesetzblatt verkündet werden (Art. 82 GG).

1.3.2 Das Wirtschaftsprivatrecht

[23] Das Wirtschaftsprivatrecht gehört grundsätzlich dem Privat- oder Zivilrecht an. Wie wir bereits oben gelernt haben, deutet „grundsätzlich" für Juristen immer gewisse Vorbehalte an. Grundsätzlich gehört zum Wirtschaftsprivatrecht unstreitig das für alle Rechtssubjekte geltende Bürgerliche Gesetzbuch und das für Kaufleute geltende Handelsgesetzbuch, beide gültig seit dem 1.1.1900. Das Arbeitsrecht wäre ebenfalls als wichtige Materie zu nennen. Allein diese drei Rechtsgebiete beschränken sich nicht auf einzelne Gesetze. Über Jahrzehnte hat sich ein ganze Reihe von Ergänzungsgesetzen eingestellt, die die ursprünglichen Gesetze zum Teil stark modifizieren.

Abbildung 5: Gebiete des Wirtschaftsprivatrechts

Bürgerliches Recht	Arbeitsrecht	Handels-, Gesellschafts- und Wettbewerbsrecht
BGB	BGB	HGB
AGBG	Kündigungsschutzgesetz	Aktiengesetz
Verbraucherkreditgesetz	Entgeltfortzahlungsgesetz	GmbHG
Haustürwiderrufsgesetz	Bundesurlaubsgesetz	Wechselgesetz
Wohnungseigentumsgesetz	Mutterschutzgesetz	Scheckgesetz
Miethöhegesetz	Schwerbehindertengesetz	UWG
Umwelthaftungsgesetz	Tarifvertragsgesetz	Versicherungsaufsichtsgesetz
Produkthaftungsgesetz	Betriebsverfassungsgesetz	Versicherungsvertragsgesetz
Straßenverkehrsgesetz	Mitbestimmungsgesetz	Genossenschaftsgesetz

(übergeordnet: Wirtschaftsprivatrecht)

[24] Wer oben die Ausführungen zur Abgrenzung zwischen privatem und öffentlichem Recht aufmerksam mitgearbeitet hat, der wird bei einigen der oben aufgeführten Gesetze Vorbehalte haben. Denn es dürfte zweifelhaft sein, ob es sich hier tatsächlich um Zivilrecht handelt. Hier wird das Phänomen der staatlichen Einflussnahme auf das Wirtschaftsleben deutlich.

1.3.3 Die öffentlich-rechtlichen Überlagerungen

[25] Die ursprüngliche Vertragsfreiheit des Zivilrechts ist durch zahlreiche öffentlich-rechtliche Gesetze beschränkt. Die Mechanismen der staatlichen Lenkung sind unterschiedlich, zum einen wird mit Verboten (z. B. § 138 BGB, § 11 AGBG) gearbeitet, zum anderen mit Formvorschriften (z. B. Haustürwiderrufsgesetz), aber auch mit Beweislastumkehr oder Schadenersatz (§ 611 a BGB). Ebenfalls beliebt ist von staatlicher Seite die Einführung einer Haftung ohne Verschulden (z.B. § 7 Straßenverkehrsgesetz). Der Staat schreckt auch nicht vor Abgaben mit Strafcharakter (z.B. § 11 Schwerbehindertengesetz) oder der Einführung von Mindeststandards (z. B. § 3 Bundesurlaubsgesetz) und Höchstgrenzen (§ 2 Miethöhegesetz) zurück.

1.3.3.1 Im allgemeinen Zivilrecht

[26]   Im allgemeinen Zivilrecht befindet sich in § 134 BGB eine wichtige Schnittstelle zwischen privatem und öffentlichem Recht. Denn alles, was gegen ein gesetzliches Verbot verstößt, erhält den Schutz der Zivilrechtsordnung nicht. Verbotsgesetze sind dabei alle inländischen und EU-Gesetze.

Beispiel: Der Privatpatient P lässt sich vom Arzt A behandeln. Der Arzt tritt seine Honorarforderung an eine Privatärztliche Verrechnungsstelle (PVS) ohne Zustimmung des P ab. P weigert sich an die PVS zu zahlen, zu recht?

[27]   Mit der Offenbarung der Patientendaten gegenüber der PVS verletzt der A das Privatgeheimnis des P im Sinne des § 203 Strafgesetzbuch. Das Strafgesetz stellt ein Verbotsgesetz im Sinne des § 134 BGB dar. Die Abtretung ist deshalb nichtig. Die PVS ist nicht Inhaberin der Forderung geworden und kann von P keine Zahlung verlangen.

Wer sich einen Überblick über die verschiedenen Verbotsgesetze machen möchte, sollte in einen Standardkommentar[3] zum BGB schauen.

[28]   Das Verbraucherkreditgesetz stellt erhöhte Formerfordernisse an den Vertrag. Nach § 4 VerbrKrG muss der Vertrag schriftlich geschlossen werden. Der gewerbsmäßige Kreditgeber hat dabei im Vertrag bestimmte Angaben zu machen (§ 4 Abs. 1 VerbrKrG), die es dem Kreditnehmer erlauben, die eingegangenen Verpflichtungen besser zu überschauen. Fehlen diese Angaben im Vertrag oder ist er lediglich mündlich geschlossen, so ist der Vertrag nichtig (§ 6 VerbrKrG). Zusätzlich wird der Kreditnehmer durch ein spezielles Widerrufsrecht geschützt. Das Widerrufsrecht ist für alle Verbraucherverträge in § 361a BGB einheitlich geregelt. Der Widerruf kann von Seiten des Kunden innerhalb von zwei Wochen erfolgen. Die Frist beginnt mit dem Zeitpunkt, zu dem der Verbraucher durch eine deutlich gestaltete Belehrung über sein Widerrufsrecht hingewiesen worden ist. Unterbleibt dieser Hinweis, so verlängert sich die Widerspruchsfrist u.U. auf bis zu ein Jahr (§ 8 Abs. 2 VerbrKrG). Einem ähnlichen

---

3 z.B. Palandt, Bürgerliches Gesetzbuch; Münchner Kommentar

Widerrufsrecht des Verbrauchers sind Haustürgeschäfte unterworfen (§ 1 Haustürwiderrufsgesetz). Bei der Rückgewähr der empfangenen Leistungen geht der Unternehmer ein erhöhtes Risiko ein, wenn er den Verbraucher nicht über das Widerrufsrecht belehrt hat (§ 3 Abs. 2 HaustürWG). Seit dem 1.7.2000 verbessert das Fernabsatzgesetz die Rechtsposition der Verbraucher (§ 13 BGB). Das Fernabsatzgesetz gilt für Verträge über die Lieferung von Waren und über die Erbringung von Dienstleistungen, die zwischen einem Unternehmer (§ 14 BGB) und einem Verbraucher unter ausschließlicher Verwendung von Fernkommunikationsmitteln abgeschlossen werden. Der Unternehmer muss dem Verbraucher bestimmte Informationen (§ 2 FernAbsG) übermitteln. Tut er dies nicht, verlängert sich die Frist für das dem Verbraucher zustehende Widerrufsrecht (§ 3 FernAbsG).

[29] Das Gesetz zur Regelung des Rechts der Allgemeinen Geschäftsbedingungen (AGBG) legt dem Verwender von Allgemeinen Geschäftsbedingungen eine Reihe von Restriktionen auf. Denn der Verwender von Allgemeinen Geschäftsbedingungen ist regelmäßig der wirtschaftlich stärkere Partner des Vertrages und er kann über die Allgemeinen Geschäftsbedingungen seine Interessen im Vertrag erfolgreich durchsetzen. Der Vertragspartner darf aber darauf vertrauen, dass in dem Regelungswerk keine Bestimmungen enthalten sind, die den Verwender in einer gegen die Gebote von Treu und Glauben verstoßenden Weise unangemessen bevorzugen (§ 9 AGBG). Eine unangemessene Weise ist im Zweifel anzunehmen, wenn eine Bestimmung mit wesentlichen Grundgedanken der gesetzlichen Regelung, von der abgewichen wird, nicht zu vereinbaren ist, oder wesentliche Rechte oder Pflichten, die sich aus der Natur des Vertrage ergeben, so einschränkt, dass die Erreichung des Vertragszwecks gefährdet ist. Da dies auch noch sehr unbestimmt ist, hat der Gesetzgeber in den §§ 10 und 11 AGBG bestimmte häufig in der Rechtsprechung behandelte Klauseln aus Allgemeinen Geschäftsbedingungen zusammengestellt, die entweder mit Wertung oder ohne Wertungsmöglichkeit unwirksam sind.

1.3.3.2 Im Mietrecht

[30] Ein klassischer Bereich der staatlichen Einflussnahme auf die Vertragsfreiheit befindet sich im Mietrecht über Wohnraum. Hier geht es im wesentlichen darum, den Mieter vor Willkürmaßnahmen des Vermieters zu schützen. Der Mietvertrag ist eben mehr als nur ein Vertrag, er stellt einen Teil der Lebensgrundlage für den Mieter dar. Da der Mieter traditionell als der wirtschaftlich schwächere Vertragspartner empfunden wird, hat der Gesetzgeber versucht, einen sozialen Ausgleich herbeizuführen. Der Mieter kann der Kündigung, die im

übrigen Recht eine einseitige, empfangsbedürftige Willenserklärung darstellt, widersprechen (§§ 556 a, b, c BGB). Die Kündigung bedarf der Schriftform (§ 564a BGB) und es darf regelmäßig nur aus einem berechtigten Interesse des Vermieters gekündigt werden (§ 564 b BGB).

[31] Die Kündigung eines Mietverhältnisses über Wohnraum ist zum Zweck der Mieterhöhung ausgeschlossen. Der Vermieter kann die Zustimmung des Mieters zu einer Mieterhöhung nur unter bestimmten Voraussetzungen verlangen. Das Miethöhegesetz stellt dabei auf die örtliche Vergleichsmiete ab (§ 2 MHG). Außerdem darf die Miete innerhalb von 3 Jahren nicht um mehr als 30% bzw. 20% erhöht werden (§ 2 Abs. 1 Nr. 3 MHG).

1.3.3.3 Im Arbeitsrecht

[32] Das deutsche Arbeitsrecht zeichnet sich durch eine Fülle von Spezialgesetzen aus, die die Grundsätze der §§ 611 ff. BGB in vielfältiger Weise ergänzen. Auch für dieses Rechtsgebiet gilt, dass der Arbeitsvertrag für den Arbeitnehmer mehr als nur ein Vertrag ist. In der Arbeit findet der Mensch auch ein Stück seiner Selbstverwirklichung. Der moderne Gesetzgeber spricht deshalb auch nicht mehr vom Arbeits*vertrag,* sondern vom Arbeits*verhältnis.* Im Arbeitszeit- oder Bundesurlaubsgesetz werden Höchstarbeitszeiten und Mindesturlaub geregelt. Im Entgeltfortzahlungsgesetz wird der Arbeitgeber verpflichtet, den Lohn im Krankheitsfall fortzuzahlen. Über das Kündigungsschutzgesetz und das Betriebsverfassungsgesetz (§ 102 BetrVG) greift der Gesetzgeber in das Kündigungsrecht des Arbeitgebers ein. Die Kündigungsfristen älterer Mitarbeiter werden durch § 622 Abs. 2 BGB zum Teil erheblich verlängert. Die Kündigung bedarf zusätzlich der Schriftform (§ 623 BGB). Ausdrückliche Kündigungsverbote beinhalten das Mutterschutzgesetz (§ 9 MuSchG) und das Erziehungsgeldgesetz (§ 18 BErzGG). Das Schwerbehindertengesetz (§ 14 ff. SchwbG) und das Kündigungsschutzgesetz (§ 15 ff. KSchG) erschweren die Entlassung bestimmter Personen im Betrieb. Ausgesprochen janusköpfig sind beispielsweise das Kündigungsschutzgesetz, das Mutterschutzgesetz, das Erziehungsgeldgesetz und das Schwerbehindertengesetz, weil in diesen Gesetzen neben öffentlich-rechtlichen Anzeigepflichten, Subventionen und Abgaben zivilrechtliche Sachverhalte geregelt werden.

1.3.3.4 In der staatlichen Wettbewerbsordnung

[33] Der Staat versucht mit dem Gesetz gegen Wettbewerbsbeschränkungen Kartellen vorzubeugen, die den Wettbewerb beeinträchtigen können. Mit dem Gesetz gegen den unlauteren Wettbewerb soll der Verbraucher vor Wettbewerbs-

handlungen geschützt werden, die gegen die guten Sitten verstoßen oder irreführend sind. Im UWG befinden sich neben zivilrechtlichen Schadensersatzansprüchen zudem Strafbestimmungen für irreführende Werbung (§ 4 UWG), Verleumdung (§ 15 UWG) und den Verrat von Geschäfts- oder Betriebsgeheimnissen (§§ 17 ff. UWG).

1.3.4 Die Hierarchie der Normen

[34] Um aus der Vielzahl von Gesetzen das einschlägige zu finden, ist eine Kenntnis der Hierarchie der Normen hilfreich. Das höchste Recht in der Bundesrepublik Deutschland stellt das Grundgesetz dar. Die Bundesrepublik erkennt aber ein höheres Recht an, das sich aus der Gemeinschaft der Völker ergibt. Art. 25 GG erklärt:

Art. 25 GG: Die allgemeinen Regeln des Völkerrechts sind Bestandteil des Bundesrechts. Sie gehen den Gesetzen vor und erzeugen Rechte und Pflichten unmittelbar für die Bewohner des Bundesgebietes.

Die allgemeinen Regeln des Völkerrechts dürften im Wirtschaftsrecht eher selten zum Tragen kommen. Sie beinhalten insbesondere die allgemeinen Menschenrechte, die ihre Wirkung im öffentlichen Recht entfalten. Was alles zu den allgemeinen – ungeschriebenen – Regeln des Völkerrechts gehört, kann zweifelhaft sein. Herrscht bei einem Gericht Unklarheit über die Zuordnung von Normen, so muss es gem. Art. 100 Abs. 2 GG die Entscheidung des Bundesverfassungsgerichts einholen.

Auf der nächsten Hierarchieebene stehen EG-Verordnungen (Art. 189 S. 2 EG-Vertrag), die in den Mitgliedsstaaten[4] der EU unmittelbare Geltung entfalten. Sie gehen insoweit Bundesgesetzen vor.

Beispiel: Verordnung (EWG) Nr. 2913/92 des Rates vom 12. Oktober 1992 zur Festlegung des Zollkodex der Gemeinschaften.

Die Hierarchie zwischen Bundes- und Landesrecht ist in Art. 31 GG festgelegt:

Art. 31 GG: Bundesrecht bricht Landesrecht.

[35] Die Straßenverkehrsordnung geht danach als Bundesrecht im formellen Sinne im Rang jeder Landesverfassung vor.

---

4 *Gründungsmitglieder:* Belgien, Deutschland, Frankreich, Italien, Luxemburg, Niederlande; *1. Norderweiterung:* Dänemark, Irland, Vereinigtes Königreich; *Süderweiterung:* Griechenland, Portugal, Spanien; *2. Norderweiterung:* Finnland, Österreich, Schweden.

Es ergibt sich daraus folgende Rangordnung:
1. Grundgesetz,
2. Allgemeine Regeln des Völkerrechts (Art. 25 GG),
3. EG-Verordnungen (Art. 189 S. 2 EG-Vertrag),
4. Bundesgesetze (Art. 31 GG),
5. Landesverfassungen,
6. Landesgesetze,
7. Satzungen der öffentlich-rechtlichen Körperschaften und Gemeinden.

Bei der Beurteilung, welches von mehreren gleichen Gesetzen gilt, sind folgende Grundsätze hilfreich:

Lex specialis derogat legem generalem.
= Das speziellere Gesetz hebt das generelle auf.
und:
Lex posterior derogat priori.
= Ein späteres Gesetz hebt ein früheres auf.

1.3.5 Die Auslegung

[36] Der Umgang mit dem Gesetz will geübt sein. Grundsätzlich gelten hier aber keine anderen Regeln als bei der Auslegung anderer Texte[5].
Gegenstand der Auslegung ist der Gesetzestext als „Träger" des in ihm niedergelegten Sinnes, um dessen Verständnis es bei der Auslegung geht. „Auslegung" ist nach der Wortbedeutung Ausbreitung und Darlegung des im Text verborgenen Sinnes. Durch die Auslegung wird dieser Sinn zum Sprechen gebracht, d.h. er wird verständlich gemacht. Dabei ist für den Vorgang der Auslegung typisch, dass der Ausleger nur den Text selbst zum Sprechen bringen will, ohne etwas hinzuzufügen oder wegzulassen. Der Ausleger muss sich dabei seiner eigenen Meinung möglichst enthalten. Das ist schwierig. Der Ausleger verhält sich niemals nur rein passiv.
Der Text sagt außerdem demjenigen nichts, der nicht schon etwas von der Sache versteht, von der er handelt. Er antwortet nur dem, der ihn richtig befragt.

▶ Wortsinn

[37] Jede Auslegung eines Textes muss vom Wortsinn ausgehen. Darunter verstehen wir die Bedeutung eines Ausdrucks oder einer Wortverbindung im allgemeinen Sprachgebrauch oder im besonderen Sprachgebrauch des jeweils Reden-

---
5 Umfassende Ausführungen finden Sie bei Karl Larenz, Methodenlehre.

den, hier des Gesetzes. Die Anknüpfung an den Sprachgebrauch liegt deshalb am nächsten, weil angenommen werden kann, dass derjenige, der etwas sagen will, die Worte in dem Sinne gebraucht, in dem sie gemeinhin verstanden werden. Der Gesetzgeber bedient sich der allgemeinen Sprache, weil er wünscht, von den Bürgern verstanden zu werden.

Beispiel: § 90 BGB: Sachen im Sinne des Gesetzes sind körperliche Gegenstände.
Der Gesetzgeber benutzt hier Worte aus der Umgangssprache. Er setzt sie aber zugleich in einen systematischen Zusammenhang, so dass eine Definition entsteht.

Der Gesetzgeber bedient sich darüber hinaus weithin einer besonderen juristischen Kunstsprache, in der er sich deutlicher ausdrücken kann, deren Gebrauch ihm daher vielfach umständliche Erläuterungen erspart. Dies geschieht vielfach durch sogenannte Legaldefinitionen.

Beispiel: Was ist eine Steuer?
§ 3 Abs. 1 AO: Steuern sind Geldleistungen, die nicht eine Gegenleistung für eine besondere Leistung darstellen und von einem öffentlich-rechtlichen Gemeinwesen zur Erzielung von Einnahmen allen auferlegt werden, bei denen der Tatbestand zutrifft, an den das Gesetz die Leistungspflicht knüpft; die Erzielung von Einnahmen kann Nebenzweck sein. Zölle und Abschöpfungen sind Steuern im Sinne dieses Gesetzes.

Zum Teil werden vom Gesetzgeber Begriffe erfunden, die es in der Umgangssprache gar nicht gibt.

Beispiel: Veranlagung, Verwaltungsakt
Ein Normalbürger ohne juristische Ausbildung wird unter Veranlagung stets die Begabung eines Menschen verstehen. Der Finanzbeamte meint damit aber die Einschätzung bzw. Festsetzung einer Steuer. Der Verwaltungsakt ist ein Begriff aus dem Verwaltungsrecht und ist in den Verwaltungsverfahrensgesetzen definiert[6].
Dabei gibt es zwischen der Alltagssprache und der Juristensprache eine Interaktion, insbesondere in den Bereichen, in denen Alltagsprobleme gelöst werden. Die Begriffe der Juristensprache werden in der Alltagssprache durchaus nicht mit der gleichen Begriffsschärfe verwandt wie in der Kunstsprache. Die Alltags-

---

6 § 35 VwVfG, § 118 AO, § 31 SGB X

sprache ist umgekehrt in der Lage, frühere Definitionen der Rechtssprache mit großem Beharrungsvermögen zu konservieren.

Beispiel: Was ist der Unterschied zwischen Mord und Totschlag?
Volkstümlich: Mord ist absichtliche, Totschlag ist unabsichtliche Tötung.
Rechtlich: Totschlag ist der Grundtatbestand, Mord eine Qualifizierung dieses Grundtatbestandes.

In der Alltagssprache hat der Mord immer noch die Bedeutung wie sie juristisch bis vor mehr als 60 Jahren gegolten hat.

▶ Bedeutungszusammenhang
[38] Welche der vielfältigen Bedeutungsvarianten zutreffend ist, die einem Ausdruck nach dem Sprachgebrauch zukommen, ergibt sich in der Regel aus dem Zusammenhang. Dies ist bei der Auslegung von Gesetzestexten grundsätzlich nicht anders. Der Sinn des einzelnen Rechtssatzes erschließt sich zumeist erst dann, wenn man ihn als Teil der Regelung betrachtet, der er zugehört. Man muss, um die Regelung des gutgläubigen Eigentumserwerbs vom Nichtberechtigten zu verstehen, die §§ 935, 937 zu § 932 BGB hinzuziehen. Wo das Gesetz auf eine andere Bestimmung verweist, muss man diese aufsuchen, um sich über die Tragweite der verweisenden Norm klar zu werden. Wer etwa verstehen will, was das Gesetz unter „Besitz" versteht, darf sich nicht darauf beschränken, nur den § 854 BGB zu lesen.

Lassen Sie daher stets Ihr „müdes" Auge etwas tiefer sinken!

Sie werden feststellen, dass das Gesetz den sogenannten Besitzdiener (§ 855 BGB) nicht als Besitzer versteht, wohl aber den mittelbaren Besitzer (§ 868 BGB) als Besitzer ansieht.
Dem Anfänger fällt es regelmäßig schwer, den Unterschied, den das Gesetz zwischen **„Besitz"** und **„Eigentum"** macht, nachzuvollziehen, weil im allgemeinen Sprachgebrauch beide Ausdrücke oft synonym gebraucht werden. Um zu dem richtigen Verständnis der Unterscheidung zu gelangen, bedarf es der vergleichenden Gegenüberstellung der beiden Regelungskomplexe. Ähnlich verhält es sich mit Begriffen wie

Rechtsfähigkeit und Geschäftsfähigkeit,
Parteifähigkeit und Prozessfähigkeit,
Verpflichtung und Verfügung.

Erst in der Gegenüberstellung wird jeder der Begriffe verständlich.
Einen wichtigen Hinweis auf die sachliche Zusammengehörigkeit von Vorschrif-

ten kann die äußere Systematik des Gesetzes bieten. Aus der Einordnung der §§ 842 ff. BGB über den Umfang der Ersatzpflicht und über das „Schmerzensgeld" in den Abschnitt über „unerlaubte Handlungen" kann geschlossen werden, dass diese Vorschriften nur gerade für solche Schadensersatzpflichten gelten, die auf einer „unerlaubten Handlung" im Sinne dieses Gesetzesabschnittes beruhen, nicht aber auf Ersatzpflichten aus einer Vertragsverletzung. Andernfalls hätte ihre Einordnung in die Vorschriften des allgemeinen Teils des Schuldrechts über den Inhalt einer Schadensersatzpflicht (§§ 249 ff. BGB) nahegelegen.

▸ **Regelungsabsicht, Zweck und Normvorstellung des historischen Gesetzgebers**
[39] In modernen Staaten ist der Gesetzgeber keine Einzelperson mehr. Regelmäßig werden die Feinheiten ohnehin außerhalb der Parlamente von Ministerialbeamten erarbeitet. Das Parlament gibt aber mit seiner Zustimmung zu bestimmten Gesetzen eine Regelungsabsicht kund, die bei der Auslegung der Gesetzesbestimmungen heranzuziehen ist. Gesetzesentwürfe und Parlamentsprotokolle können daher wichtige Erkenntnisquellen bei der Interpretation zweifelhafter Gesetzespassagen werden. Vergleichbar hierzu sind Schriftwechsel von Dichtern über ihr Werk, wenn es darum geht, Literatur zu interpretieren.

Beispiel: Nach § 197 BGB verjähren in vier Jahren u.a. Ansprüche von Zinsen, Miet- und Pachtzinsen, Renten, Unterhaltsbeiträge „und alle anderen regelmäßig wiederkehrenden Leistungen".

Es wurde nun streitig, ob unter „regelmäßig wiederkehrende Leistungen" nur solche Zahlungen in gleicher Höhe und/oder zu einem bestimmten Termin zu verstehen sind. Die Richter sahen alte Gesetzesmaterialien ein und fanden, dass der Gesetzgeber Zahlungen meinte, welche in regelmäßig wiederkehrenden Fristen zu entrichten seien. In dieser Fassung sei der Begriff „regelmäßig" eindeutig nur auf die Frist und nicht auf die Höhe abgestellt. Eine wechselnde Höhe steht daher der Heranziehung des § 197 BGB nicht entgegen.

▸ **Objektiv-teleologische Kriterien**
[40] Unter dieser Auslegungsmethode wird allgemein eine Interpretation des Gesetzestextes in Bezug auf den Sinn und Zweck einer Vorschrift verstanden. Ein Normwiderspruch muss vermieden werden. Denn es ist unmöglich, dass die Gesetze für denselben Sachverhalt einander widersprechende Rechtsfolgen anordnen. Ein Normwiderspruch muss beseitigt werden, sei es dadurch, dass einer Norm der Vorrang zuerkannt wird, sei es dadurch, dass beide eingeschränkt werden. Wertungswidersprüche innerhalb der Rechtsordnung müssen zwar mitunter

hingenommen werden, widerstreiten aber dem Prinzip der Gleichbehandlung des Gleichartigen und daher gleich zu Bewertenden und sollten deshalb nach Möglichkeit vermieden werden.

Wollte man § 107 BGB dahin auslegen, dass ein Minderjähriger auch sogenannte „indifferente" Geschäfte nicht selbständig vornehmen könne, so würde sich ein Wertungswiderspruch zu § 165 BGB ergeben. Denn dort ist ein besonders wichtiger Sonderfall des „indifferenten" Geschäfts eines Minderjährigen geregelt. Der Wertungswiderspruch kann vermieden werden, wenn man § 107 BGB so auslegt, dass der Minderjährige auch „indifferente" Geschäfte selbständig tätigen darf.

▶ **Verfassungskonforme Auslegung**
[41]   Die Verfassung hat wie vor ihr andere grundsätzliche Wertentscheidungen einen Einfluss auf die Auslegung von Generalnormen (§ 242 BGB – Treu und Glauben, § 138 BGB – Sittenwidrigkeit, § 826 BGB – sittenwidrige Schädigung, aber auch § 823 I BGB – Sonstiges Recht). Diese Normen sind Einfallstore für eine Auslegung der bürgerlichen Gesetze im Sinne der Grundrechte und der Sozialstaatsklausel. Ein Widerspruch zur Verfassung birgt im übrigen immer die Gefahr der gerichtlichen Entscheidung durch das Bundesverfassungsgericht, das auch Urteile als Akte der staatlichen Gewalt ansieht und einer Verfassungsbeschwerde zugänglich macht. In den Generalnormen ist vom historischen Gesetzgeber im übrigen eine Art „Überlebensgarantie" für das BGB formuliert worden. Denn ohne diese Einfallstore für den jeweiligen Zeitgeist hätte das BGB die Irrungen und Wirrungen des 20. Jahrhunderts in Deutschland sicherlich nicht überlebt.

▶ **Verhältnis der Auslegungskriterien zueinander**
[42]   Der Wortsinn stellt stets den Ausgangspunkt des Auslegungsprozesses dar. Dem schließt sich der Bedeutungszusammenhang an. Zweck und Normvorstellung des historischen Gesetzgebers können sich mit den objektiv-teleologischen Zielen des Gesetzes treffen und verstärken. Sie können sich aber auch widersprechen. Der Normzweck ist auch dem Wandel der Zeit unterworfen, weshalb die verfassungskonforme Auslegung als sinnvolle Kontrolle heranzuziehen sein wird.

▶ **Ausfüllung von Gesetzeslücken**
[43]   Der Gesetzestext kann Lücken aufweisen. Man unterscheidet zwischen „offenen" und „verdeckten" Lücken sowie zwischen anfänglichen und nachträglichen Lücken.

Eine **„offene"** Lücke liegt vor, wenn das Gesetz für eine bestimmte Fallgruppe keine Regel enthält, die auf sie anwendbar wäre, obgleich es nach seiner eigenen Teleologie eine solche Regel enthalten sollte.

Eine **„verdeckte"** Lücke liegt vor, wenn das Gesetz zwar eine auf solche Fälle anwendbare Regel enthält, diese aber ihrem Sinn und Zweck nach hier nicht passt, weil sie die für die Wertung gerade dieser Fälle relevante Besonderheit derselben außer acht lässt. Die Lücke besteht hier in dem Fehlen einer Einschränkung. Die Ausfüllung einer solchen Lücke geschieht durch die Hinzufügung der vermissten Einschränkung im Wege einer „teleologischen Reduktion" der Norm.

Anfängliche Lücken sind solche, die entweder vom Gesetzgeber gewollt sind, um die konkrete Ausgestaltung der Rechtsprechung zu überlassen; oder solche, in denen der Gesetzgeber irrtümlich davon ausgegangen ist, die Materie geregelt zu haben, oder solche, in denen der Gesetzgeber irrtümlich keinen Handlungsbedarf erkannt hat.

Nachträgliche Lücken ergeben sich durch die spätere technische oder wirtschaftliche Entwicklung.

▶ Ausfüllung „offener" Lücken, Analogie

[44] Handelt es sich um eine offene Gesetzeslücke, so wird sie zumeist im Wege der Analogie oder des Besinnens auf ein im Gesetz angelegtes Prinzip geschlossen. Möglich ist auch eine Orientierung an der „Natur der Sache". Unter einer Analogie verstehen wir die Übertragung der für einen Tatbestand (A) oder für mehrere, untereinander ähnliche Tatbestände im Gesetz gegebenen Regel auf einen vom Gesetz planwidrig nicht geregelten, ihm „ähnlichen" Tatbestand (B). Die Übertragung gründet sich darauf, dass infolge ihrer Ähnlichkeit in den für die gesetzliche Bewertung maßgebenden Hinsichten beide Tatbestände gleich zu bewerten sind, also auf die Forderung der Gerechtigkeit, Gleichartiges gleich zu behandeln.

Dass zwei Sachverhalte einander ähnlich sind, besagt, dass sie in einigen Hinsichten übereinstimmen, in anderen aber nicht. Stimmten sie nämlich in allen Punkten überein, so wären sie „gleich". Die Tatbestände dürfen also einander weder gleich noch ungleich sein; sie müssen aber gerade in den für die rechtliche Bewertung maßgebenden Hinsichten übereinstimmen. Wenn dies der Fall ist, kann die bestehende gesetzliche Regelung analog auf den nicht geregelten Tatbestand angewandt werden.

Beispiel: Nach § 463 Satz 2 BGB kann der Käufer wahlweise neben Wandelung oder Minderung Schadenersatz wegen Nichterfüllung verlangen, wenn der

Verkäufer einen Fehler der Sache arglistig *verschwiegen* hat. Was ist, wenn der Verkäufer dem Käufer einen nicht vorhandenen Vorzug der Sache vorgespiegelt hat?

[45] Das Gesetz erwähnt diesen Fall nicht! Beide Fälle gleichen sich aber in der für die gesetzliche Wertung entscheidenden Hinsicht, dass der Verkäufer sich einen von ihm sehr wohl erkannten Irrtum des Käufers über die Beschaffenheit der Sache arglistig zunutze macht. Der Unterschied, ob er den Irrtum beim Käufer selbst erregt oder den von ihm erkannten Irrtum sich nur zunutze gemacht hat, fällt für die Wertung seines Verhaltens nicht ins Gewicht. Beide Fälle sind daher nach dem Prinzip der Gleichbehandlung des Gleichartigen in der gleichen Weise zu regeln. Die herrschende Lehre erkennt denn auch in diesem Falle das Vorliegen einer Lücke an, die sie im Wege der Analogie ausfüllt.
Es muss betont werden, dass ein Gesetz nur insoweit „lückenhaft" oder unvollständig sein kann, als es eine bestimmte Regelung sachlich zu erschöpfen sucht. Die Lücke muss also entgegen dem gesetzgeberischen Plan entstanden sein.

Es verbietet sich daher, das Eherecht auf die nichteheliche Lebensgemeinschaft auszudehnen.

[46] Es gibt im BGB große Lücken, die von der Rechtsprechung so zuverlässig geschlossen worden sind, dass der Gesetzgeber auch nach hundert Jahren kein Bedürfnis verspürt, sich dieser Probleme anzunehmen. Eine solche klassische Lücke liegt bei bestimmten Vertragstypen im Fall der Schlechtleistung oder der Verletzung sonstiger Vertragspflichten vor. Es finden sich im BGB dagegen Bestimmungen über das Vertretenmüssen im Falle von Unmöglichkeit oder Verzug. Es liegt also eine Regelungslücke vor. Diese Lücke wurde durch richterliche Rechtsfortbildung geschlossen und die ungeschriebene Anspruchsgrundlage der *positiven Forderungsverletzung*[7] (= pFV) herausgebildet.

▶ **Ausfüllung „verdeckter" Lücken, teleologische Reduktion**
[47] Liegt eine verdeckte Lücke vor, wird man regelmäßig eine bestehende Bestimmung in ihrer Wirkung durch Heranziehung des gesetzgeberischen Willens beschränken.

Beispiel: Ein Arbeitgeber erklärt deutlich, er schließe den Arbeitsvertrag nur, wenn im Vertrag ausdrücklich auf die Anwendung des Mutterschutzgesetzes verzichtet werde. Inwieweit ist ein solcher Vertrag wirksam?

---

7 In der Literatur finden Sie synonym auch die Formulierung „positive Vertragsverletzung" = PVV.

Gem. § 134 BGB ist die Abbedingung des Mutterschutzgesetzes nichtig. Nach § 139 BGB zieht die Nichtigkeit einer Klausel die Vollnichtigkeit des Rechtsgeschäfts nach sich, wenn nicht anzunehmen ist, dass es auch ohne den nichtigen Teil vorgenommen sein würde. Der Arbeitgeber hat deutlich gesagt, es komme ihm gerade auf diese Klausel an. Der Vertrag steht und fällt somit mit der Nichtigkeit der Klausel. Das Ergebnis ist im höchsten Maße unbefriedigend. Folgt man dem Gesetz, erreicht der Arbeitgeber über die Nichtigkeit des Vertrages genau das, worauf es ihm ankommt, nämlich die Anwendung des Mutterschutzgesetzes unmöglich zu machen.

Wendete man hier den § 139 BGB mit seiner gesetzlichen Rechtsfolge an, dann käme es bei der Verletzung von Schutzgesetzen immer zu absurden Ergebnissen. Es liegt also eine verdeckte Lücke vor, die es sinnvoll zu schließen gilt. Nach Sinn und Zweck der Gesetze sollen die Schutzgesetze wirken und nicht unterlaufen werden. Die Regel des § 139 BGB bedarf deshalb einer Einschränkung in der Rechtsfolge. Bei der Teilnichtigkeit wegen eines Verstoßes gegen ein Schutzgesetz führt diese nicht zur Vollnichtigkeit des ganzen Vertrages, sondern nur zum Ausfall dieser einen Klausel. Der Vertrag bleibt im übrigen bestehen.

Der intellektuelle Weg führt zunächst zur Suche nach einer verdeckten Lücke, d.h. zu einem Tatbestand mit einer unpassenden Rechtsfolge. Ist diese Lücke entdeckt, kann sie mit dem normalen Instrumentarium teleologisch geschlossen werden. Dieses Verfahren wird deshalb auch teleologische Reduktion genannt.

1.3.6 Die Fallbearbeitung

[48] Wie oben bereits erwähnt, ist der kontinentaleuropäische Weg der Rechtsfindung durch den Versuch geprägt, Lebenssachverhalte abstrakt in einem geschriebenen Gesetz zu regeln. Dies macht der Gesetzgeber in der Regel durch Formulierung eines bestimmten Tatbestandes, der zu einer festgelegten Rechtsfolge führt. Für den Rechtsanwender stellt es ein Problem dar, die richtige Norm für seine Fragestellung zu finden.

Ist der Lebenssachverhalt geklärt – davon dürfen Sie in der Klausur ausgehen –, sollte die Suche stets auf die erwünschte Rechtsfolge ausgerichtet sein. Ist diese Rechtsfolge gefunden, beginnt die eigentliche juristische Arbeit, denn der konkrete Lebenssachverhalt ist nun unter den gesetzlichen Tatbestand zu „subsumieren":

Sachverhalt ist die Gesamtheit der tatsächlichen Geschehnisse, die rechtlich zu beurteilen sind.
Tatbestand ist das im Gesetz genau bestimmte Geschehen, das eine *Rechtsfolge* (z.B. Gebot oder Verbot, Anspruch) auslöst.

1.3 Die Gesetze

Subsumtion ist die Prüfung, ob der (konkrete) Sachverhalt unter den (abstrakten) gesetzlichen Tatbestand „passt", ob also sämtliche Tatbestandsmerkmale erfüllt sind.

[49] Bei der Fülle der Paragraphen kann einem Anfänger Angst und Bange werden. Bei näherer Durchsicht eines Gesetzes stellt sich aber eine gewisse Ordnung heraus. Längst nicht alle Paragraphen beinhalten Rechtsfolgen. Zahlreiche Bestimmungen stellen sich als Definitionen (z. B. § 90 BGB) oder als Ergänzungen der Rechtsfolgen dar (z. B. § 249 ff. BGB). Wichtig für die Klausurbearbeitung sind die sogenannten Anspruchsgrundlagen. **Anspruchsgrundlagen** sind Rechtsnormen, deren Rechtsfolge jemandem einen bestimmten *Anspruch* gewährt. *Anspruch* ist gem. § 194 BGB das *„Recht, von einem anderen ein Tun oder ein Unterlassen zu verlangen"*. Hierzu bedarf es einer materiell-rechtlichen Grundlage.

Anspruchsgrundlagen finden sich im Schuld-, Sachen-, Familien- und Erbrecht und vereinzelt auch im Allgemeinen Teil (z.B. § 122 Abs. 1 BGB). Anspruchsnormen sind dadurch gekennzeichnet, dass ihre Rechtsfolge ein bestimmtes Verhalten anordnet („... ist zum Schadensersatz verpflichtet"; „... kann ... verlangen"), falls ihre tatbestandlichen Voraussetzungen gegeben sind.

[50] *Schuldrechtliche Ansprüche* (Forderungen, vgl. § 241 BGB) können auf einem Vertrag beruhen (z.B. §§ 433, 535, 598, 607, 611, 631, 651 a, 652, 657, 662, 688, 701, 705, 765, 793 BGB) oder sich unmittelbar aus dem Gesetz ergeben (§§ 683 f., 812, 823 BGB).

Dingliche Anspruchsgrundlagen sind insbesondere die §§ 985, 859 ff., 1004 BGB.

Abbildung 6: Subsumtion

SUBSUMTION

(2) Feststellung und ggf. Auslegung der

(3) Subsumtion

(1) und Feststellung des

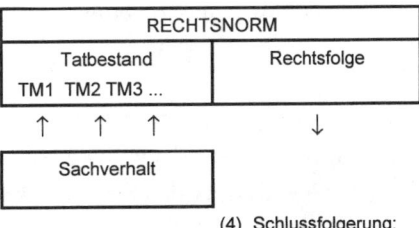

(4) Schlussfolgerung:
Rechtsfolge
a) tritt ein.
b) tritt nicht ein.

[51] **Beispiel:** B hat dem A dessen Fahrrad weggenommen. A will es zurück bekommen.

Die Subsumtion ist eng mit dem juristischen Gutachtenstil verknüpft. Der Gutachter stellt zunächst eine Hypothese oder einen Obersatz auf nach der klassische „W"-Formel:

Wer will was von wem woraus?

Im Gutachten wird diese Frage als Hypothese (Obersatz) nach folgendem Muster umformuliert:

„A *könnte* einen Anspruch auf Herausgabe des Fahrrades gegen B aus § 985 BGB haben."

Als nächstes müssen die Tatbestandsmerkmale der Norm (hier: § 985 BGB) einzeln untersucht werden. Die Verknüpfung zwischen dem Obersatz und den abstrakten Tatbestandsmerkmalen geschieht typischerweise mit einem „Dann ...". Jetzt werden die Tatbestandsmerkmale eines nach dem anderen genannt. Beginnen könnte man mit:

„*Dann* müsste das Fahrrad eine Sache sein."

Geradezu zwangsläufig stellt sich jetzt die Frage nach der Definition für Sachen. Die Definition für Sachen befindet sich in § 90 BGB:

„Sachen sind körperliche Gegenstände."

Diese Definition wird nun mit dem Lebenssachverhalt überprüft, indem festgestellt wird:

„Das Fahrrad ist ein körperlicher Gegenstand."

Die eigentliche Subsumtion erfolgt nunmehr im Vergleich der Definition mit der Feststellung aus dem Lebenssachverhalt. Da das Fahrrad ein körperlicher Gegenstand ist, ist es definitionsgemäß auch eine Sache. Wir schreiben:

„Das Fahrrad ist demnach eine Sache."

Es folgen die weiteren Tatbestandsmerkmale aus § 985 BGB:

„Dann müsste B ferner Besitzer des Fahrrades sein. Besitzer ist gem. § 854 Abs. 1 BGB, wer die tatsächliche Gewalt über eine Sache hat. B hat die tatsächliche Gewalt über das Fahrrad. Er ist also Besitzer."
„Dann müsste A außerdem Eigentümer des Fahrrades sein. Eigentümer ist gem. § 903 BGB, wer die rechtliche Verfügungsmacht über eine Sache hat. Daran ist nach dem Sachverhalt nicht zu zweifeln. A ist Eigentümer."

Es folgt dann das Schlussergebnis mit der Rechtsfolge:

„Die Voraussetzungen des § 985 BGB sind erfüllt. A kann die Herausgabe seines Fahrrades von B verlangen."

Es ergibt sich aus diesem Vorgehen folgendes Schema:

Abbildung 7: Subsumtion

1. Wer will was von wem woraus?	Anspruchsgrundlage in einer Arbeitshypothese benennen (... könnte ...).
2. Voraussetzungen (Dann ...)	Ordnen Sie die Tatbestandsmerkmale und prüfen Sie sie in einer taktisch vernünftigen Reihenfolge. Einfach zu beantwortende Tatbestandsmerkmale sollten vorgezogen werden. Vergewissern Sie sich aber, dass sie kein Tatbestandsmerkmal vergessen haben.
3. Definition oder Erklärung des Begriffs	Manche Definitionen finden Sie im Gesetz, andere – insbesondere bei unbestimmten Rechtsbegriffen – ergeben sich aus der Rechtsprechung oder Literatur.
4. Wie lautet der Lebenssachverhalt in dieser Frage?	Gehen sie den Aufgabentext der Klausur systematisch durch, machen Sie sich Skizzen, wenn mehrere Personen beteiligt sind. In der Regel macht der Aufgabensteller keine überflüssigen Angaben im Sachverhalt. Sie sollten also möglichst alle Informationen verarbeiten, insbesondere auch Alters- oder Zeitangaben.
5. „Passt" der Lebenssachverhalt unter die Definition?	Abgleich der Feststellungen zu 3. und 4.
6. Ergebnis, Rechtsfolge	Sie müssen Ihr Gutachten mit einer Antwort auf Ihre Eingangshypothese (1.) beenden.

[52] Sobald Sie Worte wie „weil", „da", „denn" verwenden, verlassen Sie den Gutachtenstil und gehen über in den Urteilstil. Das macht der Richter, denn die Parteien eines Prozesses wollen von ihm ein Urteil, d.h. die Rechtsfolge wird an den Anfang der Ausführungen und nicht an ihr Ende gestellt. Bevor der Richter ein Urteil fällt, macht er sich regelmäßig aber auch die Arbeit eines Gutachtens. Dieser Rhythmus eines juristischen Gutachtens muss verstanden werden, andernfalls wird sich der richtige Erfolg in der Klausurbearbeitung nicht einstellen. Daher noch ein paar Beispiele:

[53] **Beispiel 2:** Sachverhalt: V fragt K, ob er von ihm sein Fahrrad für 50 € kaufen wolle. K nickt mit dem Kopf und sagt: „Gerne". Ist V zur Lieferung des Fahrrades verpflichtet?

Wer will was von wem woraus?

K ./. V: Fahrrad
Anspruchsgrundlage: § 433 Abs. 1 BGB

Tatbestand abstrakt	Tatbestand konkret	Schlussfolgerung
Kaufvertrag		
• *Antrag* (§ 145) (empfangsbedürftige Willenserklärung)	V fragt K, ob er von ihm sein Fahrrad für 50 € kaufen wolle.	Antrag liegt vor.
• rechtzeitige Annahme unter Anwesenden (§ 147).	K nickt mit dem Kopf und sagt: „Gerne".	Annahme wird sofort erklärt.
		Ergebnis: Der Kaufvertrag ist wirksam zustandegekommen; V ist zur Lieferung und Übereignung verpflichtet.

Formulierungsvorschlag:
K könnte gegen V einen Anspruch auf Lieferung und Übereignung des Fahrrads aus § 433 Abs. 1 BGB haben.
Dann müsste zwischen V und K ein wirksamer Kaufvertrag geschlossen worden sein. Ein Kaufvertrag besteht aus zwei übereinstimmenden Willenserklärungen, Antrag und Annahme.
Ein Antrag könnte in der Frage des V, ob K von ihm sein Fahrrad für 50 € kaufen wolle, liegen. Aus diese Frage konnte K den Schluss ziehen, dass V den Willen hat, eine ganz bestimmte Rechtsfolge herbeizuführen, nämlich den Abschluss eines Kaufvertrages über das Rad. V wollte diese Erklärung auch abgeben. Damit liegt ein wirksamer Antrag i.S.d. § 145 BGB vor.
Zu prüfen ist, ob K diesen Antrag rechtzeitig angenommen hat. Dieser Antrag wurde dem K mündlich – unter Anwesenden – gemacht. K müsste nun sofort dem V gegenüber die Annahme erklärt haben (§ 147 Abs. 1 BGB). Das Kopfnicken im Zusammenhang mit dem Wort „Gerne" ist objektiv als Annahmeerklärung anzusehen. K hatte auch den Willen, dieses zu erklären.
Damit liegen zwei übereinstimmende Willenserklärungen, Antrag und Annahme, über einen Kaufvertrag über das Rad zum Kaufpreis von 50 € vor.
K hat somit gegen V einen Anspruch Übergabe und Übereignung des Fahrrads aus § 433 Abs. 1 BGB.

[V hat natürlich auch gegen K einen Anspruch gem. § 433 Abs. 2 BGB auf Zahlung des Kaufpreises von 50 €].

[54] **Beispiel 3:** A verursacht durch stark überhöhte Geschwindigkeit einen Verkehrsunfall, bei dem B erheblich verletzt wird und ihr PKW beschädigt wird. B will Schadenersatz.

Wer will was von wem woraus?

B will Schadensersatz von A aus § 823 Abs. 1 BGB[8].

Anspruchsgrundlage: § 823 Abs. 1 BGB

Tatbestand abstrakt	Erläuterung	Tatbestand konkret	Schlussfolgerung
Wer	natürliche Person	A ist ein Mensch.	+
Verletzt	ursächliches Verhalten	A verursacht Unfall.	+
Gesundheit, Körper, Eigentum eines anderen	Es muss ein sog. absolutes Recht verletzt werden.	B wird verletzt; ihr PKW wird beschädigt.	+
Widerrechtlich	Das Verhalten des Verletzers darf nicht durch Rechtfertigungsgründe erlaubt sein.	A hat rechtswidrig gehandelt (überhöhte Geschwindigkeit).	+
Vorsätzlich oder fahrlässig	Vorsatz: Wissen und Wollen der Tatbestandsverwirklichung Fahrlässigkeit: siehe § 276 I 2 BGB	A hat durch stark überhöhte Geschwindigkeit die im Verkehr erforderliche Sorgfalt missachtet.	Sämtliche Voraussetzungen des § 823 I BGB liegen vor. A ist zum Schadensersatz verpflichtet (Umfang: §§ 249 ff., 847 BGB)

Formulierungsvorschlag:

[55] B könnte gegen A einen Anspruch auf Schadensersatz gem. § 823 Abs. 1 BGB haben.

a. Voraussetzung hierfür ist zunächst, dass eine *natürliche Person* („wer") die Gesundheit, den Körper, das Eigentum oder ein sonstiges absolutes Recht eines anderen verletzt hat. A ist ein „Mensch", also eine natürliche Person[9].

b. Sein Verhalten müsste *ursächlich* für die Rechtsgutsverletzung sein. Wäre er nicht mit stark überhöhter Geschwindigkeit gefahren, wäre der Unfall nicht

---

8 Die außerdem in Frage kommenden Anspruchsgrundlagen aus dem StVG (§§ 7 u. 18) werden hier außer Acht gelassen.
9 Derartige Selbstverständlichkeiten müssen in einer Klausur natürlich nicht näher erläutert werden.

passiert. Dieses Verhalten ist mithin nicht hinwegdenkbare Voraussetzung *(conditio sine qua non)* für den Unfall, also ursächlich.
c. Weitere Voraussetzung ist, dass ein *absolutes Recht* eines anderen verletzt wird. B erlitt eine Körperverletzung; außerdem wurde ihr Pkw – Eigentum – beschädigt, so dass auch diese Voraussetzung erfüllt ist.
d. Die Verletzung müsste weiter *widerrechtlich* erfolgt sein. Grundsätzlich wird durch die Verletzung von absoluten Rechten eines anderen die Rechtswidrigkeit indiziert – man darf fremde Rechtsgüter in aller Regel nicht verletzen, es sei denn, dass ein Rechtfertigungsgrund vorliegt (insbesondere Notwehr [§ 227 BGB], Notstand [§ 228 BGB], Einwilligung des Verletzten, verkehrsordnungsgemäßes Verhalten etc.). Derartige Ausnahmen sind vorliegend nicht ersichtlich; A handelte also widerrechtlich.
e. A müsste schließlich *vorsätzlich* oder *fahrlässig* gehandelt haben.
Vorsatz ist Wissen und Wollen der Tatbestandsverwirklichung. A müsste hierfür zumindest mit dem Unfall gerechnet und ihn für den Fall seines Eintritts billigend in Kauf genommen haben.[10] Dafür liegen jedoch keine Anhaltspunkte vor. Auch wenn A bewusst zu schnell gefahren sein sollte, würde sich sein Vorsatz nur auf die Geschwindigkeitsüberschreitung, nicht aber auch auf den Unfall beziehen.
Fahrlässig handelt nach § 276 BGB, wer die im Verkehr erforderliche Sorgfalt außer Acht lässt. A ist laut Sachverhalt mit „stark überhöhter Geschwindigkeit" gefahren, hat also die im Verkehr erforderliche Sorgfalt missachtet.

Somit liegen alle Voraussetzungen des § 823 Abs. 1 BGB vor. A ist der B zum Schadensersatz verpflichtet. Der Umfang dieses Anspruchs ergibt sich aus den §§ 249 ff. BGB. A muss den Zustand wiederherstellen, der ohne den Unfall bestehen würde. B kann statt dessen gem. § 249 S. 2 BGB auch den zur Herstellung erforderlichen Geldbetrag verlangen. Da ihr Körper verletzt wurde, kann sie darüber hinaus gem. § 847 BGB ein angemessenes Schmerzensgeld verlangen.

1.3.7 Der Aufbau des BGB

[56] Eine Schwierigkeit in Klausuren besteht im Finden der richtigen Anspruchsgrundlage. Dafür ist es nötig, ein wenig über den Aufbau des BGB zu wissen.
Das BGB ist in fünf Bücher eingeteilt („von der Geburt bis zum Tode"). Das Erste Buch – Allgemeiner Teil (§§ 1–240) – enthält allgemeine Regeln, Defini-

---
10 sog. dolus eventualis [= bedingter Vorsatz]

1.3 Die Gesetze

Abbildung 8: Aufbau des BGB

Erstes Buch:	Zweites Buch:	Drittes Buch:	Viertes Buch:	Fünftes Buch:
Allgemeiner Teil (§§ 1–240)	Schuldrecht (§§ 241–853)	Sachenrecht (§§ 854–1296)	Familienrecht (§§ 1297–1921)	Erbrecht (§§ 1922–2385)

tionen und Rechtssätze, die für die folgenden Bücher allgemein gelten, soweit hier keine besonderen Regelungen enthalten sind (die allgemeinen Regeln sind „ausgeklammert" worden). Der Aufbau des BGB entspricht dem Prinzip „vom Allgemeinen zum Besonderen", wobei jeweils die speziellere Regelung die allgemeine verdrängt.

Das Zweites Buch – Schuldrecht (§§ 241–853) – wird unterteilt in Allgemeines Schuldrecht (§§ 241–432) und Besonderes Schuldrecht [Einzelne Schuldverhältnisse] (§§ 433–853). Schuldverhältnis bezeichnet die Forderungsbeziehung zwischen dem Gläubiger und dem Schuldner. Hierunter fallen insbesondere Verträge sowie die gesetzlichen Schuldverhältnisse (ungerechtfertigte Bereicherung [§§ 812 ff. BGB], unerlaubte Handlungen)

Das Dritte Buch – Sachenrecht (§§ 854–1296) – regelt Rechte an beweglichen und unbeweglichen Sachen (Definition in § 90 BGB) und schützt Eigentum und Besitz.

Abbildung 9: Anspruchsgrundlagen

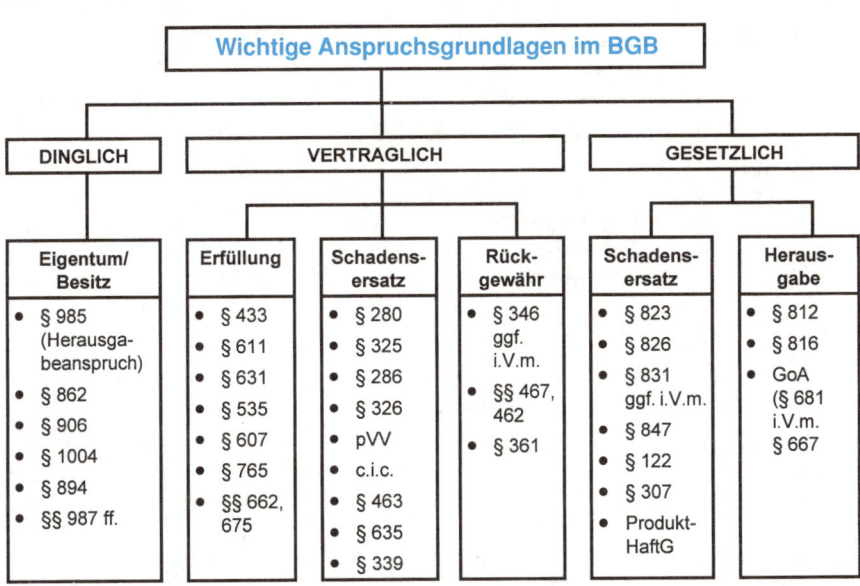

Im Vierten Buch – Familienrecht (§§ 1297–1921) – werden die rechtlichen Wirkungen der Ehe, die Ehescheidung und ihre Rechtsfolgen sowie das Eltern-Kind-Verhältnis (Sorgerecht, Unterhalt etc.) geregelt.

Das Fünftes Buch, Erbrecht (§§ 1922 – 2385) – befasst sich schließlich mit dem Schicksal des Vermögens Verstorbener.

Checkliste

Fragen	Lösungshinweise Gehen Sie zu Absatznummer (An) oder Abbildung Nr. (Abb.-Nr.)	✓
1. Wie entsteht ein Bundesgesetz?	An 22	
2. Warum greift der Gesetzgeber mit Schutzbestimmungen zugunsten der Mieter in den Markt ein?	An 30	
3. Was verstehen Sie unter einer teleologischen Reduktion?	An 47	
4. Welche Gesetzeslücken gibt es?	An 43	
5. Darf man ein Gesetz gegen seinen Wortlaut auslegen?	An 47	
6. Wie gehen Sie bei einer Subsumtion unter einen gesetzlichen Tatbestand vor?	An 48 ff.	
7. Welche Funktion hat der Allgemeine Teil des BGB für das Gesamtwerk?	An 56	
8. Was ist eine Legaldefinition?	An 37	
9. Was meint ein Jurist mit dem Begriff „Sachverhalt" und was mit dem Begriff „Tatbestand"?	An 48	
10. Was unterscheidet den Gutachten- vom Urteilsstil?	An 51 ff.	
11. Welche Bücher hat das BGB?	Abb.-Nr. 8	
12. Was ist eine Anspruchsgrundlage?	An 49	

Fragen	Lösungshinweise Gehen Sie zu Absatznummer (An) oder Abbildung Nr. (Abb.-Nr.)	✓
13. Welche Gesetze regeln das Arbeitsrecht?	Abb.-Nr. 5	
14. Warum darf ich bei der Prüfung des gutgläubigen Erwerbs nach § 932 BGB nicht nur diesen einen Paragraphen prüfen?	An 38	
15. Was ist die Rahmengesetzgebung des Bundes?	Abb.-Nr. 4	

1.4 Das Gerichtssystem

1.4.1 Allgemeines

[57] Das deutsche Gerichtssystem folgt im wesentlichen der Einteilung der Rechtsgebiete. So gibt es Gerichte für das Zivilrecht und Gerichte für das öffentliche Recht. Da die ordentlichen Gerichte (AG, LG, OLG [in Berlin: KG; in Bayern außerdem: BayObLG], BGH) deutlich älter sind als die Fachgerichte des öffentlichen Rechts, sind bei den ordentlichen Gerichten traditionell auch Fragestellungen aus dem öffentlichen Recht angesiedelt. Es handelt sich hierbei insbesondere um Entschädigungsansprüche des Bürgers gegen den Staat (Art. 34 GG). Typisch für die deutsche Rechtsordnung ist, dass die beiden ersten Instanzen vor den Landesgerichten ausgetragen werden, nur die höchste Instanz befindet sich vor Bundesgerichten. Dies ist grundlegend anders als in den U.S.A., wo Landesrecht vor Staatsgerichten und Bundesrecht vor Bundesgerichten verhandelt wird. Der vom Grundgesetz vorgesehene „verschränkte" Föderalismus verlangt es aber, dass sich auch Bundesbehörden vor Landesverwaltungsgerichten verantworten müssen. Der Verfassungsgeber hat sich hiervon eine zusätzliche Machtkontrolle versprochen.

1.4.2 Die Gerichtszweige und ihre Gliederung

[58] Für die Entscheidung privatrechtlicher Streitigkeiten sind die ordentlichen Gerichte zuständig, für arbeitsrechtliche die Arbeitsgerichte (ArbG, LAG, BAG). Vor dem Landgericht gibt es spezielle Kammern für Handelsrecht, die mit einem Volljuristen als Vorsitzendem und zwei Handelsrichtern aus der Wirtschaft besetzt sind. Vor diese Kammer gelangen Streitigkeiten unter Kauf-

leuten (§ 95 GVG). Die ordentlichen Gerichte sind auch in Strafsachen zuständig.

Die Organisation und die sachliche Zuständigkeit ist im GVG geregelt. Die örtliche Zuständigkeit ergibt sich aus der ZPO bzw. der StPO. Im Zivilprozess ist grundsätzlich das für den Wohnsitz des Beklagten zuständige Gericht örtlich zuständig.

Abbildung 10: Gerichtsbarkeiten

Bundesverfassungsgericht (BVerfG)				
Ordentliche Gerichtsbarkeit	Arbeits-gerichtsbarkeit	Verwaltungs-gerichtsbarkeit	Sozial-gerichtsbarkeit	Finanz-gerichtsbarkeit
Bundesgerichtshof (BGH)	Bundesarbeitsgericht (BAG)	Bundesverwaltungsgericht (BVerwG)	Bundessozialgericht (BSG)	Bundesfinanzhof (BFH)
Oberlandesgericht (OLG)	Landesarbeitsgericht (LAG)	Oberverwaltungsgericht (OVG)[11]	Landessozialgericht (LSG)	Finanzgericht (FG)
Landgericht (LG)	Arbeitsgericht (ArbG)	Verwaltungsgericht (VG)	Sozialgericht (SG)	
Amtsgericht (AG)				

Abbildung 11: Instanzenzug im Zivilrecht

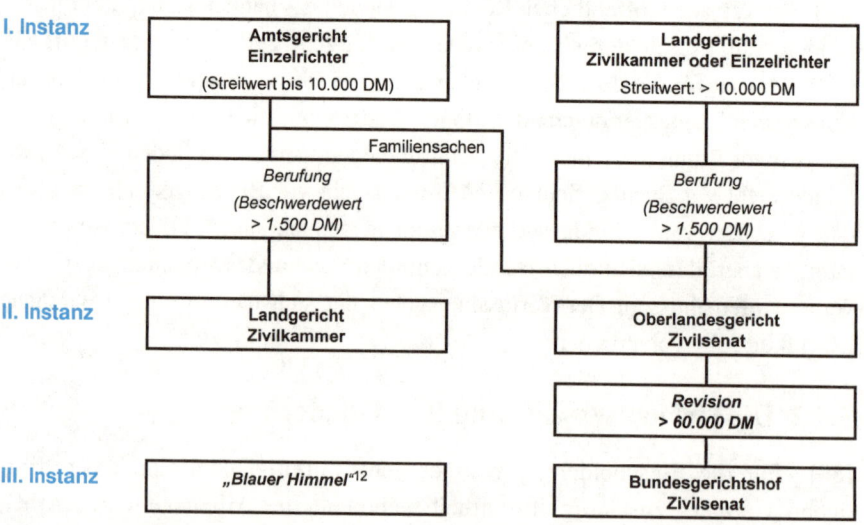

[11] In einigen Bundesländern auch Verwaltungsgerichtshof (VGH) genannt.
[12] will sagen: Es gibt keine III. Instanz

Im öffentlichen Recht erlässt der Staat i.d.R. zur Regelung des Einzelfalls zunächst einen Verwaltungsakt (z.B. Erteilung oder Versagung einer Baugenehmigung, Erlass eines Steuerbescheides), gegen den der Bürger ggf. die Verwaltungsgerichte (VG, OVG [VGH], BVerwG) bzw. die besonderen Verwaltungsgerichte (FG, BFH; SG, LSG, BSG) anrufen kann. Meistens muss ein Vorverfahren vor den Verwaltungsbehörden (Widerspruch oder Einspruch) vorausgehen.

1.4.3 Die Durchsetzung zivilrechtlicher Ansprüche

[59] Für die Durchsetzung zivilrechtlicher Ansprüche ist es grundsätzlich erforderlich, die staatlichen Gerichte anzurufen, da niemand „sein" Recht selbst in die Hand nehmen darf. Möglich ist jedoch auch die vertragliche Vereinbarung eines Schiedsgerichtsverfahrens, das Streitigkeiten zwischen den Parteien verbindlich entscheiden kann (vgl. §§ 1025–1048 ZPO). Von dieser Möglichkeit wird vor allem im Bereich des Handels- und Gesellschaftsrechts Gebrauch gemacht. Die Entscheidung des Schiedsgerichts, der *Schiedsspruch*, wirkt unter den Parteien wie ein rechtskräftiges Urteil und wird auf Antrag von einem ordentlichen Gericht für vollstreckbar erklärt (§§ 1042 f. ZPO) und stellt dann einen Vollstreckungstitel (siehe unten) dar.

▶ **Klage**

[60] Die Erhebung der Klage erfolgt durch Einreichung eines Schriftsatzes *(Klageschrift)* bei dem örtlich und sachlich zuständigen Gericht; beim AG kann die Klage auch zu Protokoll der Geschäftsstelle mündlich erklärt werden (§ 496 ZPO).
Nach der im Zivilprozess maßgeblichen *Verfügungsmaxime* steht es im Belieben des Anspruchsinhabers, ob er Klage erhebt. Auch kann der Kläger seine Klage

Abbildung 12: Zuständigkeit

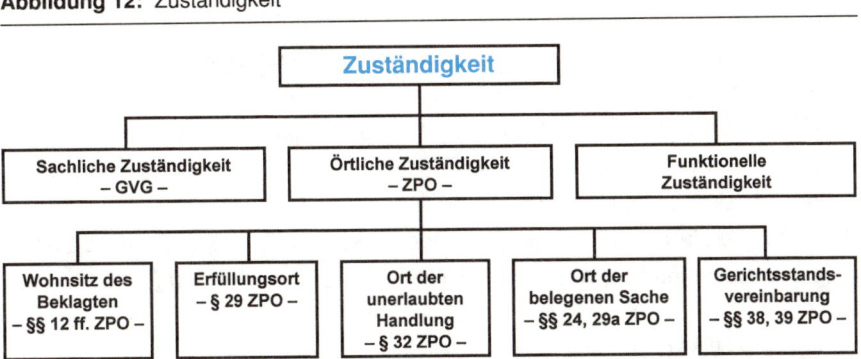

(evtl. ist die Zustimmung des Beklagten erforderlich) jederzeit zurücknehmen oder sich mit dem Beklagten vergleichen. Die Verfügungsmaxime wird ergänzt durch die *Verhandlungsmaxime*, nach der das Gericht nur solche Tatsachen und Beweismittel verwenden darf, die von den Parteien vorgetragen werden. Eine gerichtliche Aufklärung *von Amts wegen* findet – anders als im Strafverfahren und im Verwaltungsgerichtsverfahren[13] – nicht statt. Im Zivilrecht gilt also im besonderen Maße:

Wo kein Kläger, da kein Richter.

[61] Sachlich zuständig ist bei vermögensrechtlichen Streitigkeiten mit einem Streitwert bis zu 10.000 DM erstinstanzlich das AG, sonst das LG. Das AG ist außerdem – unabhängig von der Höhe des Streitwerts – zuständig für mietrechtliche Streitigkeiten (nur Wohnraummiete) und für Familiensachen (z.B. Ehescheidungen, Unterhaltsprozesse).

[62] Die Klageschrift muss die Parteien bezeichnen, einen Antrag und eine Begründung enthalten. Außerdem sollen die Beweismittel (Merkwort: SAPUZ):

Sachverständige

Augenscheinseinnahme

Parteivernehmung

Urkunden

Zeugen

angegeben werden. Die Parteien müssen nur den Lebenssachverhalt zusammen mit ihren Forderungen vortragen, rechtliche Ausführungen sind nicht zwingend erforderlich, denn:

Jura novit curia.
= Das Recht ist dem Gericht bekannt.

[63] Zu beachten ist, dass ab LG Anwaltszwang herrscht, d.h., die Parteien müssen sich durch einen bei dem jeweiligen Gericht zugelassenen Rechtsanwalt vertreten lassen. Die Klage wird sodann vom Gericht dem Gegner (Beklagten) zugestellt, verbunden mit der Aufforderung, innerhalb einer bestimmten Frist hierauf schriftlich zu erwidern. Gleichzeitig oder später wird Termin zur mündlichen Verhandlung anberaumt. Erforderlichenfalls findet eine Beweisaufnahme statt. Das Verfahren wird i.d.R. durch Urteil (oder durch Vergleich, Klagerücknahme oder Anerkenntnis) abgeschlossen.

[64] Gegen ein Urteil kann der Unterlegene binnen eines Monats nach Zustellung Berufung einlegen, wenn der Wert seiner „Beschwer" 1.500 DM übersteigt.

---

13 Vgl. §§ 244 II StPO, 86 VwGO.

Über die Berufung entscheidet das nächsthöhere Gericht (LG oder OLG). Gegen die Urteile der OLGe kann Revision zum BGH eingelegt werden, wenn der Wert der Beschwer 60.000 DM übersteigt oder wenn sie vom OLG zugelassen ist.

▶ **Gerichtliches Mahnverfahren**

[65] Wenn damit zu rechnen ist, dass der Schuldner gegen den geltend gemachten (auf Zahlung einer bestimmten Geldsumme gerichteten) Anspruch keine Einwendungen erheben wird, empfiehlt sich die Einleitung eines gerichtlichen Mahnverfahrens (§§ 688 ff. ZPO). Das Verfahren ist schneller und kostengünstiger. Örtlich und sachlich zuständig ist das AG am Wohnsitz des Gläubigers ohne Rücksicht auf die Höhe des Streitwerts. Der Gläubiger reicht den (im Papierhandel erhältlichen) Formularsatz ausgefüllt beim AG ein und entrichtet den erforderlichen Kostenvorschuss. Das Gericht erlässt (ohne sachliche Prüfung, ob der behauptete Anspruch besteht) den Mahnbescheid und stellt ihn dem Schuldner zu. Erhebt der Schuldner innerhalb einer Frist von zwei Wochen keinen Widerspruch, kann der Gläubiger den Erlass eines Vollstreckungsbescheides beantragen. Gegen diesen kann der Schuldner innerhalb von zwei Wochen nach Zustellung Einspruch einlegen. Unterlässt er das, hat der Vollstreckungsbescheid die Wirkung eines rechtskräftigen Urteils. Wird Widerspruch (oder Einspruch) erhoben, wird das Verfahren in einen „normalen" Zivilprozess übergeleitet.

▶ **Zwangsvollstreckung**

[66] Der Gläubiger kann seinen Anspruch nicht (auch nicht mit einem Urteil) selbst durchsetzen, sondern muss sich hierzu der zuständigen Vollstreckungsorgane (AG – Vollstreckungsabteilung –, Gerichtsvollzieher) bedienen.

Voraussetzungen für die Zwangsvollstreckung sind:
– *Titel* = Urteil, gerichtlicher Vergleich, notarielle Urkunde mit Vollstreckungsunterwerfung, bestimmte Gerichtsbeschlüsse u.a. (§§ 704, 794 ZPO),
– (Vollstreckungs)*klausel* (§ 725 ZPO) („Vorstehende Ausfertigung wird dem ... zum Zwecke der Zwangsvollstreckung erteilt"),
– *Zustellung* (durch den Gerichtsvollzieher oder das Gericht).

[67] Die Zwangsvollstreckung kann erfolgen durch (§§ 803 ff. ZPO):
– Pfändung und Versteigerung einer beweglichen Sache (Gerichtsvollzieher),
– Wegnahme von Geld und Wertpapieren (Gerichtsvollzieher),
– Zwangsverwaltung eines Grundstücks (AG),
– Zwangsversteigerung eines Grundstücks (AG),
– Abgabe der eidesstattlichen Versicherung (zur Ermittlung von Vermögenswerten des Schuldners) (AG),
– Pfändung und Überweisung einer Geldforderung, z.B. Arbeitslohn (AG).

1.4.4 Die Kosten des Rechtsstreits

[68] In Zivilsachen gilt die Bundesgebührenordnung für Rechtsanwälte (BRAGO). Grundsätzlich fallen in der ersten Instanz drei Gebühren (§ 31 BRAGO) an. Zusätzlich entsteht ein Mindestgebühr von 40 DM für Post- und Telekommunikationsdienstleistungen. Die Höhe der Gebühren hängt vom Gegenstandswert ab. Wenn die Gegenpartei ebenfalls anwaltlich vertreten ist, verdoppeln sich die Anwaltskosten für die Partei, die den Rechtsstreit verliert. Zusätzlich zu den Anwaltskosten werden Gerichtsgebühren nach dem Gerichtskostengesetz fällig. Nach Gebührenposition Nr. 1201 laut Anlage 1 zum GKG entstehen bei einem normalen Urteil in erster Instanz drei Gebühren, die sich nach der Anlage 2 zum GKG jeweils entsprechend des Streitwertes bemessen.

Beispiel: Der Streitwert soll 5.000 DM betragen.

Für den *eigenen Rechtsanwalt* entstehen mindestens:

Drei Gebühren nach § 31 BRAGO zu	320,00 DM =	960,00 DM
Post- und Telefongebühr nach § 26 BRAGO:		40,00 DM
Schreibauslagen		0,00 DM
Reisekosten		0,00 DM
Summe		1.000,00 DM
zuzüglich Umsatzsteuer 16%		160,00 DM
Rechnungsbetrag		1.160,00 DM

Für den *gegnerischen Rechtsanwalt:*

Drei Gebühren nach § 31 BRAGO zu	320,00 DM =	960,00 DM
Post- und Telefongebühr nach § 27 BRAGO:		40,00 DM
Schreibauslagen		0,00 DM
Reisekosten		0,00 DM
Summe		1.000,00 DM
zuzüglich Umsatzsteuer 16%		160,00 DM
Rechnungsbetrag		1.160,00 DM

Gerichtskosten:

Gerichtsgebühren laut Gebührenposition 1201 zum GKG drei Gebühren zu	160,00 DM =	480,00 DM[14]
Gesamtkosten für die unterliegende Partei		**2.800,00 DM**

---

14 Umsatzsteuer fällt bei Gerichtskosten nicht an.

Abbildung 13: Gerichtskostentabelle

Auszug aus Anlage 2 (zu § 11 Abs. 2 GKG)	
Streitwert bis ... DM	Gebühr ... DM
600	50
1.200	70
1.800	90
2.400	110
3.000	130
4.000	145
5.000	160
10.000	235
20.000	385
50.000	655
100.000	955
250.000	1.955
1.000.000	5.905

Abbildung 14: Rechtsanwaltsgebührentabelle

Anlage zu § 11 BRAGO	
Gegenstandswert bis ... DM	Gebühr ... DM
600	50
1.200	90
1.800	130
2.400	170
3.000	210
4.000	265
5.000	320
10.000	595
20.000	945
50.000	1.425
100.000	2.125
250.000	2.925
1.000.000	6.225

[69] Sollte es im Laufe des Prozesses zu einem Vergleich kommen, bei dem die Kosten gegeneinander aufgehoben werden, müsste jede Partei ihre Kosten und die halben Gerichtsgebühren zahlen. Das hieße jeweils **1.400 DM**. Da die klagende Partei in diesem Falle auch nicht den vollen Erfolg in der Sache selbst erzielt, stehen diesen Kosten auch nur 2.500 DM (halber Streitwert) an Ergebnis gegenüber. Der Rechtsstreit ist für den Kläger somit wirtschaftlich nicht gut ausgegangen. Im günstigsten Fall werden von einem ursprünglichen Streitwert von 5.000 DM nach Abzug der Kosten (2.500 DM – 1.400 DM) nur noch 1.100 DM realisiert. War der Prozess aufwendig, weil Zeugen gehört werden mussten oder der Anwalt hohe Reisekosten gehabt hat, dann kann es sein, dass für den Kläger im Vergleichsfalle überhaupt kein Rest übrig bleibt. Die Kosten stellen wirtschaftlich eine erhebliche Bremse für Rechtsstreite mit geringem Streitwert dar. Da kaum eine Partei die Erfolgsaussichten des Rechtsstreits mit letzter Sicherheit abschätzen kann, muss ein betriebswirtschaftlich denkender Kläger sich seiner Sache sehr sicher sein, bevor er den Gang zum Gericht antritt, oder er hat eine *Rechtsschutzversicherung*. Denn es gilt auch heute noch der Bismarck in den Mund gelegte Ausspruch:

„**Vor Gericht und auf Hoher See ist der Mensch in Gottes Hand.**"

[70] Sollte der Rechtsstreit in die Berufung gehen, dann ergäben sich folgende Kosten:

Für den *eigenen Rechtsanwalt* entstehen mindestens:

Drei Gebühren nach § 31 BRAGO zu	320,00 DM x 13/10 =	1.248,00 DM
Post- und Telefongebühr nach § 26 BRAGO:		40,00 DM
Schreibauslagen		0,00 DM
Reisekosten		0,00 DM
Summe		1.288,00 DM
zuzüglich Umsatzsteuer 16%		206,08 DM
Rechnungsbetrag		1.494,08 DM

Für den *gegnerischen Rechtsanwalt:*

Drei Gebühren nach § 31 BRAGO zu	320,00 DM =	1.248,00 DM
Post- und Telefongebühr nach § 27 BRAGO:		40,00 DM
Schreibauslagen		0,00 DM
Reisekosten		0,00 DM
Summe		1.288,00 DM
zuzüglich Umsatzsteuer 16%		206,08 DM
Rechnungsbetrag		1.494,08 DM

Gerichtskosten:
Gerichtsgebühren laut Gebührenposition 1220, 1226 oder 1228 zum GKG[15]
drei Gebühren zu 160,00 DM = 480,00 DM
Gesamtkosten für die unterliegende Partei **3.468,16 DM**

Die Kosten aus der I. und II. Instanz übersteigen mit insgesamt 6.268,16 DM schon den Streitwert. Kommt es in der II. Instanz zu einem Vergleich zum halben Streitwert, in dem die Kosten gegeneinander aufgehoben werden, so macht der Kläger einen Verlust von mindestens:

[2.500 DM – (6.268,16 DM : 2)] = ./. **634,08 DM**.

Checkliste

Fragen	Lösungshinweise Gehen Sie zu Absatznummer (An) oder Abbildung Nr. (Abb.-Nr.)	✓
1. Welches sind die ordentlichen Gerichte?	An 57	
2. Für welche Gerichtsverfahren sind die ordentlichen Gerichte zuständig?	An 58	
3. Welche Gerichte sind für öffentlich-rechtliche Streitigkeiten zuständig?	Abb.-Nr. 10	
4. Wie ist die Kammer für Handelssachen besetzt?	An 58	
5. Kann ein Nachbarschaftsstreit mit einem Streitwert von 300 DM in die Revision gehen?	Abb.-Nr. 11	
6. Wo können Sie das gerichtliche Mahnverfahren beantragen?	An 65	
7. Rechnen Sie die Verfahrenskosten für einen Streit im Werte von 10.000 DM in der I. Instanz aus?	An 68	
8. Welche Beweismittel kennen Sie?	An 62	

---

15 Bei einer schriftlichen Begründung des Urteils fallen 4,5-fache Gebühren an, bei einer Erledigungserklärung ohne schriftliche Begründung des Gerichtsbeschlusses kann die Gebühr auch „nur" das 2,25-fache betragen.

42 1. Das Recht

Fragen	Lösungshinweise Gehen Sie zu Absatznummer (An) oder Abbildung Nr. (Abb.-Nr.)	✓
9. Nennen Sie die Voraussetzungen für eine Zwangsvollstreckung.	An 66	
10. Nennen Sie sechs Bundesgerichte.	Abb.-Nr. 10	
11. Darf der Amtsrichter im Zivilverfahren den Sachverhalt selbst ermitteln?	An 60	
12. Welche Vollstreckungsmaßnahmen trifft der Gerichtsvollzieher?	An 67	
13. Welche das Amtsgericht?	An 67	
14. Bei welchem Gericht muss eine Klage über Wohnraummiete eingereicht werden, wenn es um einen Streitwert von 15.000 DM geht?	An 61	
15. Wie ist der Instanzenzug im Familienrecht?	Abb.-Nr. 11	

1.5 Die Wirtschaftsverwaltung

1.5.1 Die Wirtschaftsverfassung

[71] Das Grundgesetz der Bundesrepublik Deutschland ist verhältnismäßig offen. Das Grundgesetz legt den Gesetzgeber keinesfalls auf eine bestimmte Wirtschaftsordnung fest. Im Katalog der Grundrechte befinden sich nur zwei Grundrechte, die ausdrücklich auf die Wirtschaft Bezug nehmen: Art. 9 Abs. 3 und Art. 15 GG. Art. 9 Abs. 3 GG formuliert das für jedermann geltende Recht, zur Wahrung der Arbeits- und Wirtschaftsbedingungen Vereinigungen zu bilden. Auf dieses Grundrecht berufen sich insbesondere die Tarifpartner, wenn sie im Rahmen ihrer Autonomie wichtige Regelungen im Arbeitsrecht regeln.
Art. 15 GG steht wie ein sozialistischer Dinosaurier im Katalog der Grundrechte, darauf wartend, dass er wieder von der Politik ausgegraben werde. Die Sozialisierung von Grund und Boden, Naturschätzen und Produktionsmittel passt so gar nicht in unsere heutige Wirklichkeit. Allein: die Politik hat hier die Grundlage für eine alternative Wirtschaftsordnung. Gegenpart zu Art. 15 ist Art. 14 GG, der das Eigentum und das Erbrecht garantiert, allerdings nicht schrankenlos. Art. 14

Abs. 2 GG verpflichtet die Bürger zudem zu einem sozialpflichtigen Gebrauch ihres Eigentums. Auf diese Bestimmungen stützt sich u. a. die Gesetzgebung über die Wohnraummiete[16].

Unter die Eigentumsgarantie fällt auch das Recht an dem eingerichteten und ausgeübten Gewerbebetrieb[17]. Art. 12 GG garantiert die Freiheit der Berufswahl. Die Berufsausübung kann allerdings durch Gesetz geregelt werden. Hiervon hat der Gesetzgeber reichlich Gebrauch gemacht. Einen freiheitlichen Gegenpart zu allen Beschränkungsversuchen des Staates stellt Art. 2 GG mit der allgemeinen Handlungsfreiheit und dem Persönlichkeitsrecht dar. In den Bestimmungen zur ausschließlichen Gesetzgebungskompetenz des Bundes finden sich in Art. 73 GG nur wenige Kompetenzen des Bundes. Er darf danach regeln:

▶ das Währungs-, Geld- und Münzwesen, Maße und Gewichte sowie die Zeitbestimmung;

▶ die Einheit des Zoll- und Handelsgebietes, die Handels- und Schifffahrtsverträge, die Freizügigkeit des Warenverkehrs und den Waren- und Zahlungsverkehr mit dem Ausland einschließlich des Zoll- und Grenzschutzes;

▶ den gewerblichen Rechtsschutz, das Urheberrecht und das Verlagsrecht.

[72] Die meisten Bundeskompetenzen entstammen der konkurrierenden Gesetzgebung gem. Art. 74 Abs. 1 Nr. 11 ff. GG. Diese Bestimmungen geben einige Ausführungen, die unsere Wirtschaftsverfassung zusätzlich beschreiben. Danach ist der Bund für folgende Gesetzgebung zuständig:

▶ das Recht der Wirtschaft (Bergbau, Industrie, Energiewirtschaft, Handwerk, Gewerbe, Handel, Bank- und Börsenwesen, privatrechtliches Versicherungswesen);

▶ die Erzeugung und Nutzung der Kernenergie zu friedlichen Zwecken, die Errichtung und den Betrieb von Anlagen, die diesen Zwecken dienen, den Schutz gegen Gefahren, die bei Freiwerden von Kernenergie oder durch ionisierende Strahlen entstehen, und die Beseitigung radioaktiver Stoffe;

▶ das Arbeitsrecht einschließlich der Betriebsverfassung, des Arbeitsschutzes und der Arbeitsvermittlung sowie die Sozialversicherung einschließlich der Arbeitslosenversicherung;

▶ die Regelung der Ausbildungsbeihilfen und die Förderung der wissenschaftlichen Forschung;

▶ das Recht der Enteignung;

---

16 S.o. 1.3.3.2.
17 Der eingerichtete und ausgeübte Gewerbebetrieb ist ebenfalls zivilrechtlich als sonstiges absolutes Recht des § 823 Abs. 1 BGB anerkannt.

▶ die Überführung von Grund und Boden, von Naturschätzen und Produktionsmitteln in Gemeineigentum oder in andere Formen der Gemeinwirtschaft;
▶ die Verhütung des Missbrauchs wirtschaftlicher Machtstellung.

[73] Von diesen Kompetenzen hat der Bund im Wesentlichen Gebrauch gemacht, d. h. mit der Ausübung seiner Kompetenz verdrängt der Bund entsprechende Landesgesetze. Für die Länder bleibt im Bereich der Wirtschaft nur wenig zu regeln. Es bleibt im wesentlichen bei den Landesfeiertagsgesetzen und einer Reihe von Umweltgesetzen, in denen der Bund lediglich eine Rahmengesetzgebung erlassen darf (Art. 75 Abs. 1 Nr. 3 und GG). Ferner verbleibt den Ländern, Ausführungs- und Zuständigkeitsbestimmungen zu treffen, da die Länder die Bundesgesetze in aller Regel auszuführen haben.

1.5.2 Das Wirtschaftsverwaltungsrecht

[74] Oben wurde bereits das Wirtschaftsprivatrecht mit seinen zahlreichen öffentlich-rechtlichen Überlagerungen beschrieben[18]. Neben diesen das Privatrecht modifizierenden Gesetzen gibt es zahlreiche rein öffentlich-rechtliche Normen, die ausschließlich zum Verwaltungsrecht zählen, aber die wirtschaftlichen Aktivitäten von Unternehmen nachhaltig beeinflussen, z.B.:

▶ Zulassung zu Beruf und Gewerbe
– Gewerbeordnung
– Handwerksordnung
– Standesrecht der Freien Berufe
▶ Wirtschaftslenkung
– Marktordnungen der Europäischen Union
– Preisrecht (Festpreise im Buch- und Arzneimittelhandel)
– Preisauszeichnungsbestimmungen
▶ Wirtschaftsförderung
– Subventionen
– Fördergebietsgesetze
– Regionalplanung
▶ Währungsrecht
– Bundesbankgesetz
– Errichtung der Europäischen Zentralbank
▶ Kreditwesen
▶ Versicherungsrecht
▶ Energiewirtschaftsrecht

---

18 Abbildung 5

- ▶ Wasserhaushaltsrecht
- ▶ Abfallwirtschaftsrecht
- ▶ Immissionsschutzrecht
- ▶ Recht der wirtschaftlichen Organisationen
  - Kammergesetze
  - Recht der Verbraucherschutzorganisationen
- ▶ Außenwirtschaftsrecht
- ▶ Baurecht
  - Baugesetzbuch
  - Bauordnungsrecht
- ▶ Verkehrsrecht
- ▶ Recht über den Umgang mit gefährlichen Gütern
  - Atomgesetz
  - Strahlenschutzverordnung
  - Arzneimittelgesetz
  - Gefahrstoffverordnung
- ▶ Geldwäschegesetz

1.5.3 Die Behörden der Wirtschaftsverwaltung

[75] Die Wirtschaftsverwaltung findet als unmittelbare oder als mittelbare Staatsverwaltung und als Selbstverwaltung statt. Die Selbstverwaltung ist ein starkes Element der deutschen Wirtschaftsverwaltung. Die Selbstverwaltung geschieht über öffentlich-rechtlich verfasste Körperschaften. Die Kammern lassen sich spartenweise gliedern:
Landwirtschaftskammer,
Handwerkskammern,
Industrie- und Handelskammern,
Architekten- und Ingenieurkammer,
Wirtschaftsberatende Freie Berufe:
 Rechtsanwaltskammer,
 Notarkammer,
 Steuerberaterkammer,
 Wirtschaftsprüferkammer
 Patentanwältekammer,
Heilberufe:
 Ärztekammer,
 Apothekerkammer,
 Tierärztekammer,
 Zahnärztekammer.

[76] Die Kammern sind auf Bundesebene in Arbeitsgemeinschaften verbunden. Die gesetzlichen Aufgaben lassen sich in solche der Selbstverwaltung und solche zur Erfüllung nach Weisung unterscheiden. Durch die Kammern übt der Staat aber in jedem Fall seine Gewalt mittelbar aus. Dies hat auf dem Hintergrund einer Diskussion um einen „schlanken Staat" den Vorteil, durch Einbindung ehrenamtlichen Sachverstandes einen hohen Wirkungsgrad bei niedrigem Personaleinsatz zu erreichen. Der Staat selbst kann sich dabei auf eine reine Aufsichtsfunktion zurückziehen. Es wird so gleichzeitig eine hohe Akzeptanz der Entscheidungen der „eigenen" ehrenamtlich betriebenen Kammer bei den Mitgliedern erreicht.

Neben einer Fülle von Servicefunktionen für die jeweilige Berufsgruppe werden die Kammern regelmäßig in staatliche Planungen und Gesetzgebungsverfahren gutachterlich eingebunden und sind damit in einer pluralen Gesellschaft ein wichtiges Sprachrohr für die am Allgemeininteresse ausgerichteten Standesinteressen. Das Allgemeininteresse als Richtschnur für die Kammerbeteiligung wird dadurch garantiert, dass rein wirtschaftliche Interessen der Kammermitglieder nicht vom Aufgabenkatalog der Kammern gedeckt sind. Hierfür sind die privatrechtlichen Schwesterorganisationen der Kammern zuständig.

Zu den Aufgaben der Kammern gehört es regelmäßig, die Interessen des vertretenen Berufstandes nach innen und außen zu fördern. Die Wirkung in den Berufstand geschieht zum einen durch Beteiligung der Kammern an der Aus-, Fort- und Weiterbildung der Berufsangehörigen und ihrer Hilfskräfte, zum anderen aber auch mehr oder weniger stark durch eine eigene Berufsgerichtsbarkeit, die zumindest im Bereich der wirtschaftsberatenden Berufe, bei den Architekten und Ingenieuren sowie in den Heilberufen in einer dem Beamtenrecht verwandten Form der Disziplinargerichtsbarkeit ausgeübt wird. Den Industrie- und Handelskammern und den Handwerkskammern obliegt zudem die Ausstellung von Ursprungszeugnissen und anderer dem Wirtschaftsverkehr dienenden Bescheinigungen. Nicht zu vergessen ist die Rolle der Kammern bei der Benennung von Sachverständigen im gerichtlichen wie außergerichtlichen Bereich. Die Kammern unterhalten zur Beilegung von Streitigkeiten der Mitglieder untereinander und mit Dritten eigene Schieds- und Schlichtungsstellen.

[77] Im eigentlich staatlichen Bereich herrscht eine große Vielfalt. Als Träger der Wirtschaftsverwaltung kommen die EU, der Bund, die Länder, die Kommunen, Körperschaften und Anstalten des öffentlichen Rechts in Betracht. Außerdem gibt es Private, die als Beliehene oder Verwaltungshelfer staatliche Aufgaben erledigen.

Abbildung 15: Behörden der Wirtschaftsverwaltung

Bund	Länder
Bundesministerien für Wirtschaft, Technologie, Verbraucherschutz, Finanzen, Verkehr, Landwirtschaft, Arbeit und Soziales	**Landesministerien** für Wirtschaft, Technologie, Verbraucherschutz, Finanzen, Verkehr, Landwirtschaft, Arbeit und Soziales
Bundesoberbehörden: Bundesamt für Wirtschaft, Umweltbundesamt, Bundeskartellamt, Statistisches Bundesamt, Bundesausfuhramt, Bundesamt für Güterverkehr, Bundesstelle für Außenhandelsinformation, Bundesanstalt für Arbeit, Bundesaufsichtsamt für das Versicherungswesen, Bundesaufsichtsamt für das Kreditwesen, Bundesaufsichtsamt für Wertpapierwesen, Monopolverwaltung für Branntwein, Bundesinstitut für Arzneimittel und Medizinprodukte, Bundesamt für Ernährung und Forstwirtschaft	Landes(ober)behörden: Versicherungsaufsichtsamt, Landesgewerbeamt, Oberbergamt, Statistisches Landesamt, Regierungspräsidien, Arzneimittelüberwachungsamt, Veterinärüberwachungsamt
Örtliche Bundesbehörden: Hauptzollämter, Arbeitsämter	**Örtliche Landesbehörden:** Gewerbeaufsichtsämter, Eichämter, Bergämter, Umweltämter, Kreise und Gemeinden (als Pflichtaufgaben zur Erfüllung nach Weisung durch das Land)

Bund und Länder bedienen sich gerade in der Wirtschaftsverwaltung einer Vielzahl unterschiedlicher Organisationsformen[19]. Eine wichtige Rolle spielen dabei öffentliche Unternehmen und Fonds. Während die öffentlichen Unternehmen wie die Wasser-, Gas- und Energieversorgung unter Privatisierungsdruck stehen, erfreuen sich Fonds bei der Politik großer Beliebtheit.

Beispiele: Fonds „Deutsche Einheit", Stabilisierungsfonds für Wein, Ausgleichsfonds zur Sicherung des Steinkohleneinsatzes, ERP-Sondervermögen.

Daneben gibt es noch zahlreiche Formen unterschiedlich enger Zusammenarbeit zwischen Staat und Privaten, um die Wirtschaft zu verwalten: Beliehene, Ver-

---

19 Vgl. hierzu Stober, Allgemeines Wirtschaftsverwaltungsrecht §§ 39 ff.

waltungshelfer, Inpflichtgenommene, öffentlich bestellte Sachverständige, akkreditierte Personen usw.

Abbildung 16: Wirtschaftsverwaltung durch Private

Personengruppe	Definition	Beispiele
Beliehene	Natürliche oder juristische Personen des Privatrechts, denen durch Gesetz die Zuständigkeit eingeräumt ist, bestimmte einzelne hoheitliche Handlungen im eigenen Namen auszuüben.	TÜV-Sachverständige, Deutsche Post AG bei der förmlichen Zustellung, Notare, Fischereiaufseher, öffentlich bestellte Vermessungsingenieure, Bezirksschornsteinfegermeister
Verwaltungshelfer, Amtshelfer, Erfüllungsgehilfen	Unselbständig tätige und lediglich als Werkzeug in die Erledigung hoheitlicher Aufgaben eingeschaltete außerordentliche Organwalter einer Behörde. Sie stehen in keiner unmittelbaren Rechtsbeziehung zu Dritten (Private-Public-Partnership).	Erschließung eines Baugebietes, Delegation der Erdölbevorratung, Deutsche Einheit Fernstraßenplanungs- und Fernstraßenbau-GmbH
Inpflichtgenommene	Der Inpflichtgenommene unterliegt aus Gründen des öffentlichen Interesses bestimmten Pflichten, welche die staatliche Wirtschaftsverwaltung erleichtern. Der Verpflichtete übt keine Hoheitsfunktion aus.	Abgabeneinzugspflichtige, Statistikpflichtige, Bevorratungspflichtige, Rücknahmeverpflichtete, Abnahmeverpflichtete (Stromeinspeisungsgesetz)
Öffentlich bestellte Sachverständige, Sachverständigengremien	Nach § 36 GewO sind die Sachverständigen darauf zu vereidigen, dass sie ihre Sachverständigenaufgaben unabhängig, weisungsfrei, persönlich, und unparteiisch erfüllen und ihre Gutachten entsprechend erstatten.	Sachverständigenrat zur Begutachtung der gesamtwirtschaftlichen Entwicklung, Sachverständigenrat für Umweltfragen, Monopolkommission, Bundesprüfstelle für jugendgefährdende Schriften, Gerichtssachverständige
Akkreditierte Personen	Staatlich anerkannte Prüfinstitutionen, die an Stelle staatlicher Einrichtungen Wirtschaftsüberwachungsaufgaben wahrnehmen.	Akkreditierte Prüfstellen für technische Arbeitsmittel

[78] Schließlich findet Wirtschaftsverwaltung im Rahmen der kommunalen Selbstverwaltung statt. Ähnlich wie auf Bundes- oder Landesebene gibt es zahlreiche Regie- und Eigenbetriebe. Außerdem unterhalten die Gemeinden öffentliche Einrichtungen, die bestimmten wirtschaftlichen Zwecken gewidmet sind (z.B. Schlachthöfe, Großmärkte, Marktplätze, Messehallen usw.). Nicht zuletzt gibt es die für die mittelständische Wirtschaft immer wichtiger werdenden Sparkassen, die von den Gemeinden und Gemeindeverbänden als rechtsfähige An-

stalten betrieben werden. Letztlich fördern die Gemeinden mit ihren Wirtschaftsförderungsgesellschaften, Ausstellungsgesellschaften usw. die wirtschaftliche Entwicklung.

1.6 Die Europäisierung des Rechts

[79]   Durch das Europäische Gemeinschaftsrecht (EGR) sind nahezu 80% aller Regelungen im Bereich des (deutschen) Wirtschaftsrechts festgelegt und ca. 50% aller deutschen Gesetze veranlasst.[20] Nach ständiger Rechtsprechung des EuGH hat das Gemeinschaftsrecht Vorrang vor dem nationalen Recht.
Deshalb ist es dringend geboten, sich zumindest einen kurzen Überblick über die Rechtsnormen der EU und deren Rechtsnatur zu verschaffen.
Wegen der näheren Einzelheiten wird auf die umfangreiche Speziallliteratur zum Europarecht verwiesen, z.B. Rohde, Europarecht – schnell erfasst [1999]; Hummer/Simma/Vedder/Emmert, Europarecht in Fällen [1999]. Die Entscheidungen des Europäischen Gerichtshofs (EuGH) können auch im Internet abgerufen werden (Adresse: http://www.curia.eu.int). Allgemeine Informationen zur EU sind unter der Internet-Adresse http://www.europa.eu.int verfügbar.

1.6.1 Primäres Gemeinschaftsrecht

[80]   Primäres Gemeinschaftsrecht besteht aus den konstituierenden Verträgen der Gemeinschaft, insbesondere
- EGKS-V (Montan-Union) [Paris 1951],
- Römische Verträge: EWG-V (heute: EG-Vertrag), EAG-V (Euratom) [1957],
- Fusionsvertrag [1965],
- EEA (= Einheitliche Europäische Akte) [1986],
- EU-Vertrag [Maastricht 1993],
- Amsterdamer Vertrag [1997].

Durch den Maastrichter Vertrag wurde die *Europäische Union* (EU) gegründet. Diese ist das „Dach", das von den Europäischen Gemeinschaften getragen wird. Die beiden anderen Säulen der EU sind die Gemeinsame Außen- und Sicherheitspolitik (GASP) sowie die Zusammenarbeit in den Bereichen Inneres und Justiz (ZBIJ). Oberstes Organ der EU ist der *Europäische Rat,* der aus den Re-

---

20 BVerfG, Urt. v. 12.10.1993, NJW 1993, S. 3047 ff. [Maastricht-Urteil]

gierungschefs der Mitgliedsländer und dem Präsidenten der EG besteht. Im Gegensatz zu den Europäischen Gemeinschaften hat die EU keine eigene Rechtspersönlichkeit. Die Mitgliedschaft in der EU ist nur bei gleichzeitiger Mitgliedschaft in der EG möglich (und umgekehrt).

Abbildung 17: Säulen der Europäischen Union

Europäische Union		
Europäische Gemeinschaften • EG • EAG • EGKS	G A S P	Z B I J

1.6.1.1 EG-Vertrag

[81] Die praktisch größte Bedeutung hat der EG-Vertrag (früher: EWG-Vertrag). Einige seiner Artikel, insbesondere die Grundfreiheiten, gelten in allen Mitgliedsstaaten unmittelbar. Dies gilt vor allem für folgende Vorschriften:
▶ Diskriminierungsverbot (Art. 6, 48 II EGV),
▶ Freizügigkeit der Arbeitnehmer (Art. 48 ff. EGV),
▶ Niederlassungsfreiheit (Art. 52 ff. EGV),
▶ Freiheit des Dienstleistungsverkehrs (Art. 59 ff. EGV),
▶ Freiheit des Kapital- und Zahlungsverkehrs (Art. 67 ff. EGV),
▶ Lohngleichheit von Mann und Frau (Art. 119 EGV).
Die sich hieraus ergebenden Rechte können von den einzelnen EU-Bürgern gegenüber den Mitgliedsstaaten unmittelbar geltend gemacht werden.

Die wichtigsten *Organe der EG* sind
▶ Rat der EU [Ministerrat] („Gesetzgeber der EG" – im Zusammenwirken mit Kommission und EP),
▶ EU-Kommission („Regierung" der EG und „Hüterin der Verträge"),
▶ Europäisches Parlament [EP] (Mitwirkung bei der Gesetzgebung),
▶ Europäischer Gerichtshof [EuGH] (Wahrung des EG-Rechts),
▶ Europäische Zentralbank (Festlegung und Ausführung der Geldpolitik der EG),
▶ Europäischer Rechnungshof (Rechnungsprüfung).

1.6.1.2 Ungeschriebenes Primärrecht

[82] Art. 215 Abs. 2 EGV spricht von „den allgemeinen Rechtsgrundsätzen, die den Rechtsordnungen der Mitgliedsstaaten gemein sind". Hierzu zählen nach der Rechtsprechung des EuGH[21] insbesondere:
▶ Grundrechte (Gleichheit, Eigentumsschutz, Freiheit der Berufsausübung, Meinungsfreiheit u. a.)
▶ Rechtsstaatliche Prinzipien (Gebot der Rechtssicherheit, Vertrauensschutz, Gesetzmäßigkeit der Verwaltung, Grundsatz der Verhältnismäßigkeit, Anspruch auf rechtliches Gehör u. a.).

1.6.2 Sekundäres Gemeinschaftsrecht

[83] Sekundäres Gemeinschaftsrecht sind Rechtsnormen, die von Gemeinschaftsorganen (Rat, Kommission, Europäisches Parlament) erlassen werden und die auf einer Kompetenzzuweisung des primären Gemeinschaftsrechts (insbesondere Art. 189 EGV) beruhen. Hierzu gehören vor allem

▶ **EG-Verordnungen**

EG-Verordnungen beanspruchen allgemeine und *unmittelbare Geltung* in jedem Mitgliedstaat (Art. 189 Abs. 2 EGV).

▶ **EG-Richtlinien**

– EG-Richtlinien haben keine *unmittelbare Geltung*, sondern erfordern die Umsetzung (Transformation) in nationales Recht (Art. 189 Abs. 3 EGV).
– Sonderproblem bei nicht fristgemäßer Umsetzung:
Eine *unmittelbare Wirkung* ergibt sich nach der Rechtsprechung zu Gunsten, nicht zu Lasten des Einzelnen, wenn die Richtlinie
  – *vertikale Auswirkung* hat (also ein Rechtsverhältnis zwischen Staat und Bürger betrifft),
  – *unbedingt* (ohne Gestaltungsspielraum und Ermessen der Mitgliedsstaaten) ist und
  – *hinreichend bestimmt* ist.
Die nicht fristgemäße Umsetzung einer Richtlinie mit horizontaler Drittwirkung kann Schadensersatzansprüche des Betroffenen gegenüber dem Mitgliedsstaat auslösen.[22]

---

[21] Vgl. im Einzelnen Hummer/Simma/Vedder/Emmert, Europarecht in Fällen, S. 366 ff.
[22] EuGH, Urt. v. 19.11.1991, Rs. C-6 u. 9/90, Francovich.

52   1. Das Recht

Abbildung 18: Europäisches Gemeinschaftsrecht (EGR)

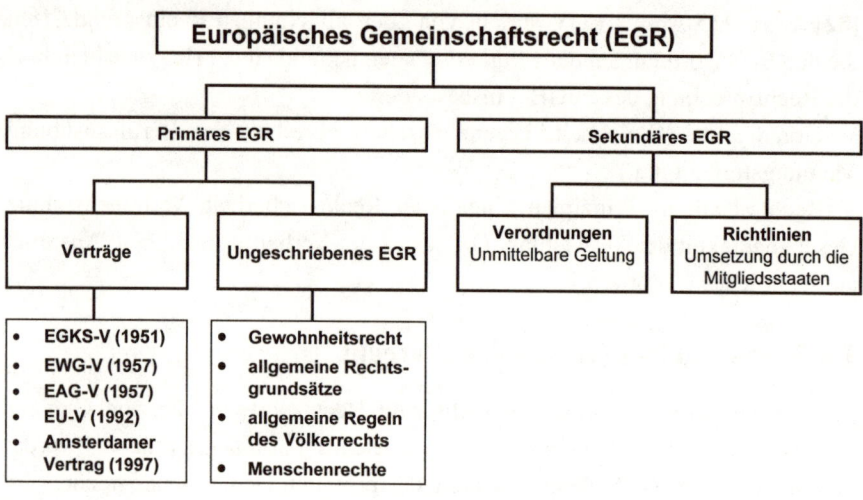

Abbildung 19: Vertikale und horizontale Wirkungen von Richtlinien

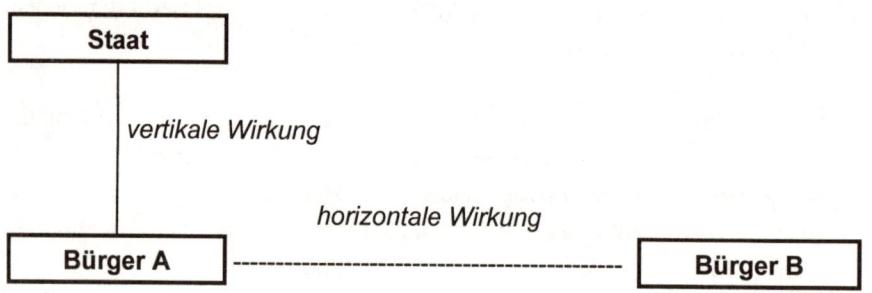

[84]   **Beispiel 1:** Nach der im Jahre 1977 von der EG erlassenen Sechsten Umsatzsteuerrichtlinie 77/388 sollten bestimmte Tätigkeiten, darunter die Vermittlung von Krediten, künftig nicht mehr der Umsatzsteuer in den Mitgliedsstaaten unterliegen. Diese Richtlinie hätte bis zum 1.1.1979 umgesetzt werden müssen. Das hierzu erlassene deutsche UStG trat aber erst am 1.1.1980 in Kraft.
Die Kreditvermittlerin *Ursula Becker* beantragte beim *Finanzamt Münster-Innenstadt* unter Berufung auf diese Richtlinie Steuerbefreiung schon für ihre 1979 erzielten Umsätze. Das FA lehnte ihren Antrag ab. Wie ist zu entscheiden?[23]

Der EuGH gab Frau Becker recht: die Einzelnen können sich in Ermangelung von fristgemäß erlassenen Durchführungsmaßnahmen auf Bestimmungen einer

---
23 EuGH, Urt. v. 19.1.1982, Rs. 8/81 – Becker gegen Finanzamt Münster-Innenstadt.

Richtlinie, die inhaltlich als unbedingt und hinreichend genau erscheinen, berufen, soweit diese Rechte festlegen, die gegenüber dem Staat geltend gemacht werden können.

[85] **Beispiel 2:** Aufgrund der EG-Richtlinie „Pauschalreise" sind die Mitgliedsstaaten der EG u.a. verpflichtet, Regelungen zu schaffen, durch die bei Insolvenz des Reiseveranstalters die Erstattung der vom Reisenden gezahlten Beträge und die Rückreise des Verbrauchers sicher gestellt sind (sog. Insolvenzschutz). Deutschland ist dieser Verpflichtung nicht fristgerecht nachgekommen. Nach Ablauf der Umsetzungsfrist geriet 1993 der deutsche Veranstalter *MP-travelline* in Konkurs.
Haben die hiervon betroffenen Reisenden Ansprüche, ggf. gegen wen?

Ein Anspruch gegen MP geht ins Leere, da dieses Unternehmen vermögenslos geworden ist. In Frage kommt ein Schadensersatzanspruch gegen die Bundesrepublik Deutschland. Der EuGH[24] hat den Klägern *(Erich Dillenkofer u.a.)* einen Entschädigungsanspruch zuerkannt.

Checkliste

Fragen	Lösungshinweise Gehen Sie zu Absatznummer (An) oder Abbildung Nr. (Abb.-Nr.)	✓
1. Nennen Sie sechs Rechtsgebiete aus dem Wirtschaftsverwaltungsrecht.	An 74	
2. Nennen Sie sechs Körperschaften der Selbstverwaltung der Wirtschaft.	An 75	
3. Welcher Gebietskörperschaft steht die umfasssendere Gesetzgebungskompetenz in Wirtschaftsfragen zu?	An 72	
4. Welche Gebietskörperschaft ist Trägerin der meisten örtlichen Verwaltungsbehörden im Wirtschaftsverwaltungsrecht?	Abb.-Nr. 15	
5. Was ist ein Verwaltungshelfer?	Abb.-Nr. 16	
6. Was ist ein Beliehener?	Abb.-Nr. 16	

---

24 EuGH, Urt. v. 8.10.1996, Rs. C-178/94, Dillenkofer.

Fragen	Lösungshinweise Gehen Sie zu Absatznummer (An) oder Abbildung Nr. (Abb.-Nr.)	✓
7. Nennen Sie ein Beispiel für einen Beliehenen?	Abb.-Nr. 16	
8. Was ist die Aufgabe des Wirtschaftsverwaltungsrechts?	An 72	
9. Worin unterscheiden sich EG und EU?	An 80	
10. Was ist der Europäische Rat?	An 80	
11. Welche Organe hat die EG und welches sind deren wichtigste Aufgaben?	An 81	
12. Was bedeuten die Begriffe „primäres" und „sekundäres" Gemeinschaftsrecht?	An 80 + 83	
13. Welche Wirkungen haben EG-Verordnungen und EG-Richtlinien?	An 83	
14. Was versteht man unter „vertikaler" und „horizontaler" Wirkung einer Richtlinie?	Abb.-Nr. 19	
15. Auf welchen drei Säulen beruht die EU?	Abb.-Nr. 17	

Fall 1: A besucht am Abend zusammen mit einigen Freunden eine Gaststätte. Beim Verlassen des Restaurants ist A noch immer in ein Gespräch mit einem Freund versunken. Er merkt deshalb nicht, dass gerade eine Person in die Gaststätte eintreten möchte. A öffnet die Tür mit derartigem Schwung, dass sie dem eintretenden B an den Kopf schlägt. B erleidet eine Platzwunde am Schädel und muss in die Unfallklinik eingeliefert werden, wo ihm die Wunde genäht wird.
B verlangt von A Schadenersatz für die Reinigung seiner blutverschmierten Kleidung und Schmerzensgeld. Mit Erfolg?

Fall 2: A „leiht" sich ein Lehrbuch bei B. Als B den A besucht, sieht er sein Buch auf dem Tisch liegen. Er möchte es von A zurück. Lösen Sie den Fall einmal als juristisches Gutachten und einmal im Urteilstil.

Fall 3: Sie haben einen vermeintlichen Anspruch gegen einen Vertragspartner in Höhe von 10.000 DM. Sie erreichen in der II. Instanz einen Vergleich, nach dem Ihnen ein Drittel des Streitwertes zuerkannt werden. Wie hoch sind die Kosten gemessen am erstrittenen Betrag?

2. Die Person

Lehrziele

Leser lernen in diesem Kapitel die grundlegenden Begriffe „natürliche Person", „Personengesellschaft" und „juristische Person" sowie die Voraussetzungen der Rechtsfähigkeit und der Geschäftsfähigkeit. Zudem wird der Begriff des Handelsgewerbes (= „Kaufmann") erläutert. Die Kaufmannseigenschaft ist Voraussetzung für die Anwendbarkeit des Handelsrechts. Dabei wird auch auf die Firma (der Name des Kaufmanns) und das Handelsregister eingegangen. Darüberhinaus werden die Stellvertretung und die Grundzüge des Gesellschaftsrechts behandelt.

2.1 Allgemeines

[86] Jede Rechtsordnung unterscheidet Rechtssubjekte und Rechtsobjekte. Rechtssubjekte sind rechtsfähig, können also Träger von Rechten und Pflichten sein. Nach deutschem Recht ist Rechtssubjekt zunächst jeder Mensch (unabhängig von Alter, Nationalität, Geisteszustand = natürliche Person), aber auch bestimmte Vereinigungen (juristische Personen). Darüber hinaus sind die Personenhandelsgesellschaften (OHG und KG) teilrechtsfähig (vgl. § 124 Abs. 1 HGB).

Demgegenüber können Rechtsobjekte (= Gegenstände) nicht selbst Träger von Rechten sein, sondern sind Gegenstände von solchen Rechten, die Personen an ihnen haben (z.B. Eigentum und Besitz).

Abbildung 20: Personen

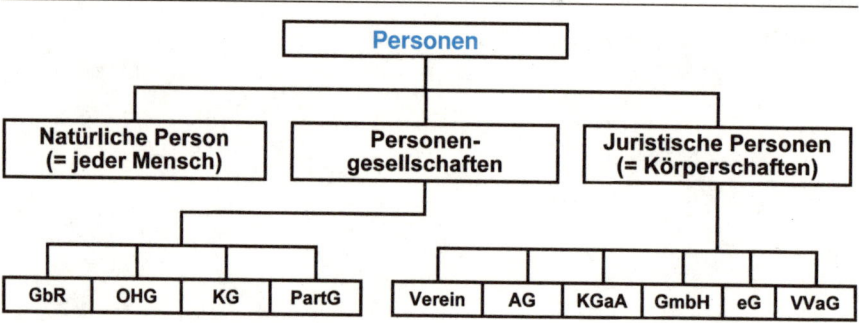

2.2 Die natürliche Person

[87] Zur Einführung:

Beispiel: Die ältliche Jungfer Johanna, kinderlos und ohne nahe Angehörige, setzt in ihrem Testament ihren Dackel Waldi zum Alleinerben ein. Das Vermögen von Waldi soll Pfarrer P verwalten. Nach Waldis Tod soll es an „die Kirche" fallen. Wer ist Erbe?

Rechtssubjekte, d.h. Träger von Rechten (und Pflichten) können nur *Personen* sein. Das BGB unterscheidet natürliche und juristische Personen.

Daher kann Waldi nicht erben, weil ein Tier nicht rechtsfähig ist (vgl. §§ 90 f. BGB). Die Auslegung des Testaments gem. §§ 133, 2066 ff. BGB ergibt, dass als Erbe „die Kirche" (juristische Person) eingesetzt sein soll.

2.2.1 Der Bürger

[88] Im Folgenden wird zwischen dem „Bürger" und dem „Kaufmann" im Sinne des Handelsrechts unterschieden. Während auf die Rechtsbeziehungen zwischen Bürgern primär das *„Bürgerliche* Gesetzbuch" (und diverse Nebengesetze) anzuwenden ist, gilt unter Kaufleuten Handelsrecht (insbesondere das HGB), das BGB ist hier nur in soweit anzuwenden, als das HGB keine Sonderregelungen enthält (Art. 2 EGHGB), das HGB ist also *lex specialis*.
Natürliche Person ist jeder Mensch. Das setzt das BGB als selbstverständlich voraus. Weiterhin wird unterschieden zwischen „Verbraucher" und „Unternehmer".
Verbraucher ist nach der Definition des BGB jede natürliche Person, die ein Rechtsgeschäft zu einem Zweck abschließt, der nicht zu ihrer gewerblichen oder selbständigen beruflichen Tätigkeit gehört (§ 13 BGB). **Unternehmer** ist jede natürliche oder juristische Person oder rechtsfähige Personengesellschaft (nicht nur Kaufleute), die in Ausübung ihrer gewerblichen oder selbständigen beruflichen Tätigkeit handelt (§ 14 BGB). Bestimmte Schutzvorschriften (z.B. § 24 AGBG, § 1 FernAbsG, § 1 VerbrKrG, § 1 HaustürWG, § 1 TzWrG) gelten nur zu Gunsten von Verbrauchern, nicht von Unternehmern.

2.2.1.1 Die Rechtsfähigkeit

[89] Gem. § 1 BGB beginnt die Rechtsfähigkeit bei natürlichen Personen mit der Vollendung der Geburt. Darüber hinaus hat das Kind, das bereits vor seiner Geburt durch eine unerlaubte Handlung (z.B. Behandlungsfehler des Arztes) geschädigt wird, einen Schadensersatzanspruch; außerdem kann es erben (§ 1923 Abs. 2 BGB). Der strafrechtliche Schutz beginnt bereits vorher, vgl. § 218 StGB. Die Rechtsfähigkeit endet mit dem Tod.
Von der Rechtsfähigkeit ist die *Handlungsfähigkeit* zu unterscheiden. Es leuchtet ein, dass z.B. ein Säugling oder ein Geisteskranker nicht in der Lage ist, rechtlich relevante Handlungen vorzunehmen.
Zur Handlungsfähigkeit gehören:
▶ Die *Geschäftsfähigkeit*, das ist die Fähigkeit, selbst Rechtsgeschäfte zu tätigen; vgl. §§ 104 ff. BGB;
▶ Die *Deliktsfähigkeit*, das ist die Verantwortlichkeit für selbst begangene unerlaubte Handlungen (Delikte); vgl. §§ 827 ff. BGB.

2.2.1.2 Geschäftsfähigkeit

[90] Geschäftsfähigkeit ist die Fähigkeit, selbst Rechtsgeschäfte wirksam zu tätigen. Gem. § 2 BGB tritt die *Volljährigkeit* (= unbeschränkte Geschäftsfähigkeit) mit der Vollendung des 18. Lebensjahres ein. Zu beachten ist, dass bei Ausländern die Rechts- und Geschäftsfähigkeit dem Recht des Staates unterliegt, dem die Person angehört (Art. 7 EGBGB).

Beispiel: Der 19-jährige Anton aus Tirol studiert in München. In Österreich ist man erst mit 21 Jahren volljährig. Er kauft in Deutschland ein Auto.

Der Kaufvertrag ist (schwebend) unwirksam (§ 108 BGB), da für die Geschäftsfähigkeit das Heimatrecht des Anton maßgebend ist.
Das Gesetz geht von dem (ungeschriebenen) Grundsatz aus, dass Menschen geschäftsfähig sind und definiert demzufolge nur die Fälle, in denen *keine* (volle) Geschäftsfähigkeit gegeben ist. Diese Vorschriften dienen dem Schutz des Geschäftsunfähigen; der gute Glaube an die Geschäftsfähigkeit wird nicht geschützt.

2.2.2.1 Geschäftsunfähigkeit

[91]　Furiosi voluntas nulla est.[25]
= Ein Geisteskranker hat keinen Willen.

Geschäftsunfähig ist
▶ ein Kind bis zur Vollendung des 7. Lebensjahres (§ 104 Nr. 1 BGB),
Das 7. Lebensjahr ist um 0.00 Uhr des Tages vollendet, an dem das Kind 7 Jahre alt wird (§ 187 Abs. 2 S. 2 BGB),
▶ wer eine Willenserklärung im Zustand krankhafter Störung der Geistestätigkeit abgibt, sofern dieser Zustand nicht vorübergehender Natur ist (§ 104 Nr. 2 BGB).
Die Willenserklärungen Geschäftsunfähiger sind generell *nichtig*, auch wenn sie mit Einwilligung der gesetzlichen Vertreter abgegeben werden oder für den Geschäftsunfähigen lediglich einen rechtlichen Vorteil mit sich bringen.

Beispiel: Tante Emma schenkt ihrer sechsjährigen Großnichte Nadine eine Barbie-Puppe. Nadine ist begeistert, nicht aber ihre Eltern, die Barbie-Puppen grundsätzlich aus pädagogischen Gründen ablehnen. Wem gehört die Puppe?

[92] Die Schenkung ist gem. § 516 BGB ein *Vertrag* zwischen Schenker und Beschenktem, d.h. setzt eine Annahme (Willenserklärung) auch des Beschenkten voraus. Auch die Übereignung (§ 929 BGB) verlangt eine Einigung, also zwei übereinstimmende Willenserklärungen der Beteiligten. Da Nadine geschäftsunfähig ist, sind ihre Willenserklärungen nichtig (= unwirksam von An-

---
25　Dig. 29, 2, 47a.E. (Afrikan)

fang an, im juristischen Jargon: *ex tunc*). Emma ist und bleibt also Eigentümerin der Puppe.

Allerdings kann ein Geschäftsunfähiger als Bote eine fremde Willenserklärung überbringen.

Merksatz: Und ist das Kind auch noch so klein, so kann es doch ein Bote sein.

[93] Nichtig ist weiter eine Willenserklärung, die im Zustand der Bewusstlosigkeit oder einer vorübergehenden Störung der Geistestätigkeit (z.B. im Vollrausch) abgegeben wird (§ 105 Abs. 2 BGB).

Beispiel: Der (volljährige) Karl Soest verschenkt im Vollrausch sein wertvolle Armbanduhr an den Gastwirt Bierwirt. Wieder ernüchtert, verlangt er die Uhr zurück. Bierwirt behauptet, er habe nicht bemerkt, dass Karl so „voll" gewesen sei.

Der Schenkungsvertrag (§ 516 BGB) ist nichtig, weil Karl seine hierauf gerichtete Willenserklärung im Zustand einer vorübergehenden Störung der Geistestätigkeit abgegeben hat, § 105 Abs. 2 BGB. Er kann deshalb gem. § 812 BGB die Uhr von Bierwirt herausverlangen. Allerdings liegt die Beweislast dafür, dass Karl sich tatsächlich in diesem Zustand befunden hat, bei ihm.

2.2.2.2 Beschränkte Geschäftsfähigkeit

[94] Beschränkt geschäftsfähig sind *Minderjährige ab 7 Jahren* (§ 106 BGB). Willenserklärungen beschränkt Geschäftsfähiger bedürfen zu ihrer Wirksamkeit grundsätzlich der *Zustimmung* der gesetzlichen Vertreter, wenn der Minderjährige durch das Geschäft nicht lediglich einen rechtlichen Vorteil erlangt (§ 107). Wird diese Zustimmung *vorher* erteilt (*Einwilligung*, § 183 Abs. 1 S. 1 BGB), ist die Willenserklärung von vornherein wirksam. Liegt eine Einwilligung nicht vor, ist die Willenserklärung *schwebend unwirksam*. Sie wird wirksam, wenn die gesetzlichen Vertreter nachträglich zustimmen (*Genehmigung*, §§ 108 Abs. 1, 184 Abs. 1 BGB). Die Genehmigung wirkt auf den Zeitpunkt der Vornahme des Rechtsgeschäfts zurück. Wird die Genehmigung versagt, wird das Rechtsgeschäft (rückwirkend) unwirksam.

[95] Kennt der Geschäftspartner bei Abschluss des Rechtsgeschäfts die beschränkte Geschäftsfähigkeit nicht, hat er gem. § 109 BGB ein Widerrufsrecht, anderenfalls nur dann, wenn ihm der Minderjährige wahrheitswidrig die Einwilligung seiner gesetzlichen Vertreter vorgespiegelt hat.

In einer Reihe von Fällen (Geschäfte, die eine besonderes Gefahrenpotenzial für den Minderjährigen beinhalten) ist eine zusätzliche Genehmigung des Familiengerichts (§ 1643 i.V.m. § 1822 BGB) erforderlich.

Ein einseitiges Rechtsgeschäft (z.B. Kündigung) ohne Einwilligung ist **nichtig**, § 111 BGB, kann also auch nicht genehmigt werden.

[96] In bestimmten, vom Gesetz geregelten Fällen ist die Zustimmung nicht erforderlich:

▶ wenn der Minderjährige durch das Geschäft lediglich einen rechtlichen (nicht: wirtschaftlichen) Vorteil erlangt (§ 107). Ein derartiger Vorteil liegt vor, wenn der Minderjährige sich zu keiner Gegenleistung verpflichtet, also z.B. Annahme einer Schenkung oder eines Übereignungsangebots (§§ 929 ff. BGB).

▶ wenn er die vertragsmäßige Leistung mit Mitteln bewirkt, die ihm von seinem gesetzlichen Vertreter oder mit dessen Zustimmung zu diesem Zweck oder zur freien Verfügung überlassen worden sind (§ 110 BGB, sog. „Taschengeldparagraph"),

▶ wenn er von seinem gesetzlichen Vertreter (mit Genehmigung des Vormundschaftsgerichts) zum selbständigen Betrieb eines Erwerbsgeschäfts ermächtigt ist (§ 112),

▶ wenn er von seinem gesetzlichen Vertreter zur Eingehung eines Dienst- oder Arbeitsverhältnisses ermächtigt worden ist.

In den beiden zuletzt genannten Fällen ist der Minderjährige für solche Rechtsgeschäfte unbeschränkt geschäftsfähig, die der Betrieb bzw. das Arbeitsverhältnis mit sich bringt.

Zu beachten ist ferner, dass gem. § 1629 a BGB die Haftung des Minderjährigen für Verbindlichkeiten bei Eintritt der Volljährigkeit sich auf den Bestand des zu diesem Zeitpunkt vorhandenen Vermögens beschränkt.

Abbildung 21: Rechtsfähigkeit und Handlungsfähigkeit

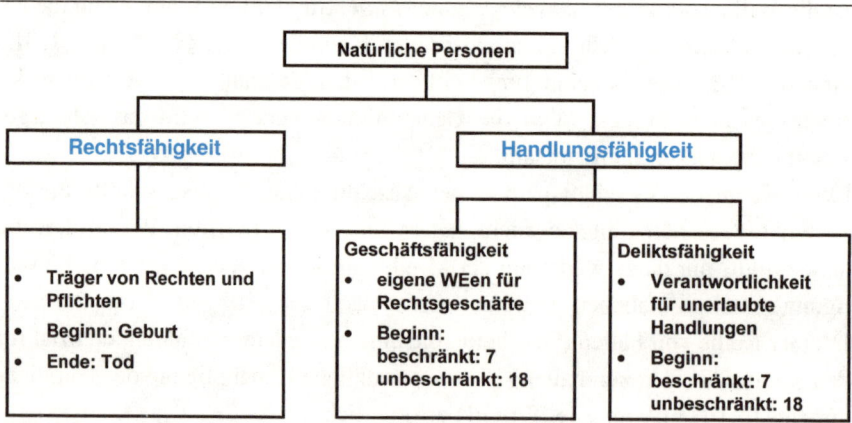

Abbildung 22: Beschränkte Geschäftsfähigkeit

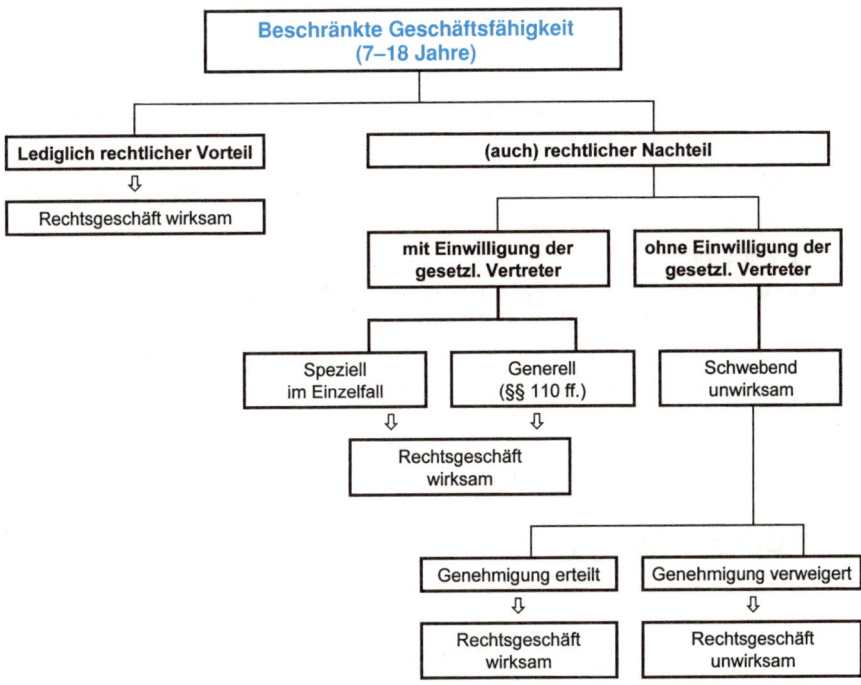

Klausurhinweise: Ist zu prüfen, ob ein von einem Minderjährigen getätigtes Rechtsgeschäft wirksam ist, empfiehlt sich folgende Vorgehensweise:
1. Kind unter 7 Jahren? Wenn ja, sind alle Rechtsgeschäfte nichtig, also auch solche, die lediglich einen rechtlichen Vorteil für das Kind beinhalten.
2. Beschränkt Geschäftsfähige (Minderjähriger von 7–17):
3. Lediglich rechtlicher Vorteil? Wenn ja: Rechtsgeschäft wirksam.
4. Wenn nein: Liegt Einwilligung (§ 183 BGB) vor?
   – Speziell im Einzelfall
   – §§ 110, 112, 113?
   – Zusätzliche Genehmigung des Familiengerichts (§ 1643 i.V.m. § 1822 BGB) erforderlich?
5. Wenn hiernach keine Einwilligung vorliegt:
   – Einseitiges Rechtsgeschäft? Nichtigkeit gem. § 111 BGB.
   – Vertrag: schwebend unwirksam.
6. Genehmigung (§ 184 BGB) erteilt? Dann wirksam.
7. Wenn Genehmigung verweigert wird und an den Minderjährigen bereits Leistung(en) erbracht wurden, Bereicherungsansprüche (§§ 812 ff. BGB) prüfen!

2.3 Die Stellvertretung

[97]   Stellvertretung ist die *Abgabe* (aktive Stellvertretung) oder *Entgegennahme* (passive Stellvertretung) einer *Willenserklärung* für einen anderen in dessen Namen. Bei der Stellvertretung sind also immer mindestens drei Personen beteiligt, nämlich

- der Vertretene (= der Geschäftsherr – G –), in dessen Namen das Rechtsgeschäft getätigt werden soll
- der Vertreter (V)
- der Dritte (D), dem gegenüber das Rechtsgeschäft getätigt werden soll.

Das Verhältnis zwischen G und V ist das *Innenverhältnis*, das Verhältnis G/D und das Verhältnis V/D ist das *Außenverhältnis*.

Abbildung 23: Innenverhältnis/Außenverhältnis

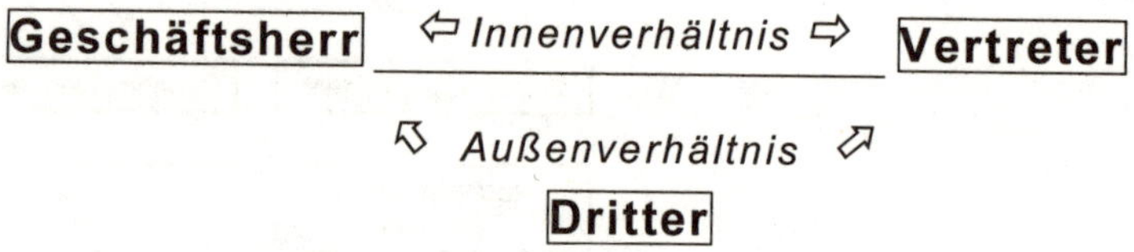

```
Geschäftsherr  ⇐ Innenverhältnis ⇒  Vertreter
                ↙ Außenverhältnis ↘
                     Dritter
```

2.3.1 Zulässigkeit

[98]   Stellvertretung ist grundsätzlich bei allen Rechtsgeschäften zulässig. Ausnahmen gelten bei höchstpersönlichen Rechtsgeschäften (z.B. Heirat [§ 1311 BGB], Errichtung eines Testaments [§ 2064 BGB]).

2.3.2 Erklärung des Vertreters

[99]   Der Vertreter muss selbst eine eigene *Willenserklärung* abgeben. Das unterscheidet ihn vom Boten, der nur eine fremde Willenserklärung überbringt. Daraus folgt, dass der Vertreter mindestens beschränkt geschäftsfähig sein muss (weshalb? – vgl. § 105 BGB), der Bote aber nicht (vgl. § 165 BGB).

Vertretung ist sowohl bei der Abgabe als auch beim Empfang einer Erklärung möglich (aktive und passive Stellvertretung). Vertretung liegt vor, wenn der Vertreter die Willenserklärung anstelle des Vertretenen abgibt oder empfängt; der Vertreter *repräsentiert* den Vertretenen (Repräsentantentheorie).

Da der Vertreter eine eigene Willenserklärung abgibt, kann sich der Vertretene auf Willensmängel (z.B. Irrtum) nur dann berufen, wenn sie beim Vertreter vorliegen, § 166 Abs. 1 BGB. Dasselbe gilt, wenn das Gesetz an die Kenntnis oder das Kennenmüssen bestimmter Umstände Rechtsfolgen knüpft.

[100] **Beispiele:**
1. *Gotthilf* beauftragt *Viktor*, für ihn bei dem Kunsthändler *Dagobert* ein bestimmtes Gemälde zu erwerben. V erkennt, dass das Bild eine Kopie ist, kauft es aber dennoch. Kann G den Kaufvertrag anfechten?
2. V ist bei dem Gebrauchtwagenhändler G als Autoverkäufer angestellt. Als D sich für ein bestimmtes Fahrzeug interessiert, versichert V bewusst wahrheitswidrig, dass es sich nicht um ein Unfallfahrzeug handele. Daraufhin kauft D den PKW. Als er von der wahren Sachlage erfährt, ficht er den Kaufvertrag an. G ist hiermit nicht einverstanden, weil er – unwiderlegbar – weder von dem Vorschaden noch von der Erklärung des V Kenntnis gehabt habe.

Im Fall 1. kann G nicht (wegen Irrtums) anfechten, weil V sich nicht geirrt hat. Im Fall 2. kann D anfechten, da G sich das Wissen des V zurechnen lassen muss (Rechtsgedanke des § 278 BGB).

2.3.3 Im Namen des Vertretenen

[101] Der Vertreter muss im Namen des Vertretenen handeln *(Prinzip der offenen Stellvertretung)*. Anderenfalls kommt das Geschäft mit ihm selbst (Vertreter) zustande (§ 164 Abs. 2 BGB). Die Fälle der sog. mittelbaren Stellvertretung. (z.B: Kommissionär, Spediteur, §§ 383, 407 HGB) sind keine Vertretungsgeschäfte, der „mittelbare" Stellvertreter handelt im eigenen Namen.
Allerdings muss der Vertreter nicht in jedem Fall ausdrücklich im fremden Namen handeln; dieses kann sich auch aus den Umständen ergeben. Erklärungen von Verkäufern in Ladengeschäften sind deshalb grundsätzlich als im Namen des Inhabers abgegeben zu sehen (vgl. § 56 HGB).
Einen Sonderfall bildet insoweit das Geschäft für den, den es angeht. Bei Bargeschäften des täglichen Lebens ist es für den Geschäftspartner i.d.R. ohne Bedeutung, mit wem das Geschäft zustande kommt. Das Geschäft kommt in diesen Fällen auch ohne besonderen Hinweis mit dem Vertretenen zustande.

2.3.4 Vertretungsmacht

[102] Der Vertreter muss „innerhalb der ihm zustehenden Vertretungsmacht" handeln. Überschreitet er diese oder fehlt sie ganz, wird der Vertretene durch das Handeln des Vertreters grundsätzlich nicht verpflichtet.
Die Vertretungsmacht kann auf Gesetz (gesetzliche Vertretung) oder auf Rechtsgeschäft (gewillkürte Vertretung = *Vollmacht* [§ 166 Abs. 2 BGB]) beruhen.

2.3.4.1 Gesetzliche Vertretung

[103] Juristische Personen und nicht geschäftsfähige natürliche Personen können nicht selbst am Rechtsverkehr teilnehmen; sie sind nicht (oder – beschränkt Geschäftsfähige – nur eingeschränkt) handlungsfähig. Sie müssen deshalb notwendigerweise einen gesetzlichen Vertreter haben. Der Umfang ihrer Vertretungsmacht ergibt sich unmittelbar aus dem Gesetz oder – ergänzend – der Satzung bzw. dem Gesellschaftsvertrag bei den juristischen Personen.
Minderjährige Kinder werden gesetzlich von ihren Eltern vertreten (§ 1629 BGB). Einschränkungen der Vertretungsmacht ergeben sich aus § 1629 Abs. 2 S. 1 i.V.m. §§ 1795; 1643 i.V.m 1821, 1822 BGB.
Die Aktiengesellschaft wird durch den Vorstand (§ 78 AktG), die GmbH durch ihre(n) Geschäftsführer (§ 35 GmbHG), die OHG durch ihre Gesellschafter gesetzlich vertreten (§ 125 HGB; vgl. auch § 161 Abs. 2 i.V.m. § 125 HGB für die KG). Das Gesetz regelt auch den Umfang und die Zulässigkeit von Beschränkungen der Vertretungsmacht (vgl. z.B. §§ 78 Abs. 2 bis 4, 82 AktG).

2.3.4.2 Gewillkürte Vertretung

[104] Die durch Rechtsgeschäft erteilte Vertretungsmacht bezeichnet das Gesetz als „Vollmacht" (§ 166 Abs. 2 S. 1 BGB). Die Vollmacht wird durch einseitige, empfangsbedürftige Willenserklärung erteilt (§ 167 Abs. 1 BGB), und zwar entweder

- gegenüber dem Vertreter (§ 167 Abs. 1 1.Alt. BGB) – Innenvollmacht – oder
- gegenüber dem Dritten (§ 167 Abs. 1 2.Alt. BGB) – Außenvollmacht – oder
- gegenüber der Öffentlichkeit (§ 171 Abs. 1 BGB) – Außenvollmacht.

[105] Die Vollmachtserteilung ist grundsätzlich *formfrei* (§ 167 Abs. 2 BGB). *Ausnahmen* hiervon sind aber möglich, vgl. z.B. §§ 29 GBO (notarielle Beglaubigung), 12 Abs. 2 HGB, 134 Abs. 3 AktG, 47 Abs. 3 GmbHG.
Die unwiderrufliche Vollmacht zur Veräußerung eines Grundstücks bedarf nach der Rechtsprechung der notariellen Beurkundung (vgl. § 313 BGB).
Der Umfang der Vollmacht ist gesetzlich nicht vorgegeben, sondern kann beliebig eingeschränkt oder ausgedehnt werden. Die Vollmacht kann sich auf ein einzelnes, genau definiertes Rechtsgeschäft beziehen oder als sog. „Generalvollmacht" ohne jede Einschränkung auf alle Arten von Rechtsgeschäften, bei denen Vertretung überhaupt zulässig ist.

[106] Besondere Arten der Vollmacht kennt das Handelsrecht, nämlich
- Prokura (§§ 48 ff. HGB),
- Handlungsvollmacht (§§ 54 ff. HGB),
- Ladenvollmacht (§ 56 HGB).

Diese Vollmachten haben einen typisierten, im Außenverhältnis nicht weiter einschränkbaren Umfang, der sich aus dem Gesetz ergibt (§§ 50 Abs. 1, 54 Abs. 3 HGB – lesen!)
Hier wird – anders als bei der BGB-Vollmacht – das Vertrauen des Dritten auf den Umfang der Vollmacht im Interesse der Einfachheit, Schnelligkeit und Klarheit des Handelsverkehrs geschützt.

2.3.4.3 Gesamtvertretung

[107] In einigen vom Gesetz bestimmten Fällen sind mehrere Personen nur gemeinschaftlich zur Vertretung berechtigt *(Gesamtvertretung)*, z.B. Eltern (§ 1629 Abs. 1 BGB), Vorstände einer AG (§ 78 Abs. 2 AktG; abweichende Regelung in der Satzung möglich). Bei der passiven Stellvertretung genügt jedoch die Abgabe der Erklärung gegenüber einem Vertreter (§ 1629 Abs. 1 S. 2 BGB; § 78 Abs. 2 S. 3 AktG; § 125 Abs. 2 S. 3 HGB). Die Gesellschafter einer OHG sind Einzelvertreter (abweichende Vereinbarung im Gesellschaftsvertrag ist möglich, Dritten gegenüber aber nur bei Eintragung im Handelsregister wirksam; vgl. § 125 Abs. 1, Abs. 2 bzw. Abs. 4 HGB).
Auch bei der rechtsgeschäftlichen Vertretung ist Gesamtvertretung (Gesamtvollmacht) zulässig (z. B. Gesamtprokura, § 48 Abs. 2 HGB).
Bei der Gesamtvertretung müssen sämtliche Vertreter gemeinschaftlich (nicht unbedingt gleichzeitig) handeln. Handelt ein Vertreter allein, liegt Vertretung ohne Vertretungsmacht vor, das Geschäft ist also bis zur Genehmigung durch den/die anderen Gesamtvertreter schwebend unwirksam. Für die Passivvertretung genügt aber Abgabe und Zugang der Erklärung an einen der Gesamtvertreter (vgl. z. B. § 35 Abs. 2 S. 3 GmbHG).

2.3.5 Vertreter ohne Vertretungsmacht

[108] Hat der Vertreter keine Vertretungsmacht oder überschreitet er diese, wird der Vertretene nicht gebunden. Der Vertrag ist schwebend unwirksam. Der Vertretene kann ihn genehmigen (§§ 177, 184 BGB). Verweigert er die Genehmigung, kann sich der Dritte gem. § 179 BGB an den Vertreter halten, sofern er den Mangel der Vertretungsmacht nicht kannte oder kennen musste (§ 179 Abs. 3 BGB).
Bei einseitigen Rechtsgeschäften ist Vertretung ohne Vertretungsmacht grundsätzlich unwirksam, kann also auch nachträglich nicht genehmigt werden (Hauptanwendungsfall: Kündigung). Dasselbe gilt, wenn der Vertreter mit der Vornahme dieses einseitigen Rechtsgeschäfts keine schriftliche Vollmachtsur-

2. Die Person

kunde vorlegt und der Dritte das Geschäft deshalb unverzüglich zurückweist (§ 174 BGB).

2.3.6 Schutz des Dritten

[109] Das Vertrauen des Dritten in die Vertretungsmacht ist grundsätzlich nicht geschützt. In einigen Fällen ist aber der (gutgläubige) Dritte schutzwürdiger als der Vertretene.

2.3.6.1 Außenvollmacht

[110] Von einer Außenvollmacht wird gesprochen, wenn sie gegenüber dem von dem beabsichtigten Rechtsgeschäft betroffenen Dritten oder gegenüber der Allgemeinheit (z. B. durch öffentliche Bekanntmachung) erteilt worden ist (§ 167 Abs. 1 BGB).
Das Erlöschen einer Außenvollmacht muss der Dritte nur dann gegen sich gelten lassen, wenn es ihm vom Vollmachtgeber angezeigt worden ist (§ 170 BGB).
Wenn der Vertreter dem Dritten eine schriftliche Vollmachtsurkunde vorlegt (§ 172 Abs. 1 BGB), endet die Vertretungsmacht erst mit Rückgabe der Vollmachtsurkunde (§ 172 Abs. 2 BGB).
Ist die Bevollmächtigung gegenüber der Öffentlichkeit bekannt gemacht worden, muss sie in derselben Weise, in der sie erfolgt ist, widerrufen werden (§ 171 Abs. 2 BGB).
Das Vertrauen des Dritten auf das Fortbestehen der Vollmacht ist jedoch nicht geschützt, wenn er „das Erlöschen der Vertretungsmacht bei Vornahme des Rechtsgeschäfts kennt oder kennen muss" (§ 173 BGB).

2.3.6.2 Duldungsvollmacht

[111] Eine Duldungsvollmacht liegt nach der Rechtsprechung vor, wenn der Vertretene – ohne ausdrücklich eine Vollmacht erteilt zu haben – weiß, dass ein anderer als sein Stellvertreter auftritt und nichts dagegen unternimmt, ihn also gewähren lässt. Der Dritte muss dieses Dulden kennen und nach Treu und Glauben dahin werten dürfen, dass der Vertreter Vollmacht habe[26].

2.3.6.3 Anscheinsvollmacht

[112] Sie liegt nach der Rechtsprechung vor, wenn der Vertretene das Verhalten des Vertreters zwar nicht kannte, es bei pflichtgemäßer Sorgfalt aber hätte er-

---

26 BGH LM Nr. 13 zu § 167 BGB

kennen und verhindern können, und wenn der Dritte nach Treu und Glauben annehmen durfte, dass dem Vertretenen das Verhalten des Vertreters bei verkehrsgerechter Sorgfalt nicht verborgen bleiben konnte[27].
Duldungs- und Anscheinsvollmacht sind Fälle der „Rechtsscheinhaftung": Wer in zurechenbarer Weise einen bestimmten Rechtsschein setzt (z.B. durch Aushändigung einer Vollmachtsurkunde oder einer Quittung (§ 370 BGB), Blankounterschrift u.ä.), muss sich gegenüber gutgläubigen Dritten hieran festhalten lassen (allgemeines Rechtsprinzip). Gesetzlich sind Duldungs- und Anscheinsvollmacht nicht geregelt (Ausnahme: § 56 HGB – gesetzliche Anscheinsvollmacht).

2.3.7 Selbstkontrahieren

[113] Zum Schutz des Vertretenen bestimmt § 181 BGB (lesen!), dass sog. Insich-Geschäfte unzulässig sind.

Beispiele:
1. V ist alleiniger Gesellschafter und Geschäftsführer der G-GmbH. Er möchte ein Grundstück der G an sich verkaufen. Gem. § 181 BGB könnte er nicht zunächst im Namen der GmbH ein Angebot abgeben, das er sodann im eigenen Namen annimmt.
2. Könnte er selbst in diesem Fall als Vertreter der G auftreten und seine Frau bevollmächtigen, in seinem Namen das Angebot anzunehmen?
3. Das Ehepaar E möchte seiner 5-jährigen Tochter Dörte ein ihm (E) gehörendes Grundstück schenken. Können sie das (notariell beurkundete, § 518 BGB) Angebot als gesetzliche Vertreter ihrer Tochter annehmen?
4. Im Fall (1) möchte V das Grundstück an die X-KG, deren alleiniger Geschäftsführer er ebenfalls ist, verkaufen. Ist das gem. § 181 BGB zulässig?

Die Rechtsprechung legt § 181 BGB dahingehend aus, dass er von seinem Zweck her auch auf Umgehungsgeschäfte anzuwenden ist [Beispielsfall (1)]. Das Gesetz will Interessenkollisionen vermeiden: Im Interesse der G müsste er besonders teuer verkaufen; im eigenen Interesse aber besonders billig kaufen.
Diese Interessenkollision wird nicht dadurch ausgeschlossen, dass ein (i.d.R. weisungsgebundener und abhängiger) Untervertreter eingeschaltet wird [Beispielsfall (2)].

---
27 BGH a.a.O. sowie Nr. 9 zu § 164 BGB

V könnte die beabsichtigten Geschäfte nur dann wirksam vornehmen, wenn er den Gesellschaftsvertrag ändert und sich von den Einschränkungen des § 181 BGB befreien lässt (das ist möglich, weil diese Vorschrift dispositiv ist).
Andererseits greift in Fall (3) § 181 BGB von seinem Wortlaut her ein. D ist hier jedoch nicht schutzbedürftig, weil sie lediglich einen rechtlichen Vorteil erlangt. Deshalb wird § 181 BGB im Wege der sog. teleologischen Reduktion auf derartige Fallkonstellationen nicht angewendet.

2.3.8 Außenverhältnis und Innenverhältnis

[114] Die Wirksamkeit der Vollmacht ist unabhängig (abstrakt) von dem ihr zugrunde liegenden Rechtsverhältnis (= Innenverhältnis). Der Erteilung der Vollmacht liegt im Regelfall im Innenverhältnis G/V ein Vertrag (insbesondere Dienstvertrag, Arbeitsvertrag, Werkvertrag, Auftrag, Geschäftsbesorgungsvertrag) zugrunde. Hiernach beurteilt sich, welche Befugnisse der Vertreter im Verhältnis zum Vertretenen hat. Diese können, müssen sich aber nicht mit den in der Vollmacht eingeräumten Möglichkeiten decken. Insbesondere kommt es häufiger vor, dass das rechtliche *Können* (im Außenverhältnis) weiter reicht als das rechtliche *Dürfen* (Innenverhältnis), z. B bei der Prokura.

[115] Beispiele:
1. G hat den Makler V beauftragt, für ihn ein Grundstück für max. 200.000 € zu erwerben und ihm eine schriftliche Vollmachtsurkunde ausgehändigt, aus der sich diese Einschränkung aber nicht ergibt. Wenn V sich an die Preisgrenze nicht hält, ist der von V abgeschlossene Vertrag gleichwohl wirksam. Sofern G hieraus einen Schaden erleidet, kann er sich an V halten (positive Vertragsverletzung des Geschäftsbesorgungsvertrages [§ 675 BGB]).
2. G erteilt dem V Prokura (§§ 48 ff. HGB). Im Anstellungsvertrag zwischen G und V ist vereinbart, dass V nur Verträge bis zu einem Gegenstandswert von 50.000 € abschließen darf; bei einem höheren Wert hat er in jedem Fall vorher die Zustimmung des G einzuholen. Diese Beschränkung ist im Außenverhältnis unwirksam (vgl. § 50 HGB). Nimmt V z.B. ein Darlehen über 1 Mio. € auf, wird G aus dem Darlehensvertrag verpflichtet.

[116] Der Dritte wird jedoch dann nicht geschützt, wenn er kollusiv mit dem Vertreter zum Nachteil des Vollmachtgebers zusammengewirkt hat oder wenn der Vollmachtsmissbrauch für den Dritten so offensichtlich war, dass er sich ihm geradezu aufdrängen musste.
Aus dem Abstraktionsprinzip folgt weiter, dass Mängel des Grundgeschäfts die Wirksamkeit der Vollmacht nicht berühren. Wenn im Beispiel (2) G den Anstel-

lungsvertrag mit V wirksam angefochten hat, bleiben die von V als Prokurist getätigten Geschäfte dennoch gültig. Die Vollmacht kann nur für die Zukunft *(ex nunc)* widerrufen werden.

2.3.9 Erlöschen der Vollmacht

[117] Die Vollmacht erlischt
- mit Eintritt des in der Vollmachtsurkunde angegebenen Endzeitpunktes (bei der zeitlich befristeten Vollmacht),
- mit Beendigung des ihrer Erteilung zugrunde liegenden Rechtsverhältnisses (§ 168 Abs. 1 BGB),
- mit vollständiger Ausführung des Geschäfts, für das sie erteilt wurde,
- mit Widerruf der Vollmacht, der grundsätzlich jederzeit möglich ist (vgl. § 168 Abs. 2 BGB). Die Vollmacht kann aber auch unwiderruflich erteilt werden. Die Prokura ist immer frei widerruflich (§ 52 Abs. 1 HGB – zwingendes Recht),
- mit dem Tode des Bevollmächtigten.

Der Tod des Vollmachtgebers führt dagegen i.d.R. nicht zum Erlöschen der Vollmacht (so ausdrücklich § 52 Abs. 3 HGB, vgl. auch §§ 672, 675 i.V.m. 168 BGB). Der Bevollmächtigte vertritt dann die Erben (die dann natürlich die Vollmacht widerrufen können).

2.4 Der Kaufmann

[118] Das Handelsrecht enthält für Kaufleute eine Reihe von Sonderregeln, die von den Vorschriften des BGB abweichen oder diese modifizieren. Es ist lex spec. zum BGB (vgl. Art. 2 EGHGB) und wird deshalb auch als das *„Sonderprivatrecht der Kaufleute"* bezeichnet. Voraussetzung für die Anwendbarkeit des HGB ist, dass mindestens ein Beteiligter als „Kaufmann" im Sinne dieses Gesetzes anzusehen ist (vgl. § 345 HGB). In einer Reihe von Fällen müssen beide Teile Kaufleute sein.[28] Auch die kaufmännischen Buchführungspflichten (§§ 238 ff. HGB), die auch für das Steuerrecht maßgeblich sind (vgl. § 140 AO), knüpfen an die Kaufmannseigenschaft an.

Im Sinne des Handelsrechts ist Kaufmann, „wer ein *Handelsgewerbe* betreibt"[29]. Das HGB geht von einem unternehmensbezogenen Kaufmannsbegriff aus. Als

---

28 z.B. §§ 346, 352 f., 369, 377 ff. HGB
29 § 1 Abs. 1 HGB

Kaufmann gilt folglich nicht nur der Einzelkaufmann, sondern auch die Gesellschaft als Unternehmensträger (z.B. OHG, KG).

2.4.1 Ist-Kaufmann

[119] Handelsgewerbe ist gem. § 1 Abs. 2 HGB jeder Gewerbebetrieb, es sei denn, dass das Unternehmen nach Art oder Umfang einen in kaufmännischer Weise eingerichteten Geschäftsbetrieb nicht erfordert.
Der Begriff des Gewerbes ist im HGB nicht definiert.
Gewerbe[30] ist nach der Rechtsprechung eine
1. *selbständige, nachhaltige* Betätigung, die
2. mit der Absicht, *Gewinn* zu erzielen, unternommen wird und
3. sich als Beteiligung *am allgemeinen wirtschaftlichen Verkehr* darstellt und
4. nicht als Ausübung eines *freien Berufes* anzusehen ist.

Das Bundesverwaltungsgericht definiert Gewerbe als *„jede nicht sozial unwertige, auf Gewinnerzielung gerichtete und auf Dauer angelegte selbständige Tätigkeit, ausgenommen Urproduktion, freie Berufe und bloße Verwaltung eigenen Vermögens"*[31].
Selbständig ist, wer nach außen im eigenen Namen auftritt, auf eigene Rechnung und Gefahr handelt, im Innenverhältnis eigene Verantwortung trägt und dem in persönlicher und sachlicher Hinsicht im Wesentlichen keine Weisungen erteilt werden können (vgl. § 84 Abs. 1 S. 2 HGB).

[120] *Kaufmännische Einrichtung* ist eine kaufmännische Ordnung der Vertretung, Haftung, Buchführung und Bilanzierung sowie die kaufmännische Bezeichnung (Firma).
Diese ist nach Art oder Umfang *erforderlich*, wenn
▶ die Höhe des Umsatzes (Anhaltswert: Jahresumsatz > 250.000 €),
▶ die Höhe des Anlage- und Betriebskapitals,
▶ die Zahl der Beschäftigten,
▶ die Zahl der Betriebsstätten,
▶ die Inanspruchnahme oder Vergabe von Krediten,
▶ sowie die Vielzahl der Geschäftsvorfälle

hierfür sprechen. Das Gesamtbild ist entscheidend.
Die Eintragung im Handelsregister ist in diesem Fall deklaratorisch; das Unternehmen ist jedoch verpflichtet, sie vornehmen zu lassen (§ 29 HGB).

---

30 vgl. auch § 15 Abs. 2 EStG
31 BVerwG NJW 1977, Seite 727

2.4.2 Kannkaufmann

2.4.2.1 Gewerbliches Unternehmen

[121] Sofern bei einem *gewerblichen Unternehmen* eine kaufmännische Einrichtung i.S.v. § 1 HGB nicht erforderlich ist, *kann* der Unternehmer gem. § 2 HGB freiwillig die Eintragung im Handelsregister herbeiführen. In diesem Fall gilt das Unternehmen als Handelsgewerbe mit allen Rechten und Pflichten. Die Registereintragung kann aber auf Antrag des Unternehmers jederzeit wieder gelöscht werden.

2.4.2.2 Land- und forstwirtschaftliches Unternehmen

[122] Ein *land- und forstwirtschaftliches Unternehmen* kann unter den Voraussetzungen des § 1 HGB (eine kaufmännische Einrichtung ist erforderlich) seine Eintragung im Handelsregister betreiben und erhält damit die Kaufmannseigenschaft (§ 3 HGB). Die Eintragung ist also auch hier *konstitutiv*. Hat es von dieser Möglichkeit Gebrauch gemacht, kann es nur dann im Handelsregister gelöscht werden, wenn die Voraussetzungen für die Eintragung nicht mehr gegeben sind.
Zur Land- und Forstwirtschaft rechnen z.B. Tiermast, Milchviehhaltung, Obst-, Gemüse-, Getreide- und Weinanbau, Gärtnerei (evtl. aber § 1 Abs. 2 Nr. 1 HGB), Baumschule, nicht: Molkerei, Fischerei, Imkerei.
Ein Nebengewerbe (Abs. 3) ist ein in gewisser Beziehung selbständiger Betrieb, der Erzeugnisse des Hauptbetriebes verwertet oder sonst mit ihm verbunden ist. Dieser ist selbständig eintragungsfähig (nicht-pflichtig), auch wenn er nach den §§ 1, 2 HGB eintragungspflichtig wäre.

2.4.3 Scheinkaufmann

[123] Darüber hinaus gilt gem. § 5 HGB jeder als Kaufmann, der ein Gewerbe betreibt und im Handelsregister eingetragen ist. Ob diese Vorschrift nach der Handelsrechtsreform (1998) noch eigenständige Bedeutung hat, ist zu bezweifeln, da diese Gewerbetreibenden ohnehin von § 2 HGB erfasst sein dürften.
Nach der Rechtsprechung muss sich außerdem – auch ohne Vorliegen eines Gewerbebetriebs oder Eintragung im Handelsregister – jeder zu seinem Nachteil als Kaufmann behandeln lassen, der sich im Rechtsverkehr als Kaufmann geriert, z.B. dadurch, dass er eine unberechtigt kaufmännische Firma benutzt oder im Handelsregister eingetragen ist, obwohl er kein Gewerbe (mehr) betreibt.

2.4.4 Kaufmann kraft Rechtsform

[124] Ohne Rücksicht auf den Gegenstand ihres Unternehmens gelten bestimmte Gesellschaften immer als Handelsgewerbe (§ 6 HGB).

a) *OHG* (§§ 105 ff. HGB) und *KG* (§§ 161 ff. HGB) setzen den Betrieb eines Handelsgewerbes voraus.

- ▶ Eine OHG, die ein *Handelsgewerbe* (§ 1 Abs. 2 HGB) zum Gegenstand hat, ist bereits vor ihrer Eintragung im Handelsregister Kaufmann gem. § 1 HGB. Die Eintragung ist dann (nur) deklaratorisch.
- ▶ Eine Personenvereinigung, die ein Gewerbe gem. §§ 2 oder 3 HGB betreibt oder die nur eigenes Vermögen verwaltet, wird erst durch Eintragung im Handelsregister zur OHG und erlangt damit Kaufmannseigenschaft (Eintragung konstitutiv). Vorher ist sie also eine GbR (§ 705 ff. BGB).
- ▶ für die KG gilt das Vorstehende entsprechend mit der Maßgabe, dass die Haftungsbeschränkung für die Kommanditisten erst mit Eintragung im Handelsregister eintritt (§ 176 HGB).

b) *AG, GmbH, KGaA, EG* und *VVaG* gelten kraft ihrer Rechtsform stets als Handelsgesellschaften und damit als Kaufleute (§ 6 Abs. 2 HGB i.V.m. §§ 3, 278 Abs. 3 AktG, § 13 Abs. 3 GmbHG, § 17 Abs. 2 GenG, § 16 VAG). Das gilt selbst dann, wenn gar kein Gewerbe betrieben wird. Die Eintragung im Handelsregister bzw. GenR ist hier *konstitutiv*, weil die Gesellschaften vor ihrer Eintragung „als solche" nicht existieren. Sie können bis zur Eintragung als GbR oder – unter den Voraussetzungen des § 1 Abs. 2 HGB – als OHG anzusehen sein.

Abbildung 24: Kaufmann

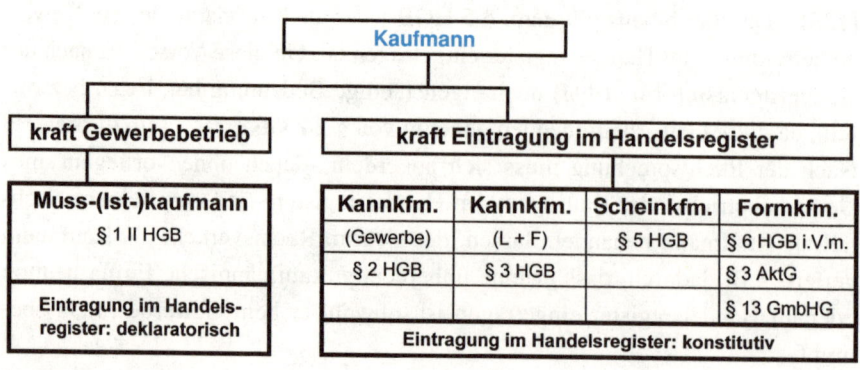

2.5 Das Handelsregister

2.5.1 Allgemeines

[125] Das Handelsregister ist ein bei den Amtsgerichten geführtes, öffentliches Register, dessen Zweck die Offenbarung der Zugehörigkeit (oder Nichtzugehörigkeit) gewerblicher Unternehmen zum Handelsstand und der wichtigsten Rechtsverhältnisse dieser Unternehmen ist. Das Handelsregister kann von jedermann kostenfrei (§ 90 KostO) eingesehen werden (§ 9 HGB).

2.5.2 Eintragungspflichtige Tatsachen

[126] Jeder Kaufmann ist verpflichtet, die eintragungspflichtigen Tatsachen zur Eintragung in das Handelsregister anzumelden, insbesondere:
- Firma (§ 29 HGB),
- Ort der Niederlassung (§ 29 HGB),
- Ort der Zweigniederlassung (§§ 13, 13a HGB),
- Sitzverlegung (§ 13 c HGB),
- bei OHG zusätzlich: Namen aller Gesellschafter und Beginn der Gesellschaft, Vertretung der OHG (§§ 106, 125 HGB),
- bei der KG zusätzlich zur OHG: Höhe der Kommanditeinlagen (§ 162 HGB),
- bei Körperschaften: vgl. §§ 39 AktG, 10 GmbHG,
- Prokura (§ 53 HGB),
- alle Änderungen eintragungspflichtiger Tatsachen (§§ 31, 107, 143, 148, 157, 162 Abs. 3 HGB).

[127] Die Insolvenz des Unternehmens ist von Amts wegen einzutragen (§ 32 HGB).
Ferner können Haftungsausschlüsse (25 Abs. 2, 28 Abs. 2 HGB) und öffentliche Körperschaften (§ 36 HGB) eingetragen werden.
Das Gericht kann die Anmeldung eintragungspflichtiger Tatsachen durch Zwangsgeld erzwingen (§ 14 HGB).
Einzelfirmen und Personenhandelsgesellschaften sind in Abt. A, AG, GmbH und VVaG in Abt. B des Handelsregister einzutragen (§ 3 HandelsregisterVO).

2.5.3 Wirkung der Eintragung

[128] Die Eintragung im Handelsregister wirkt in einigen Fällen *konstitutiv* (= rechtsbegründend)[§§ 2, 3, 5, 176 HGB, 41 AktG, 11 GmbHG], in anderen *deklaratorisch* (= rechtsbezeugend) [§§ 1, 53 HGB].

Beispiel: Wer ein Handelsgewerbe gem. § 1 Abs. 2 HGB betreibt, ist – unabhängig von der Eintragung im Handelsregister – Kaufmann. Die Eintragung, zu der der Kaufmann verpflichtet ist, wirkt also nur deklaratorisch. Wer dagegen ein Handelsgewerbe gem. § 2 HGB betreibt, erlangt die Kaufmannseigenschaft erst mit der Eintragung im Handelsregister.

2.5.4 Publizität des Handelsregisters

[129] Das Handelsregister genießt „öffentlichen Glauben" (ähnlich dem Grundbuch). § 15 HGB regelt die Wirkung von Registerinhalt und -bekanntmachung für und gegen Dritte.

2.5.4.1 Nicht eingetragene Tatsachen

[130] § 15 Abs. 1 HGB bezweckt den *Schutz Dritter* gegen Folgen nicht eingetragener oder bekannt gemachter Tatsachen:

„Dem Schweigen des Handelsregisters kann man trauen."

Voraussetzungen hierfür sind:
- Im Handelsregister *einzutragende* Tatsachen
- die im maßgeblichen Zeitpunkt noch *nicht* eingetragen oder bekannt gemacht sind: Maßgebend ist der Zeitpunkt des Vorgangs, aus dem der Dritte Rechte herleitet. „Bekanntgemacht" bezieht sich auf die Bekanntmachung der Eintragungen gem. § 10 HGB, die vom Registergericht im Bundesanzeiger und mindestens einem anderen Blatt zu bewirken ist.
- *In dessen Angelegenheiten:* gemeint ist derjenige, der durch die einzutragende Tatsache irgendwie entlastet wird.
- *Keine anderweitige Kenntnis* des Dritten von dieser Tatsache: „Kennenmüssen steht der Kenntnis nicht gleich". Die Beweislast liegt beim Gegner („es sei denn, dass ...").

2.5.4.2 Wirkung eingetragener Tatsachen

[131] § 15 Abs. 2 HGB handelt von der Wirkung eingetragener Tatsachen gegen Dritte nach Eintragung und Bekanntmachung.
Satz 1: Die Tatsache wirkt jetzt gegen Dritte.
Satz 2 gibt dem Dritten innerhalb einer kurzen Schonfrist von 15 Tagen ab Veröffentlichung (§ 10 HGB) den Einwand unverschuldeter Unkenntnis. Der Dritte muss nachweisen, dass er die eingetragene Tatsache weder kannte noch kennen musste.

Abbildung 25: Einzutragende Tatsache

Einzutragende Tatsache:				
Entstehung➜	Eintragung➜	Bekanntmachung➜	+ 15 Tage➜	
	§ 15 Abs. 1		Abs. 2 S.2	Abs. 2 S.1

2.5.4.3 Unrichtige Bekanntmachung

[132] § 15 Abs. 3 HGB schützt das Vertrauen Dritter auf unrichtige Bekanntmachungen („Positive Publizität des Handelsregisters"). Die Reichweite dieser Regelung ist sehr umstritten.

Diese Vorschrift betrifft den Fall, dass eine einzutragende Tatsache unrichtig bekannt gemacht wird. Ein Dritter kann sich dann demjenigen gegenüber, in dessen Angelegenheiten die Tatsache einzutragen war, auf die bekannt gemachte Tatsache berufen, es sei denn, er kannte die Unrichtigkeit.

2.6 Die Firma

2.6.1 Begriff

[133] Firma (= Handelsfirma) ist der *Name eines Kaufmanns* (eines kaufmännischen Unternehmens), unter dem er seine Geschäfte betreibt, seine Unterschrift abgibt, im Handelsregister eingetragen wird und klagen und verklagt werden kann (§ 17 HGB).

Die Wortlaut der Firma ist abhängig von der *Rechtsform* des Unternehmens und davon, ob die Firma neu gebildet wird (bei Neugründung eines Unternehmens: *„originäre Firma"*) oder ob das Unternehmen von einem Nachfolger fortgeführt wird (*„derivative Firma"*).

2.6.2 Firmengrundsätze

2.6.2.1 Originäre Firma

[134] Bei einer neu gebildeten (= originären) Firma hängt der zulässige Firmenwortlaut von der Rechtsform des Unternehmens ab:

▶ *Einzelkaufmann*

Die Firma muss zur Kennzeichnung des Kaufmanns geeignet sein und Unterscheidungskraft besitzen (§ 18 HGB n.F.). Phantasiebezeichnungen sind in diesem Rahmen möglich. Außerdem muss der Zusatz „eingetragener Kaufmann" oder eine Abkürzung hiervon („e.K." o.ä.) in der Firma enthalten sein.

Zusätze, die über Art und/oder Umfang des Unternehmens täuschen, sind verboten – *Grundsatz der Firmenwahrheit* (gilt für alle Firmen, nicht nur die des Einzelkaufmanns).

Beispiele für unzulässige Zusätze:
- *Gebiets- und Stadtangaben:* nur zulässig bei führenden Unternehmen des Gebiets (also nicht „Hamburger Volksbank" für viertgrößte Volksbank in Hamburg; „Eurotransport" für kleineres Fuhrunternehmen)
- Endung „ag" für Nicht-AG („INDROHAG GmbH")
- „Werk", „Fabrik" für Handelsunternehmen
- „Haus", „Center", „Börse" etc. nur bei überdurchschnittlicher Bedeutung am Ort und im Geschäftszweig
- „Bank" bei reiner Kreditvermittlung
- „Akademie", „Institut", „Kolleg" deuten auf wissenschaftliche Arbeitsweise und öffentliche Grundlage hin, unzulässig: „Verkehrsinstitut" für Fahrschule
- akademische Grade (Dr., Dipl.-Ing.) nur zulässig bei maßgeblicher Mitwirkung eines entsprechenden Akademikers.

[135] Unzulässige Zusätze können auch einen Verstoß gegen das UWG (§ 3) beinhalten.

▶ *OHG, KG*
Die Firma muss die Rechtsform erkennen lassen (§ 19 Abs. 1 S. 2 bzw. 3 HGB).

▶ *Aktiengesellschaft*
Die Firma der Aktiengesellschaft ist grundsätzlich Sachfirma (leitet sich aus dem Unternehmensgegenstand ab) und muss den Zusatz „AG" bzw. „Aktiengesellschaft" enthalten (§ 4 AktG).

Beispiel: „Bayerische Motorenwerke AG". Ausnahmsweise kann die AG auch eine Personenfirma führen. Beispiel: „Dr.-Ing. Ferry Porsche AG".

▶ *KGaA*
Auch die Firma der KGaA ist in der Regel Sachfirma (§ 279 AktG). Sie muss den Zusatz „KGaA" enthalten.

Beispiel: (gemischte Fa.) „Neckermann Versand KGaA".

▶ *GmbH*
Die Firma der GmbH ist Sach- oder Personenfirma mit dem Zusatz „GmbH" (§ 4 GmbHG).

Beispiele: „Dr.-Ing. Rudolf Hell GmbH"; „Kieler Transportbeton GmbH"; „F. A. Mayer Zitronenhandelsgesellschaft mbH".

2.6.2.2 Derivative Firma

[136] Der Grundsatz der Firmenwahrheit wird bei der derivativen (= von einem früheren Inhaber abgeleiteten) Firma durchbrochen. Die bisherige Firma kann unter bestimmten Voraussetzungen mit oder ohne Nachfolgezusatz weitergeführt werden. Das Gesetz unterscheidet folgende Fälle:

▶ *Namensänderung ohne Inhaberwechsel (§ 21 HGB)*

Beispiel: Kfm. Friedrich A. Mayer heiratet und heißt jetzt „Schulze". Er kann seine bisherige Firma fortführen.

▶ *Änderungen im Gesellschafterbestand (§ 24 HGB)*

Beispiel: Müller scheidet aus der Fa. „Mayer & Müller OHG" aus. Mayer kann die Firma fortführen, wenn Müller damit einverstanden ist. Der OHG-Zusatz muss aber durch den Zusatz e.K. ersetzt werden, wenn Mayer nunmehr alleiniger Inhaber ist.

Auch bei Eintritt eines neuen Gesellschafters in ein bestehendes Handelsgeschäft kann die bisherige Firma unverändert fortgeführt werden.

▶ *Erwerb eines Handelsgeschäfts (§ 22 HGB)*
Wer ein bestehendes Handelsgeschäft (unter Lebenden oder von Todes wegen) erwirbt, darf die bisherige Firma mit oder ohne Nachfolgezusatz fortführen. Der Grundsatz der Firmenwahrheit wird insoweit durchbrochen.

Beispiel: Mayer und Müller veräußern ihr Unternehmen „Mayer & Müller OHG" mit dem Recht auf Firmenfortführung an Schulze, der es als Einzelkaufmann fortführt. Er kann die Firma mit oder ohne einen Zusatz (z.B. „Nachf.", „Inhaber Ignatz Schulze" o.ä.) weiterführen. Die das Gesellschaftsverhältnis andeutenden Zusätze müssen durch die Bezeichnung e.K. ersetzt werden (Firmenwahrheit geht hier vor).

Wird die Firma eines Einzelkaufmanns oder einer Personenhandelsgesellschaft von einer Kapitalgesellschaft fortgeführt, müssen die entsprechenden Gesellschaftszusätze (AG, GmbH) in die Firma aufgenommen werden (§ 4 Abs. 2 AktG, § 4 Abs. 2 GmbHG; GmbH & Co KG: § 19 V HGB).

Beispiel: „Mayer & Müller" wird von der X-AG übernommen. Die Firma muss jetzt lauten: „Mayer & Müller AG" oder „Mayer & Müller, Inh. X-AG".

2.6.2.3 Firmeneinheit

[137] Ein Kaufmann darf für ein Unternehmen nur eine Firma führen; bei einer Zweigniederlassung gem. § 30 Abs. 3 HGB mit entsprechendem Zusatz.

2.6.2.4 Firmenausschließlichkeit

[138] Jede neue Firma muss sich von allen an demselben Ort bereits bestehenden, im Handelsregister eingetragenen Firmen deutlich unterscheiden (§ 30 I HGB). Erforderlichenfalls muss der Firma ein unterscheidungskräftiger Zusatz beigefügt werden (§ 30 Abs. 2 HGB).

2.6.3 Schutz der Firma

[139] Wer durch den unbefugten Firmengebrauch in seinen Rechten verletzt wird, hat gem. § 37 Abs. 2 HGB einen Unterlassungsanspruch. Die Firma ist ferner ein „sonstiges Recht" i.S.d. § 823 I BGB. Abwehransprüche ergeben sich weiter aus dem UWG (§§ 3, 16), dem BGB (§§ 12 ff.) und dem MarkenG.

2.6.4 Die Haftung des Erwerbers bei Firmenfortführung

Vorbemerkung:
[140] Eine Haftung für fremde Schulden kann sich ergeben aus:
- vertraglicher Schuldübernahme (§§ 414 ff. BGB);
- Firmenfortführung (§§ 25, 27 HGB);
- Betriebsübergang (§ 613 a BGB – Arbeitnehmeransprüche);
- § 75 I AO (Betriebssteuern).

2.6.4.1 Erwerb eines Handelsgeschäfts

[141] Der Erwerber eines Handelsgeschäfts haftet für alle geschäftlichen Verbindlichkeiten des früheren Inhabers, wenn er – mit Zustimmung des früheren Inhabers oder dessen Erben – die bisherige Firma fortführt (§§ 25, 27 HGB).

Voraussetzungen:
- Erwerb (Kauf, Pacht, Nießbrauch, Schenkung),
- unter Lebenden (sonst: § 27 HGB),
- eines Handelsgeschäfts (§§ 1, 2, 3, 5, 6 HGB),
- Fortführung des Geschäfts (nicht: Stilllegung),
- Fortführung der Firma (mit oder ohne Zusatz).

Folge: Der Erwerber haftet für die betrieblichen Verbindlichkeiten des früheren Inhabers.

2.6.4.2 Besonderheiten bei Eintritt in ein bestehendes Handelsgeschäft

[142] Tritt jemand in das bestehende Geschäft eines Einzelkaufmanns als Gesellschafter ein, haftet die dadurch entstandene Gesellschaft (OHG oder KG) für die Verbindlichkeiten des bisherigen Inhabers (auch ohne Firmenfortführung), § 28 HGB. Die Haftung kann gem. § 28 Abs. 2 HGB durch Eintragung in das Handelsregister ausgeschlossen werden.
Die persönliche Haftung der Gesellschafter ergibt sich aus §§ 128, 171 ff. HGB. Wer als neuer Gesellschafter in eine bestehende *Personenhandelsgesellschaft* eintritt, haftet gem. § 130 HGB für die Altschulden der Gesellschaft. Diese Haftung kann gegenüber den Gesellschaftsgläubigern nicht ausgeschlossen werden.

2.7 Gesellschaftsrecht

[143] Eine Gesellschaft ist der freiwillige Zusammenschluss mehrerer (natürlicher oder juristischer) Personen zur Verfolgung eines *gemeinsamen Zwecks*.

2.7.1 Personengesellschaften und Kapitalgesellschaften

[144] Personen- und Kapitalgesellschaften unterscheiden sich im Wesentlichen in den nachfolgenden Punkten. Allerdings kann durch Gesellschaftsvertrag/Satzung vom gesetzlichen Leitbild der jeweiligen Gesellschaft abgewichen werden, so dass die Unterschiede sich verwischen.
Die Personengesellschaft ist auf eine kleine Anzahl von Gesellschaftern und deren unveränderte Zusammensetzung angelegt, während bei der Kapitalgesellschaft häufig zahlreiche Mitglieder anzutreffen sind (z.B. Aktionäre bei börsennotierter AG).
Änderungen im Gesellschafterbestand bedürfen bei der Personengesellschaft grundsätzlich der Zustimmung der anderen Gesellschafter, bei der Kapitalgesellschaft im Zweifel nicht.
Die Personengesellschaft benötigt keine besonderen Organe, vielmehr werden grundsätzlich die Gesellschafter selbst für die Gesellschaft tätig (Prinzip der Selbstorganschaft). Dagegen gibt es bei den Kapitalgesellschaften mindestens zwei Organe, Gesellschafterversammlung bzw. Hauptversammlung und Geschäftsführer bzw. Vorstand und ggf. zusätzlich einen Aufsichtsrat; die Mitglieder der Geschäftsführung und des Vorstands müssen nicht selbst Gesellschafter sein (Prinzip der Fremdorganschaft).

Die Willensbildung erfolgt bei der Personengesellschaft grundsätzlich nach dem Einstimmigkeitsprinzip, bei der Kapitalgesellschaft grundsätzlich nach dem Mehrheitsprinzip.

Kapitalgesellschaften sind juristische Personen und damit – wie eine natürliche Person – rechtsfähig.

Personengesellschaften sind dagegen *keine* juristischen Personen. Die OHG, KG, Partnerschaftsgesellschaft und EWIV[32] können jedoch Träger von Rechten und Pflichten sein (vgl. § 124 HGB). Sie gelten als „rechtsfähige Personengesellschaften" gem. § 14 BGB, so dass zwischen diesen Gesellschaften und Kapitalgesellschaften in der Praxis kein wesentlicher Unterschied besteht, mit Ausnahme der steuerlichen Behandlung und der Haftung der Gesellschafter. Die Rechtsfähigkeit der GbR ist umstritten. Sie ist insolvenzfähig (§ 728 BGB), und ist nach einer neuen Entscheidung des BGH[33] rechts- und parteifähig, soweit sie als Teilnehmerin am Rechtsverkehr eigene (vertragliche) Rechte und Pflichten begründet.

[145]   Die möglichen Rechtsformen sind gesetzlich abschließend geregelt (*numerus clausus* der Gesellschaftsformen); die Vertragsfreiheit ist insoweit eingeschränkt. Jedoch sind Mischformen dadurch möglich, dass sich eine Gesellschaft (Personen- oder Kapitalgesellschaft) an einer anderen Gesellschaft (Personen- oder Kapitalgesellschaft) als Gesellschafterin beteiligen kann. Das bekannteste Beispiel hierfür ist die GmbH & Co. KG: an einer KG (Personengesellschaft) beteiligt sich als alleinige Komplementärin eine GmbH (Kapitalgesellschaft).

Abbildung 26: Gesellschaften

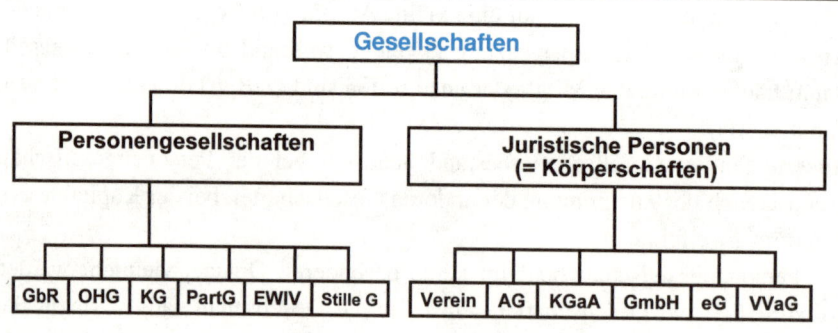

---

32 Europäische Wirtschaftliche Interessenvereinigung; die EWIV setzt die Beteiligung von Unternehmen aus mindestens zwei Mitgliedsstaaten der EU voraus. Ähnlichkeiten bestehen zur OHG.
33 BGH, Urt. v. 29.1.2001, II ZR 331/00

2.7.2 Personengesellschaften

[146] *Personengesellschaften* entstehen mit dem (formlos möglichen) Abschluss des Gesellschaftsvertrages. Die Grundform der Gesellschaft ist die Gesellschaft bürgerlichen Rechts (GbR, auch BGB-Gesellschaft genannt, §§ 705 ff. BGB). „Sie liegt vor, wenn mehrere (mindestens zwei) Personen sich in Verfolgung eines gemeinsamen Zwecks zusammenschließen, ohne ein Handelsgewerbe zu betreiben und ohne eine andere, spezielle Rechtsform für die Kooperation zu vereinbaren."[34] Liegt dieser Zweck im gemeinsamen Betrieb eines Handelsgewerbes, liegt entweder eine OHG oder eine KG vor.

Dieses Kapitel beschäftigt sich überwiegend mit den sogenannten Außengesellschaften, bei denen mehrere Personen nach außen einheitlich auftreten und ein gesamthänderisch gebundenes Vermögen bilden.

Davon zu unterscheiden sind die Innengesellschaften, bei denen nach außen nur ein Partner allein auftritt. Rechte und Pflichten haben die dahinter stehenden Gesellschafter im Rahmen des Gesellschaftsvertrags lediglich im Verhältnis zu dem im Außenverhältnis tätigen und sichtbaren Hauptgesellschafter. Typische Innengesellschaft ist die Stille Gesellschaft (§§ 230 ff. HGB)

2.7.2.1 Gesellschaft bürgerlichen Rechts

a) Gesellschaftszweck

[147] Für die GbR kommt jeder beliebige, nicht kaufmännische Gesellschaftszweck in Betracht.

Beispiele: Betrieb eines Geschäfts im kleingewerblichen Bereich, Kooperationen mehrerer Unternehmen anlässlich eines gemeinsamen Projekts, z.B. Durchführung eines Bauvorhabens durch eine ARGE, gemeinsame Ausübung eines freien Berufes (z.B. Ärzte, Rechtsanwälte), Tippgemeinschaften, Fahrgemeinschaften u.v.a.

Sofern der Zweck auf den Betrieb eines Handelsgewerbes in *kaufmännischer* Weise gerichtet ist, wird die GbR automatisch zur offenen Handelsgesellschaft. *Kleingewerbetreibende* üben zwar ein Gewerbe, aber kein Handelsgewerbe aus. Diese haben jedoch die Möglichkeit, durch freiwillige Eintragung ins Handelsregister zu Personenhandelsgesellschaften zu werden. Anderenfalls liegt eine GbR vor.

---

34 BGH, Urt. v. 29.1.2001, II ZR 331/00

b) Gesellschafter

[148] Zur Gründung einer GbR sind *mindestens* zwei Personen erforderlich. Einpersonengesellschaften sind – anders als bei Kapitalgesellschaften – nicht möglich.

Gesellschafter können sein:
- natürliche Personen (auch Minderjährige),
- juristische Personen,
- Personengesellschaften,
- Genossenschaften und nicht rechtsfähige Vereine.

c) Gesellschaftsvertrag

[149] Zur Gründung einer GbR bedarf es eines (formlos gültigen) Gesellschaftsvertrages, der mindestens enthalten muss, dass sich die Gesellschafter zur Förderung eines gemeinsamen Zwecks zusammenschließen und dazu die vereinbarten Beiträge leisten. Der Gesellschaftsvertrag kann auch durch schlüssiges Verhalten geschlossen werden.

Die Einzelheiten der Organisation der GbR sind im BGB geregelt (§§ 705–740). Im Innenverhältnis können die Gesellschafter davon abweichend ihre Beziehungen im Wesentlichen frei regeln.

d) Entstehung

[150] Die Gründung einer GbR unterliegt keiner Publizitätserfordernis, insbesondere kann die GbR nicht in das Handelsregister eingetragen werden.

Die Gesellschaft entsteht im Zeitpunkt des Abschlusses des Gesellschaftsvertrags oder in dem dort genannten Anfangsdatum.

e) Geschäftsführung und Vertretung

[151] Der Begriff „Geschäftsführung" bezieht sich auf das Innenverhältnis (das Verhältnis der Gesellschafter untereinander und zu „ihrer" Gesellschaft). Das Gesetz sieht die Gesamtleitung aller Gesellschafter vor, d.h. für jedes Geschäft ist die Zustimmung aller Gesellschafter erforderlich.

Auch nach außen (= „Vertretung") können wirksame Erklärungen für die Gesellschaft nur abgegeben werden, wenn alle Gesellschafter zusammenwirken.

Abweichende Vereinbarungen im Gesellschaftsvertrag sind sowohl bei der Geschäftsführung als auch bei der Vertretung möglich; auch können die Gesellschafter im Einzelfall Vollmachten erteilen.

f) Haftung

[152] Für die *Verbindlichkeiten der Gesellschaft* haften grundsätzlich das Gesellschaftsvermögen sowie alle Gesellschafter persönlich als Gesamtschuldner.

Ein GbR-Gesellschafter haftet persönlich, wenn er sich rechtsgeschäftlich verpflichtet hat, d.h. wenn entweder
▶ er am Vertragsschluss selbst mitgewirkt hat oder
▶ ein GbR-Geschäftsführer mit Vertretungsmacht für den Gesellschafter gehandelt hat oder
▶ er einen Schuldbeitritt zu einer bereits bestehenden Verbindlichkeit vereinbart hat.

Haben alle Gesellschafter an einem Vertragsschluss mitgewirkt, haften sie auch mit ihrem Privatvermögen neben dem Gesellschaftsvermögen.
Wirken nur ein oder mehrere Gesellschafter an einem Vertragsschluss mit Dritten mit, so müssen diese die Vertretungsmacht besitzen, um die übrigen Gesellschafter auch mit ihrem Privatvermögen zu verpflichten. Ein im Namen der Gesellschaft eingegangenes Geschäft begründet grundsätzlich sowohl für die GbR als auch für den einzelnen Gesellschafter unmittelbare Verpflichtungen (Lehre von der Doppelverpflichtung).
Die Gesellschafter können beim Abschluss von Rechtsgeschäften die Haftung von vornherein auf das Gesellschaftsvermögen beschränken, z.B. dadurch, dass die Vertretungsmacht des geschäftsführenden Gesellschafters im Gesellschaftsvertrag so eingeschränkt wird, dass er nur Verpflichtungen für und gegen das Gesellschaftsvermögen begründen darf. Auch eine Vereinbarung dahingehend, dass die Gesellschafter persönlich nur bis zu einem bestimmten Betrag haften, ist möglich.
Der Schutz des Geschäftspartners[35] muss aber gewährleistet sein, z.B. durch:
▶ Haftungsbeschränkung mit dem konkreten Geschäftspartner durch individuelle Vereinbarung,
▶ Offenlegung der Beschränkung der Vertretungsmacht durch den vertretungsbefugten Gesellschafter,

Die Haftungsbeschränkung durch bloßen Namenszusatz („GbR mbH") oder in AGB reicht nicht aus.[36]

g) Ausscheiden eines Gesellschafters
[153]   Normalerweise zieht das Ausscheiden eines Gesellschafters die Auflösung der Gesellschaft nach. Jedoch kann die GbR trotz Ausscheidens eines Gesellschafters dann fortgesetzt werden, wenn im Gesellschaftsvertrag eine *Fort-*

---

35 BGH, Urt. v. 27.9.99, NJW 1999, 3483
36 ebenda S. 3485

setzungsklausel vereinbart ist oder die Gesellschafter vor Eintritt der Auflösung die Fortsetzung beschließen.

Darüber hinaus kann jeder Gesellschafter durch den Abschluss einer Austrittsvereinbarung mit seinen Mitgesellschaftern sein Ausscheiden erreichen. Handelt es sich um eine Zwei-Personen-GbR können die Gesellschafter vereinbaren, dass einer von ihnen das Gesellschaftsvermögen ohne Liquidation mit Aktiva und Passiva übernimmt und den anderen abzufinden hat. In einem solchen Fall wächst das Gesellschaftsvermögen dem Alleinübernehmer an.

h) Auflösung

[154] Bei der Auflösung der Gesellschaft wird der Gesellschaftszweck dahingehend verändert, dass aus einer werbenden Gesellschaft eine Gesellschaft in Liquidation wird, deren Zweck nunmehr auf Abwicklung und Verwertung des Gesellschaftsvermögens gerichtet ist.

Auflösungsgründe für die GbR sind insbesondere:[37]

▶ Kündigung durch einen Gesellschafter:

Eine GbR, die auf unbestimmte Zeit eingegangen worden ist, kann nach dem Gesetz von jedem Gesellschafter ohne Einhaltung einer Kündigungsfrist jederzeit gekündigt werden (ordentliche Kündigung). Ein besonderer Kündigungsgrund ist nicht erforderlich.

Vertraglich kann dieses Recht eingeschränkt werden (z.B. durch Vereinbarung angemessener Kündigungsfristen und -termine; Ausschluss des Kündigungsrechts auf Zeit durch Vereinbarung einer Mindestlaufzeit, während der nicht gekündigt werden kann). Ein dauernder vertraglicher Ausschluss dieses ordentlichen Kündigungsrechts ist nicht möglich.

Eine GbR kann außerdem bei Vorliegen eines wichtigen Grundes immer gekündigt werden (außerordentliche Kündigung), auch wenn sie auf Zeit geschlossen oder die ordentliche Kündigung ausgeschlossen oder an bestimmte Zeitpunkte oder Fristen gebunden ist.

▶ Tod eines Gesellschafters,

▶ Insolvenz der Gesellschaft (die Gesellschaft ist selbst [seit 1999] insolvenzfähig),

▶ Insolvenz eines Gesellschafters,

▶ Zweckerreichung oder Unmöglichkeit der Zweckerreichung,

▶ Zeitablauf (wenn die Gesellschaft nur für eine bestimmte Zeit eingegangen wurde).

---

37 sofern im Gesellschaftsvertrag nichts anderes bestimmt ist

i) Liquidation

[155] Das Liquidationsverfahren (Auseinandersetzungsverfahren, §§ 730 ff. BGB) beinhaltet
- die Beendigung der schwebenden Geschäfte,
- die Rückgabe von zur Nutzung überlassenen Gegenständen,
- „Versilberung" (= Umsetzung in Geld) des Gesellschaftsvermögens
- die Tilgung der Schulden,
- die Rückerstattung von Einlagen,
- die Verteilung des Restvermögens bzw. die Einziehung von Nachschüssen bei Verlust.

Fallstudie: BGB-Gesellschaft

[156] Die Wirtschaftsinformatik-Studenten *Lars Windig* (W) und *Kai Bitter* (B) sowie die BWL-Studentin *Simone Sparbier* (S) wollen neben ihrem Studium etwas dazu verdienen und ihre frisch erworbenen Kenntnisse gewinnbringend anlegen. Daher beschließen sie, sich selbständig zu machen. Schwerpunkt ihrer Tätigkeit soll die Erstellung von Internet-Seiten, Beratung über Hard- und Softwareprobleme und der Vertrieb von Hard- und Software über das Internet sein. Sie wollen ihr Unternehmen „*wbs netconsult.com*" nennen. B will seinen bislang privat genutzten, fast neuen PC nebst umfangreichen Zubehör im Zeitwert von 3.000 € in das Unternehmen einbringen. S hat geerbt und will 5.000 € auf das Geschäftskonto einzahlen. W will nur seine angeblich guten Beziehungen und sein Know-how zur Verfügung stellen.

Über die rechtliche Ausgestaltung ihrer Tätigkeit machen sie sich nicht viele Gedanken; ein schriftlicher Vertrag soll später – „*wenn wir mal Zeit haben*" – abgeschlossen werden.

1. Was müssen W, B und S bei Aufnahme ihrer Tätigkeit beachten? Haben sie eine Gesellschaft gegründet, welche Rechtsform liegt dann vor?
   Hinweise: §§ 1, 14 ff. GewO, §§ 705 ff. BGB
2. W mietet – ohne zuvor mit B und S Rücksprache zu nehmen – bei dem Vermieter Hai im Namen der wbs netconsult.com repräsentative Geschäftsräume für eine monatliche Miete von 1.000 € an.
   An wen kann Hai sich wegen der Mietforderung halten?
   Hinweise: §§ 709, 714, 164 ff. BGB
3. Nach 6 Monaten hat das Unternehmen überschlägig einen Gewinn von 30.000 € erwirtschaftet. W, der sich permanent in Geldnot befindet, will hiervon 10.000 € sofort haben. B und S sind hiermit nicht einverstanden. Rechtslage?
   Hinweise: §§ 721 f. BGB

4. Nach einem Streit mit W ist B verbittert und sieht in der Fortsetzung der Gesellschaft keinen Sinn mehr. Wie kann er das Gesellschaftsverhältnis beenden, und was passiert dann mit dem Geschäftsvermögen? Auf dem Geschäftskonto befinden sich jetzt 50.000 €, es bestehen noch Verbindlichkeiten gegenüber Lieferanten in Höhe von 20.000 €. Ein Kunde hat wegen falscher Beratung Schadensersatzansprüche in Höhe von 10.000 € geltend gemacht, deren Berechtigung aber von wbs netconsult.com bestritten wird.
Hinweise: §§ 723 ff. BGB

Lösung:
1. **Öffentliches Recht:** GewO §§ 1, 14, AO §§ 137 ff., UStG §§ 2, 16 ff.
   Da W, B und S ein Gewerbe betreiben wollen, müssen sie dieses bei der zuständigen Gemeindebehörde anzeigen. Auch sind sie verpflichtet, dem Finanzamt die Aufnahme der gewerblichen Tätigkeit mitzuteilen und ggf. Umsatzsteuer-Voranmeldungen dort einreichen.
   Privatrecht: §§ 705 ff. BGB
   W, B und S haben eine Gesellschaft des bürgerlichen Rechts i.S.d. § 705 BGB gegründet, da sie einen gemeinsamen Zweck durch Leistung der vereinbarten Beiträge (Einlagen, Dienstleistungen) erreichen wollen. Der Gesellschaftsvertrag bedarf keiner besonderen Form, sondern kann auch konkludent abgeschlossen werden. Mangels besonderer Vereinbarungen richtet sich der Inhalt dieses Vertrages nach den §§ 705 ff. BGB.
2. Gem. § 709 BGB können die Gesellschafter nur gemeinsam Entscheidungen treffen. W hatte weder alleinige Geschäftsführungs- noch Vertretungsmacht (§ 714 BGB), so dass er als Vertreter ohne Vertretungsmacht gehandelt hat. Der Vertrag mit Hai ist also schwebend unwirksam (§ 177 BGB). Sofern B und S ihn nicht genehmigen (was auch konkludent, z.B. durch Einzug in die Räume, möglich ist), kann H sich nur an W persönlich wenden (§ 179 BGB).
3. Der Gewinn kann gesetzlich erst bei Beendigung der Gesellschaft oder am Schluss des Geschäftsjahres verlangt werden.
4. B kann jederzeit kündigen (§ 723). Die Gesellschaft wird dann mit sofortiger Wirkung aufgelöst. Danach erfolgt die Liquidation der Gesellschaft. Das Liquidationsverfahren (Auseinandersetzungsverfahren, §§ 730 ff. BGB) beinhaltet
   – die Beendigung der schwebenden Geschäfte,
   – die Rückgabe von zur Nutzung überlassenen Gegenständen,
   – „Versilberung" des Gesellschaftsvermögens,

- die Tilgung der Schulden (hier: Zahlung der Lieferantenverbindlichkeiten von 20.000 € und Bildung einer Rückstellung von 10.000 € zuzügl. Kosten für ungewisse Verbindlichkeiten),
- die Rückerstattung von Einlagen (B: 3.000 €, S: 5.000 €),
- die Verteilung des Restvermögens bzw. die Einziehung von Nachschüssen bei Verlust.

2.7.2.2 Offene Handelsgesellschaft

[157] Die offene Handelsgesellschaft ist eine Personengesellschaft, deren Zweck der gemeinsame Betrieb eines Handelsgewerbes ist und bei der alle Gesellschafter den Gläubigern gegenüber uneingeschränkt haften (§ 105 HGB). Eine Gesellschaft, die ein Handelsgewerbe gem. § 1 Abs. 2 HGB betreibt, ist automatisch OHG. Sie muss zwar in das Handelsregister eingetragen werden, die Eintragung wirkt jedoch nur deklaratorisch. Eine Gesellschaft, die nur ein Kleingewerbe (§ 2 HGB) betreibt oder die nur eigenes Vermögen verwaltet, ist zunächst GbR und wird erst mit der freiwilligen Eintragung in das Handelsregister zur OHG.

Mitglieder einer OHG können natürliche Personen, andere Personengesellschaften oder juristische Personen sein; erforderlich sind mindestens zwei Gesellschafter. Die Errichtung erfolgt durch den formlos möglichen Abschluss eines Gesellschaftsvertrages, wobei allerdings mindestens Schriftform dringend zu empfehlen ist.

In das Handelsregister einzutragen sind gemäß § 106 HGB alle Gesellschafter, die Firma der Gesellschaft und der Ort der Niederlassung sowie der Zeitpunkt des Beginns der Gesellschaft.

Auf die OHG finden ergänzend die Vorschriften der §§ 705 ff. BGB über die GbR Anwendung, soweit im HGB nichts anderes bestimmt ist.

a) Das Innenverhältnis der Gesellschafter

[158] Die Gesellschafter können im Innenverhältnis beliebige Regelungen im Gesellschaftsvertrag treffen und insbesondere von den gesetzlichen Vorschriften abweichen (§ 109 HGB).

Für die *Geschäftsführung* gilt das Prinzip der Selbstorganschaft, d.h. Geschäftsführer können nur Gesellschafter sein. Mangels abweichender Vereinbarung sind alle Gesellschafter zur Geschäftsführung berechtigt und verpflichtet. Jeder Gesellschafter ist allein geschäftsführungsbefugt (§ 115 Abs. 1 HGB). Widerspricht jedoch ein geschäftsführungsbefugter Gesellschafter dem beabsichtigten Geschäft, so muss dieses unterbleiben. Die Geschäftsführungsbefugnis bezieht sich

auf die Handlungen, die der gewöhnliche Betrieb des Handelsgeschäftes mit sich bringt. Darüber hinausgehende Handlungen bedürfen der vorherigen Zustimmung sämtlicher Gesellschafter.
In einer Reihe von Fällen bedarf es Gesellschafterbeschlüsse, um eine Entscheidung herbeizuführen. Dies gilt insbesondere für Handlungen, die über den gewöhnlichen Betrieb des Handelsgewerbes der Gesellschaft hinausgehen, für die Erteilung der Prokura und eine Änderung des Gesellschaftsvertrages. Mangels abweichender Vereinbarung müssen Gesellschafterbeschlüsse einstimmig getroffen werden. Im Gesellschaftsvertrag können Mehrheitsbeschlüsse vorgesehen werden. In diesem Fall ist die Mehrheit im Zweifel nach der Zahl der Gesellschafter zu berechnen. Möglich ist aber auch, die Mehrheit nach den Kapitalanteilen zu bestimmen.
Die Geschäftsführungsbefugnis kann einem Gesellschafter nur durch gerichtliche Entscheidung aus wichtigem Grund (grobe Pflichtverletzung, Unfähigkeit zur ordnungsgemäßen Geschäftsführung) entzogen werden.
Die Gesellschafter unterliegen gemäß § 112 HGB einem gesetzlichen Wettbewerbsverbot, d.h. sie dürfen weder in dem Handelszweig der Gesellschaft selbst Geschäfte machen noch sich an einer anderen gleichartigen Handelsgesellschaft als persönlich haftende Gesellschafter beteiligen. Die übrigen Gesellschafter können jedoch auf dieses Wettbewerbsverbot verzichten.
Verletzt ein Gesellschafter das Wettbewerbsverbot, so kann die OHG Schadenersatzansprüche geltend machen oder selbst in die getätigten Geschäfte eintreten (§ 113 HGB).
Jeder Gesellschafter hat an der OHG einen Kapitalanteil. Hierunter ist das Beteiligungsverhältnis des Gesellschafters am Gesamtvermögen der Gesellschaft zu verstehen. Die Höhe des Kapitalanteils hat vor allem Bedeutung für
▶ die Gewinnverteilung,
▶ die Berechnung des Auflösungs- bzw. des Abfindungsguthabens bei Beendigung der Gesellschaft oder Ausscheiden aus der Gesellschaft.

b) Gewinn- und Verlustverteilung

[159] Am Schluss eines jeden Geschäftsjahres muss aufgrund der Bilanz der Gewinn oder Verlust eines Jahres festgestellt und für jeden Gesellschafter der entsprechende Anteil errechnet werden (§ 120 Abs. 1 HGB). Für die Erstellung der Bilanz gelten die allgemeinen handelsrechtlichen Vorschriften (3. Buch des HGB, §§ 138 ff HGB). Die Bilanz ist durch die Gesellschafter aufzustellen (§ 245 Satz 2 HGB).
Die *Gewinnverteilung* erfolgt mangels abweichender Vereinbarung nach § 121 HGB:

▶ Zunächst ist ein Anteil von 4 % des Kapitalanteils dem Gesellschafter gutzubringen.

▶ Übersteigt der Jahresgewinn diese Gewinnanteile, wird der Restbetrag unter die Gesellschafter nach Köpfen verteilt. Reicht dagegen der Jahresgewinn nicht aus, bestimmen sich die Gewinnanteile nach einem entsprechend niedrigeren Satz.

▶ *Verluste* werden unter den Gesellschaftern nach Köpfen verteilt.

Sofern der Gesellschaftsvertrag von der gesetzlichen Regelung abweichende Vereinbarungen für den Gewinn enthält, gilt dies gemäß § 722 Abs. 2 BGB im Zweifel auch für den Verlustanteil.

c) **Außenverhältnis**

[160] Anders als im Innenverhältnis sind die gesetzlichen Vorschriften für das Außenverhältnis im Interesse des Gläubigerschutzes überwiegend zwingend. Dies gilt insbesondere für die Haftung der Gesellschafter für Gesellschaftsschulden gegenüber Dritten.

Die OHG kann unter ihrer Firma Rechte erwerben und Verbindlichkeiten eingehen sowie Eigentum an Grundstücken erwerben sowie vor Gericht klagen und verklagt werden. Die OHG ist damit gem. § 14 Abs. 2 BGB (n.F.) eine „rechtsfähige Personengesellschaft" und einer juristischen Person weitgehend angenähert. Die *Vertretung* der Gesellschaft erfolgt durch die (geschäftsführenden) Gesellschafter. Ein Nicht-Gesellschafter kann die Gesellschaft nur als Prokurist oder Handlungsbevollmächtigter vertreten, nicht aber als Geschäftsführer. Grundsätzlich ist *jeder Gesellschafter allein vertretungsberechtigt*. Allerdings können im Gesellschaftsvertrag in soweit Abweichungen vorgesehen sein, als einzelne Gesellschafter von der Vertretungsmacht ausgeschlossen sind oder nur im Zusammenwirken einem anderen Gesellschafter eine Vertretungsmacht gegeben ist. Auch kann eine Gesamtvertretung mit einem Prokuristen vorgesehen werden. Ausnahmen von der Einzelvertretungsmacht sind in das Handelsregister einzutragen und bekannt zu machen. Im Übrigen ist die Vertretungsmacht nicht beschränkbar. Die Vertretungsmacht ist umfassender als die Geschäftsführungsbefugnis nach den §§ 115 ff. (vgl. § 126 HGB).

Bei Vorliegen eines wichtigen Grundes kann die Vertretungsmacht einem Gesellschafter durch gerichtliche Entscheidung entzogen werden.

d) **Haftung der Gesellschafter**

[161] Die Gesellschafter haften für alle Gesellschaftsschulden unmittelbar, persönlich, unbeschränkbar und gesamtschuldnerisch. Entgegenstehende Vereinbarungen sind Dritten gegenüber unwirksam.

Ein neu eintretender Gesellschafter haftet nach § 130 HGB für die Altschulden der Gesellschaft in gleicher Weise wie die übrigen Gesellschafter. Auch ein ausgeschiedener Gesellschafter haftet für die Schulden weiter, die vor seinem Ausscheiden entstanden sind. Allerdings verjähren die Verbindlichkeiten in einer Verjährungsfrist von 5 Jahren seit der Eintragung seines Ausscheidens in das Handelsregister (§ 159 HGB).

Fallstudie OHG:

[162] Die *wbs netconsult.com* (vgl. obenstehende Fallstudie) wird nicht aufgelöst, sondern von den Gesellschaftern W, B und S fortgesetzt, nachdem sie ihr Studium erfolgreich abgeschlossen haben. Das Geschäft „brummt". Der Umsatz steigt auf 500.000 € p.A. Ein schriftlicher Gesellschaftsvertrag liegt aber immer noch nicht vor. In das Handelsregister eingetragen ist das Unternehmen noch nicht. W stellt eigenmächtig seine Freundin *Frauke* als Mitarbeiterin ein und erteilt ihr Prokura. Außerdem kauft er im Namen der Gesellschaft einen Jaguar für 60.000 €.

1. Sind die von W getätigten Geschäfte wirksam?
2. Wer haftet für die Bezahlung des Jaguar?
3. Muss die Gesellschaft in das Handelsregister eingetragen werden?
4. Ist die Firma *wbs netconsult.com* zulässig?
5. Können B und S dem W die Vertretungsmacht entziehen?
6. Kann W aus der Gesellschaft ausgeschlossen werden?

Lösung:
1. Die GbR hat sich automatisch in eine OHG umgewandelt, da sie jetzt ein Handelsgewerbe betreibt (§ 123 Abs. 2 HGB). Damit ist W – auch ohne Änderung des Gesellschaftsvertrages – alleinvertretungsberechtigt (§ 125 HGB). Er kann damit *alle* Geschäfte mit Wirkung für und gegen die Gesellschaft wirksam abschließen (§ 126 HGB).
2. Es haften: die OHG (§ 124 HGB) und jeder Gesellschafter persönlich (§ 128 HGB).
3. Ja, gem. § 106 HGB (Eintragung aber nur deklaratorisch).
4. Nur mit Zusatz OHG (§ 19 Abs. 1 Nr. 2 HGB).
5. Nur durch gerichtliche Entscheidung (§ 127 HGB) aus wichtigem Grund, der hier vorliegen dürfte, oder im Einvernehmen mit W.
6. Nur durch gerichtliche Entscheidung (§ 140 HGB) aus wichtigem Grund.

2.7.2.3 Kommanditgesellschaft

[163] Die Kommanditgesellschaft (KG) ist eine Personenhandelsgesellschaft (§§ 161 ff. HGB), auf die weitgehend das Recht der OHG (und damit indirekt auch das Recht der GbR) Anwendung findet (§ 161 Abs. 2 HGB). Die Unterschiede zur OHG ergeben sich vor allem daraus, dass bei der KG zwei verschiedene Gruppen von Gesellschaftern vorhanden sein müssen, nämlich ein oder mehrere Komplementäre und ein oder mehrere Kommanditisten.

Unterschiede zur OHG ergeben sich vor allem bei den Kommanditisten:
▶ Sie sind gesetzlich von der Geschäftsführung und Vertretung (§ 170 HGB) der Gesellschaft ausgeschlossen. Im Hinblick auf die Geschäftsführung können im Gesellschaftsvertrag aber abweichende Regelungen vorgesehen werden.

Abbildung 27: GbR – OHG – KG

	BGB-Gesellschaft	**OHG/KG**
Gesetzl. Grundlage	§§ 705 ff. BGB	§§ 105 ff. HGB
Entstehung	Gesellschaftsvertrag (formlos möglich)	Gesellschaftsvertrag + evtl. Eintragung im Handelsregister
Zweck:	beliebig (z.B. Fahrgemeinschaft, Anwaltssozietät, Bankenkonsortium)	gemeinsamer Betrieb eines Handelsgewerbes; eigene Firma, rechtlich selbstständiges Gesellschaftsvermögen
Geschäftsführung:	alle Gesellschafter gemeinschaftlich [Einstimmigkeitsprinzip]*	jeder Gesellschafter allein (§ 114 HGB)* [nur gewöhnliche Geschäfte] Kommanditisten ausgeschlossen*
Vertretung:	alle Gesellschafter gemeinschaftlich*	jeder Gesellschafter allein/ Kommanditisten ausgeschlossen
Haftung:	alle Gesellschafter gesamtschuldnerisch**	OHG und alle Gesellschafter gesamtschuldnerisch (§§ 124, 128 HGB)/ Kommandisten beschränkt (§ 171 HGB)
Gewinnverteilung:	im Zweifel nach Köpfen	im Zweifel 4% vom Kapitalanteil, Rest nach Köpfen KG „angemessen" (§§ 121, 168 HGB)
Verlust:	im Zweifel nach Köpfen	im Zweifel nach Köpfen KG: „angemessen"
Auflösung:	• Zeitablauf (wenn vereinbart) • Insolvenz der Gesellschaft • Kündigung eines Gesellschafters (jederzeit möglich, § 723 BGB) • Tod eines Gesellschafters • Insolvenz eines Gesellschafters • Zweckerreichung oder Unmöglichkeit der Zweckerreichung • Beschluss der Gesellschafter	• Zeitablauf (wenn vereinbart) • Beschluss der Gesellschafter • Insolvenz der Gesellschaft • Gerichtliche Entscheidung • Weitere Gründe im Gesellschaftsvertrag möglich • Kündigung nur mit 6 Monaten Frist zum Schluss eines Geschäftsjahres möglich
Auflösungsfolgen:	*Liquidation* nach Maßgabe der §§ 730 ff. BGB	*Liquidation* nach Maßgabe der §§ 145 ff. HGB

* abweichende Vereinbarungen im Gesellschaftsvertrag möglich
** abweichende Vereinbarungen bedingt möglich

Vertretungsmacht kann ihnen z.B. in Form von Prokura oder Handlungsvollmacht erteilt werden.
▸ Sie haben nur eingeschränkte Kontrollrechte (§ 166 HGB).
▸ Sie unterliegen keinem gesetzlichen Wettbewerbsverbot (§ 165 HGB).
▸ Der Gewinn wird, sofern im Gesellschaftsvertrag nichts vereinbart wurde, „angemessen" verteilt (§ 168 Abs. 2 HGB); am Verlust nimmt der Kommanditist nur bis zum Betrag seines Kapitalanteils teil.
▸ Die Haftung der Kommanditisten ist beschränkt auf die Höhe ihrer (im Handelsregister eingetragenen) Einlage (§ 171 f. HGB). Diese Haftung ist ausgeschlossen, soweit die Einlage geleistet ist. Sie lebt aber wieder auf, wenn die Einlage an den Kommanditisten zurückbezahlt wird (§ 172 Abs. 3 HGB).
Aber Achtung: Beginnt die KG ihre Geschäftstätigkeit vor ihrer Eintragung in das Handelsregister, haftet jeder Kommanditist, der dem Geschäftsbeginn zugestimmt hat, für die bis zur Eintragung begründeten Verbindlichkeiten der Gesellschaft gleich einem Komplementär (§ 176 Abs. 1 HGB). Ein entsprechendes Haftungsrisiko besteht auch bei Eintritt eines neuen Kommanditisten in eine bestehende Handelsgesellschaft (§ 176 Abs. 2 HGB).

2.7.2.4 Partnerschaftsgesellschaft

[164] Die Partnerschaftsgesellschaft (PartG) ist eine Personengesellschaft, in der sich nur Angehörige Freier Berufe (Rechtsanwälte, Steuerberater, Wirtschaftsprüfer u.a.) zusammenschließen können. Rechtsgrundlage ist das PartGG. Die PartG muss den Namen mindestens eines Partners, den Zusatz „und Partner" oder „Partnerschaft" und die Berufsbezeichnungen aller in der PartG vertretenen Berufe enthalten. Auf die PartG ist im wesentlichen das Recht der OHG anwendbar (vgl. §§ 6 ff. PartGG).

2.7.2.5 EWIV

[165] Die EWIV – Europäische Wirtschaftliche Interessenvereinigung – setzt die Beteiligung von Unternehmen aus mindestens zwei Mitgliedsstaaten der EU voraus. Rechtsgrundlagen sind die VO (EWG) Nr. 2137/85 und das deutsche EWIV-Ausführungsgesetz von 1988. Ähnlichkeiten bestehen zur OHG. Die EWIV gilt als Handelsgesellschaft im Sinne des HGB.

2.7.2.6 Stille Gesellschaft

[166] Die stille Gesellschaft ist eine reine Innengesellschaft, bei der nach außen hin allein der Inhaber des Handelsgeschäfts in Erscheinung tritt. Rechtsgrundlagen sind die §§ 230 ff. HGB.

Stiller Gesellschafter können nicht nur natürliche Personen sein, sondern auch alle juristischen Personen. Der stille Gesellschafter ist lediglich mittels einer Vermögenseinlage beteiligt. Diese Einlage geht nicht in das Vermögen des Inhabers des Handelsgeschäfts über und wird nicht gemeinschaftliches Gesellschaftsvermögen.

2.7.3 Juristische Personen

[167] Juristische Personen sind Organisationen des öffentlichen oder privaten Rechts.

Juristische Personen des öffentlichen Rechts sind die öffentlich-rechtlichen Körperschaften (z.B. der Bund, die Bundesländer, Städte und Gemeinden, Universitäten, IHK, Kirchen), Anstalten (z.B. Landesrundfunkanstalt, Sparkasse) und Stiftungen (z.B. Stiftung preußischer Kulturbesitz), nicht aber Behörden, die lediglich Organe der jeweiligen juristischen Person sind.

[168] Die juristischen Personen des privaten Rechts sind Personenvereinigungen (z.B. Verein, § 21 BGB) und Zweckvermögen (Stiftungen, §§ 80 ff BGB).

[169] Die juristischen Personen des Privatrechts erlangen Rechtsfähigkeit durch staatlichen Hoheitsakt (Eintragung in das entsprechende Register, z. B. Vereinsregister, Handelsregister, Genossenschaftsregister). Bei der Stiftung ist eine staatliche Genehmigung erforderlich, vgl. §§ 22, 80 BGB).

Die juristischen Personen können nur durch ihre Organe handeln (Vorstand, Geschäftsführer) und haften gem. §§ 31, 89 BGB für diese.

Die rechtlichen Attribute der juristischen Personen sind:
▶ Rechtsfähigkeit,
▶ Name bzw. Firma,
▶ Sitz.

Die Grundform der juristischen Personen ist der Verein (e.V., §§ 21 ff. BGB). Der nicht rechtsfähige Verein wird (theoretisch) ähnlich wie die GbR behandelt (vgl. § 54 BGB). Ist der Geschäftsbetrieb des Vereins auf wirtschaftliche Tätigkeit mit Gewinnerzielungsabsicht gerichtet, so kann er die Rechtsfähigkeit nur durch staatliche Verleihung erlangen, was nur in seltenen Fällen vorkommt. Nicht wirtschaftliche Vereine (Idealvereine) erlangen die Rechtsfähigkeit durch Eintragung ins Vereinsregister und erhalten den Zusatz „e.V." (eingetragener Verein).

Die Vorschriften des BGB über den Verein gelten subsidiär auch für die übrigen juristischen Personen, so z.B. § 31 (Haftung des Vereins für den Schaden, den der Vorstand durch eine in Ausführung der ihm zustehenden Verrichtungen begangene, zum Schadensersatz verpflichtende Handlung einem Dritten zufügt).

Teilweise wird der Begriff „Verein" auch synonym für „juristischen Person" verwendet (so z.B. in § 6 HGB).

Abbildung 28: Juristische Personen

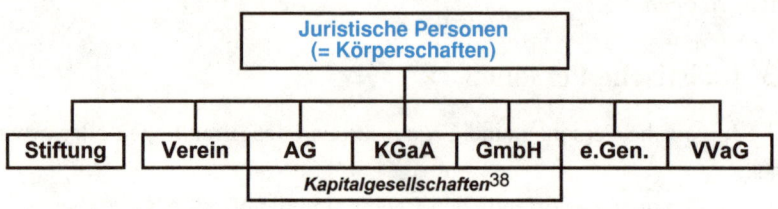

2.7.3.1 Gesellschaft mit beschränkter Haftung

a) Allgemeines

[170] Die Gesellschaft mit beschränkter Haftung (GmbH) ist eine mit eigener Rechtspersönlichkeit ausgestattete Gesellschaft (juristische Person, Körperschaft), an der sich Gesellschafter mit Einlagen auf das in Stammanteile zerlegte Stammkapital beteiligen, ohne persönlich für die Verbindlichkeit dieser Gesellschaft zu haften. Sie ist eine Handelsgesellschaft und als solche stets Formkaufmann (§§ 13 GmbHG, 6 HGB). Die Gesellschaft kann wie jede andere natürliche oder juristische Person selber Gesellschafter einer anderen Gesellschaft sein. Trotz ihrer Zugehörigkeit zu den juristischen Personen besteht eine gewisse Ähnlichkeit mit den Personengesellschaften. Dies wird dadurch deutlich, dass die Gesellschafter die innere Struktur der Gesellschaft ohne wesentliche Einschränkungen frei bestimmen können. Daher können die Gesellschafter ihre Beziehungen innerhalb der Gesellschaft weitgehend nach den für die Personengesellschaften geltenden Grundsätzen ordnen.

b) Gründung

[171] Nach §1 GmbHG kann die GmbH zu jedem beliebigen – nicht nur gewerblichen – Zweck gegründet werden.

Die Entstehung erfolgt in mehreren Abschnitten. Die erste Phase der Entwicklung ist das Stadium bis zum Abschluss des Gesellschaftsvertrages. Wenn vor dem Abschluss des Gesellschaftsvertrages im Sinne des §§ 2ff. GmbHG zwischen den Gründern verbindliche Vereinbarungen im Hinblick auf die Errichtung der GmbH getroffen werden, so entsteht damit eine Vorgründungsgesell-

---

38 Die Bezeichnung bezieht sich auf das (im Handelsregister einzutragende) Nennkapital (Grund- bzw. Stammkapital) in gesetzlich bestimmter Mindesthöhe.

schaft. In diesem Stadium handelt es sich um eine Gesellschaft des bürgerlichen Rechts (GbR), deren gemeinsamer Zweck die Vorbereitung der GmbH-Gründung ist[39]. Da diese Gesellschaft im Rechtssinne nicht mit der GmbH identisch ist, haften alle Beteiligten für die Verbindlichkeiten unbeschränkt und persönlich.

[172] Der Abschluss des Gesellschaftsvertrages bedarf nach § 2 Abs. 1 GmbHG der notariellen Beurkundung.

Er muss folgende Mindestinhalte haben (§3 Abs.1 GmbHG):

▶ die Firma und den Sitz der Gesellschaft:

Die Firmenbezeichnung muss entweder von dem Gegenstand des Unternehmens entlehnt sein (Sachfirma) oder den Namen (Personenfirma) mindestens eines Gesellschafters (mit dem Zusatz des Gesellschaftsverhältnisses; § 4 Abs. 1 GmbHG) enthalten.

▶ den Gegenstand der Unternehmung:

Der Gegenstand der Unternehmung wird durch den Zweck, zu dem es gegründet wurde, vorgegeben.

▶ den Betrag des Stammkapitals:

Das Stammkapital umfasst die Summe aller Stammeinlagen (s.u.) und muss mindestens 25.000 € (oder 50.000 DM) betragen (§ 5 Abs. 1 GmbHG).

▶ die Beträge der Stammeinlagen:

Unter der Stammeinlage ist die Einlage zu verstehen, die jeder Gesellschafter auf das Stammkapital aufgrund des Gesellschaftsvertrages leisten muss. Diese Kapitaleinbringung kann sowohl in Form von Geldeinlagen als auch von Sachanlagen geschehen. Bei Einbringung von Sachanlagen ist eine entsprechende Regelung in der Satzung und eine Bewertungsprüfung nötig. Der Mindestwert der Stammeinlage beträgt 100 € (§ 5 Abs. 1 GmbHG).

[173] Mit der Beurkundung der Satzung entsteht eine Vorgesellschaft (auch Vor-GmbH oder GmbH i.G. [in Gründung] genannt). Ist vor der Eintragung in das Handelsregister im Namen dieser Gesellschaft gehandelt worden, haften die Handelnden gem. § 11 GmbHG persönlich und solidarisch (gesamtschuldnerisch). Diese Haftung entfällt aber wieder, wenn die Gesellschaft in das Handelsregister eingetragen ist. Die GmbH tritt dann als Rechtsnachfolgerin in die Rechte und Pflichten ihrer Vorgesellschaft ein.[40]

[174] Die GmbH besteht als solche erst mit der Eintragung in das Handelsregister (§ 13 GmbHG). Die Anmeldung zum Handelsregister darf erst erfolgen,

---

39 Ulmer in Hachenburg, §11 GmbHG Rdnr. 17, BGH WM 1984, 1507
40 Ulmer in Hachenburg, §11 GmbHG Rdnr. 49

Abbildung 29: GmbH-Gründung

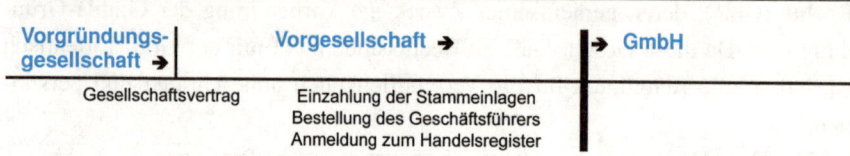

wenn auf jede Stammeinlage mindestens ein Viertel, insgesamt aber mindestens 12.500 € auf ein Konto der GmbH zur freien Verfügung der Geschäftsführer eingezahlt ist. Sacheinlagen sind in voller Höhe zu leisten (§§ 7 f. GmbHG).
Die Kosten der Gründung sind abhängig von der Höhe des Stammkapitals. Bei dem Mindeststammkapital von 25.000 € betragen sie für die notarielle Beurkundung der Satzung und die Anmeldung zum Handelsregister etwa 200 € zuzügl. MWSt., für die Eintragung im Handelsregister 100 €. Hinzu kommen die Kosten für die Veröffentlichung der Eintragung, Rechts- und Steuerberatungskosten, evtl. Kosten für Wirtschaftsprüfer u.a.m.

c) Organe der GmbH

▶ Gesellschafterversammlung

[175] Die Gesellschafterversammlung ist das oberste Gesellschaftsorgan, durch welches sämtliche, für die GmbH wesentlichen Entscheidungen durch formlosen Beschluss mit einfacher Mehrheit erfolgen. Die Stimmrechte der Gesellschafter untereinander werden durch die Höhe der Stammeinlage bestimmt. Meist gelten € 50 als eine Stimme, es sei denn, der Gesellschaftsvertrag regelt dies anders. Außerdem wird auch die Gewinnverteilung sowie der Liquidationserlös anhand der Höhe der Stammeinlage berechnet.
Die Aufgaben der Gesellschafterversammlung sind nach § 46 GmbHG:
– Feststellung des Jahresabschlusses und der Gewinnverteilung
– Einforderung von Einzahlungen auf die Stammeinlagen
– Rückzahlung von Nachschüssen
– Teilung oder Einziehung von Geschäftsanteilen
– Bestellung, Abberufung und Entlassung der Geschäftsführer
– Überprüfung der Geschäftsführung
– Ersatzansprüche der GmbH gegen die Geschäftsführer
– Vertretung der GmbH in Prozessen
– Bestellung des Prokuristen und des Handlungsbevollmächtigten

▶ Geschäftsführer

[176] Geschäftsführer können nur natürliche, unbeschränkt geschäftsfähige Personen sein. Die Gesellschaft kann einen oder mehrere Geschäftsführer haben

(§ 6 GmbHG), die sie allein oder zusammen, gerichtlich und außergerichtlich vertreten (§ 35 Abs. 1 GmbHG).
Die Vertretungsmacht ist im Außenverhältnis unbeschränkbar. Im Innenverhältnis kann sie durch den Gesellschaftsvertrag oder durch den Beschluss der Gesellschafterversammlung eingeengt werden (§ 37 Abs. 1 GmbHG). Zusätzlich besteht die Möglichkeit, den Geschäftsführer durch die Gesellschafterversammlung von den Beschränkungen der Selbstkontrahierung des § 181 BGB zu befreien. Dieses ist im Handelsregister einzutragen.
Wenn Geschäftsführer ihre Vertretungsbefugnis verletzen, haften sie solidarisch für den entstandenen Schaden (§ 43 Abs. 2 GmbHG), insbesondere für die unerlaubte Rückzahlung des Stammkapitals (§ 43 Abs. 2 GmbHG). Unabhängig davon haften die Geschäftsführer aufgrund besonderer gesetzlicher Bestimmungen persönlich für Steuerschulden der GmbH, wenn diese durch vorsätzliche oder grob fahrlässige Verletzung der Pflicht entstanden sind. Dasselbe gilt für die Nichtabführung der Sozialversicherungsbeiträge eines Arbeitnehmers.

d) Aufsichtsrat (fakultativ)
[177] Ein Aufsichtsrat ist nicht zwingend vorgeschrieben. Er kann jedoch im Gesellschaftsvertrag vorgesehen werden. Bei Gesellschaften mit über 500 Mitarbeitern ist die Einrichtung eines Aufsichtsrates vorgeschrieben[41], da diese Gesellschaften der Mitbestimmung durch die Arbeitnehmer unterliegen, die – je nach Anzahl der Arbeitnehmer – ein Drittel oder die Hälfte der Aufsichtsratsmitglieder stellen. Auf den Aufsichtsrat finden die Vorschriften des Aktiengesetzes entsprechende Anwendung.

e) Einmann-GmbH
[178] Seit 1981 ist auch die Gründung einer Einmann-GmbH, bei der sich alle Gesellschaftsanteile in der Hand einer Person vereinigen, durch allein diese eine Person zulässig. An die Stelle des Gesellschaftsvertrages tritt die einseitige notariell beurkundete Erklärung desjenigen, der die Gesellschaft zu gründen beabsichtigt (§§ 1, 2 Abs. 1 GmbHG). Zu den Zielsetzungen der Einmann-GmbH zählen unter anderem die Haftungsbeschränkungen im einzelkaufmännischen Unternehmen, die Sicherung der Unternehmenskontinuität, die Wahrnehmung der Geschäftsführung in einer Komplementär-GmbH und der Einsatz der Einmann-GmbH als Instrument der Konzernbildung.
Auch bei der Gründung einer Einmann-GmbH entsteht zunächst eine Vorgesellschaft, die bereits einen Rechtsträger darstellt. Die Stammeinlage muss entweder

---

41 § 77 Betriebsverfassungsgesetz 1952, § 1 Mitbestimmungsgesetz

voll eingezahlt werden oder der Gesellschafter muss für den nicht eingezahlten Teilbetrag ein Sicherung (z.B. durch Bankbürgschaft) leisten. Bei der Einmann-GmbH hat der alleinige Gesellschafter alle Rechte, die bei einer Mehrpersonen-GmbH die Gesamtheit der Gesellschafter hat. Er kann also allein Beschlüsse fassen, für die gemäß §§ 46,47 GmbHG ein Gesellschafterbeschluss notwendig ist. Beschlüsse, die der Gesellschafter trifft, sind unverzüglich nach der Beschlussfassung durch eine von ihm unterzeichnete Niederschrift festzuhalten (§ 48 Abs. 3 GmbHG).

Der Gesellschafter kann zugleich auch der Geschäftsführer sein.

▶ Haftung

[179] Für die Verbindlichkeiten der Gesellschaft haftet nur das Gesellschaftsvermögen (§ 13 Abs. 2 GmbHG). Dieser Grundsatz wird in der Praxis aber „aufgeweicht". So machen Banken die Kreditgewährung an eine GmbH meist von Bürgschaften oder Schuldmitübernahmen des Geschäftsführers und/oder der Gesellschafter abhängig. Darüber hinaus haften die Geschäftsführer persönlich, wenn sie ihre Obliegenheiten verletzen (§ 43 GmbHG)[42] oder verspätet Insolvenzantrag stellen (§ 64 GmbHG). Auch kann eine Firmenführung ohne Rechtsformzusatz eine persönliche Haftung des aktiv Handelnden (Geschäftsführers, Gesellschafters) auslösen. Die Gesellschafter haften, wenn das zur Erhaltung des Stammkapitals erforderliche Vermögen an sie ausgezahlt wurde (§§ 30 f. GmbHG). Nach der Rechtsprechung kommt in einigen Fällen außerdem eine Durchgriffshaftung[43] auf die Gesellschafter in Frage, z.B. bei einer Vermögensvermischung des Gesellschafts- mit dem Privatvermögen, bei der Unterkapitalisierung (das Stammkapital steht nicht im angemessenen Verhältnis zu Geschäftsart und Geschäftsumfang der Gesellschaft)[44], im sog. „qualifizierten faktischen Konzern"[45].

▶ Besteuerung

[180] Die GmbH ist körperschaftssteuerpflichtig. Die in der GmbH erzielten Gewinne werden unabhängig von der Person der Gesellschafter versteuert. Der Steuersatz beträgt derzeit 25%. Diese ausgeschütteten Gewinne unterliegen bei dem jeweiligen Gesellschafter außerdem der Einkommensteuer, jedoch werden diese nach dem Steuerentlastungs-Ergänzungsgesetz 2001 nur zur Hälfte berücksichtigt („Halbeinkünfteverfahren").

---

42 vgl. hierzu Reese, Managerhaftung, DStR 1995, S. 532 ff.; Forts. DStR 1995 S. 688 ff.
43 vgl. hierzu näher Baumbach/Hueck, GmbHG, 16. Aufl. (1996), § 13 RN 10 ff.
44 Baumbach/Hueck, a.a.O. § 5 RN 5
45 Baumbach/Hueck, a.a.O. Schlussanhang I RN 73 ff.

Die GmbH ist außerdem immer gewerbesteuerpflichtig, auch wenn Gegenstand des Unternehmens kein Gewerbe ist (z.B. bei Freiberuflern). Die für Einzelunternehmen und Personengesellschaften gewährten Freibeträge gibt es bei der GmbH nicht, allenfalls in Ausnahmefällen in Höhe von 7.500 DM.

▶ Beendigung

[181] Die Gründe für die Auflösung der GmbH (§§ 60,61 GmbHG) sind:
– Ablauf der im Gesellschaftsvertrag vereinbarten Zeit (selten),
– Beschluss der Gesellschafter (3/4 Mehrheit),
– gerichtliches Urteil oder Entscheidung einer Verwaltungsbehörde,
– Eröffnung eines Insolvenzverfahrens,
– Verfügung des Registergerichts bei Mängeln des Gesellschaftsvertrages oder Nichteinhaltung von Verpflichtungen,
– weitere Regelungen des Gesellschaftsvertrages,
– Unmöglichkeit der Erreichung des Gesellschaftszwecks.

[182] **f) Vor- und Nachteile der GmbH**

Vorteile	Nachteile
• Gläubigern haftet nur das Gesellschaftsvermögen, so dass das Privatvermögen der Gesellschafter unangetastet bleibt,	die GmbH ist vor allem bei niedrigem Stammkapital insolvenzanfällig,
• die GmbH kann zu jedem Zweck gegründet werden; es muss kein Handelsgewerbe betrieben werden,	• durch die vorgegebene Haftungsgrenze fällt die Kreditbasis geringer aus, wenn nicht zusätzliche Sicherheiten geleistet werden. Somit kann die Fremdkapitalbeschaffung mit Problemen verbunden sein,
• Fremdorganschaft ist möglich (Vorteil insbesondere bei Familienbetrieben, wenn die Erben des Gründers nicht zur Geschäftsführung in der Lage sind),	• das Kapital der GmbH ist gebunden und steht nicht zur freien Disposition der Gesellschafter,
• die Gehälter der Geschäftsführer sind als Betriebsausgaben zu verbuchen und verringern den zu versteuernden Gewinn.	• die Veräußerung der Geschäftsanteile muss notariell beurkundet werden (Kosten!),
	• die steuerliche Belastung der GmbH kann höher sein als bei einer Personengesellschaft,
	• höherer Gründungsaufwand als bei Personengesellschaften,
	• Publizitätspflicht,
	• die GmbH ist immer Handelsgewerbe.

2.7.3.2 Aktiengesellschaft

a) Überblick

[183] Rechtsgrundlage für die AG ist das Aktiengesetz (AktG).

Die AG ist eine *Kapitalgesellschaft* mit festem *Grundkapital* (mind. 100.000 DM bzw. 50.000 €), das in Aktien (Anteile, Mindestbetrag 5 DM, zukünftig: 1 €) zerlegt ist. Grundkapital ist nicht identisch mit Gesellschaftsvermögen (= Summe aller der AG zustehenden Gegenstände). Neuerdings sind auch nennwertlose Aktien *(Stückaktien)* möglich.

Die Aktie ist
- Anteil am Grundkapital,
- Mitgliedschaftsrecht (Gewinnanspruch [Dividende], Mitverwaltungsrecht)
- Wertpapier.

Arten der Aktie sind Inhaberaktien, Namensaktien, vinkulierte Namensaktien; Stammaktien und Vorzugsaktien (= Recht auf Vorzug bei Dividendenzahlung, meist ohne Stimmrecht [§ 139 AktG]); Mehrstimmrechtsaktien sind grundsätzlich unzulässig.

b) Gründung

[184] Die Gründung der AG erfolgt durch einen oder mehrere Gründer und vollzieht sich in drei Phasen:
1. *Vorgründungsgesellschaft*: Zusammenschluss der Gründer bis zur Errichtung der Satzung (Inhalt: § 23 AktG; notarielle Beurkundung erforderlich).
2. *Vorgesellschaft, VorAG:* nach Errichtung der Satzung bis zur Eintragung im Handelsregister; u.a. Übernahme aller Aktien durch die Gründer, Bestellung der Organe (§§ 30 f. AktG), Gründungsbericht (§ 32 AktG), Gründungsprüfung (§§ 33 ff. AktG), Einzahlung mindestens eines Viertels des Grundkapitals, Anmeldung zum Handelsregister. Besonderheiten bestehen bei der „qualifizierten Gründung" (z.B. §§ 26 f. AktG).
3. *Eintragung im Handelsregister:* erst jetzt entsteht die Aktiengesellschaft als solche (vgl. § 41 AktG).

Die Ausgabe der Aktien (Emission) ist erst nach Eintragung im Handelsregister zulässig. Die Unter-Pari-Emission ist verboten. Die Aktiengesellschaft darf grundsätzlich keine eigenen Aktien erwerben (Grundsatz der Erhaltung des Grundkapitals; Ausnahmen § 71 AktG). Börsenfähig sind nur wenige Aktiengesellschaften – ca. 10% (besondere Voraussetzungen nach BörsG).

c) Organe

[185] Organe der Aktiengesellschaft sind
- der Vorstand (Geschäftsführung und Vertretung),

▶ der Aufsichtsrat (Wahl und Kontrolle des Vorstandes),
▶ die Hauptversammlung (Bestellung der Aktionärsvertreter im Aufsichtsrat, Verwendung des Gewinns, Satzungsänderungen, Kapitalerhöhung und -herabsetzung, Entlastung des Vorstandes und des AR).

d) Firma

[186] Die Firma der AG ist grundsätzlich *Sachfirma* (z. B. AEG, BMW), häufig aber auch *Personenfirma* (z. B. Daimler-Benz, Porsche, Siemens u. v. a).
Eine AG gilt immer als Handelsgesellschaft i. S. d. HGB (§ 3 AktG).
Für die Verbindlichkeiten der AG haftet grundsätzlich – wie bei der GmbH – nur das Gesellschaftsvermögen (§ 1 AktG).
Die Rechtsform ist vor allem für Unternehmen mit großem Kapitalbedarf geeignet (Kapitalsammelfunktion der Aktie).

e) Auflösung der AG

[187] Auflösungsgründe bei der AG sind vor allem:
▶ Auflösungsbeschluss (HV mit mindestens Drei-Viertel-Mehrheit),
▶ Zeitablauf (praktisch selten),
▶ Eröffnung des Insolvenzverfahrens,
▶ Löschung im Handelsregister wegen Vermögenslosigkeit.

[188]

Vorteile	Nachteile
• den Gläubigern haftet nur das Gesellschaftsvermögen, so dass das Privatvermögen der Gesellschafter unangetastet bleibt,	• hohes Grundkapital erforderlich,
• die AG kann zu jedem Zweck gegründet werden,	• das Kapital der AG ist gebunden und steht nicht zur freien Disposition der Gesellschafter,
• das Risiko der beteiligten Aktionäre ist begrenzt,	• die steuerliche Belastung der AG kann höher sein als bei einer Personengesellschaft,
• keine Nachschusspflicht,	• Hoher Gründungsaufwand,
• keine langfristige Bindung der Aktionäre,	• Publizitätspflicht (§§ 325 ff. HGB),
• i. d. R. breite Kapitalstreuung,	• die AG ist immer Handelsgewerbe,
• Fremdorganschaft,	• Mitbestimmung der Arbeitnehmer im Aufsichtsrat (ab 500 Arbeitnehmern),
• Möglichkeit der Beteiligung der Arbeitnehmer am Produktivvermögen,	• wirtschaftliche Machtkonzentration, insbes. auch durch Depotstimmrecht der Banken,
• Eigenkapitalbeschaffung.	• Gründer kann Kontrolle über „seine" Gesellschaft verlieren.

2. Die Person

Checkliste

Fragen	Lösungshinweise Gehen Sie zu Absatznummer (An) oder Abbildung Nr. (Abb.-Nr.)	✓
1. Welche Arten von Personen werden unterschieden?	Abb.-Nr. 19	
2. Worin unterscheiden sich Rechtsfähigkeit, Geschäftsfähigkeit und Deliktsfähigkeit?	An 89 f.	
3. Wer ist geschäftsunfähig, und wie sind Rechtsgeschäfte von Geschäftsunfähigen zu beurteilen?	An 91	
4. Wer ist beschränkt geschäftsfähig und wie sind Rechtsgeschäfte von beschränkt Geschäftsfähigen zu beurteilen?	An 94 ff.	
5. Was bedeutet „lediglich rechtlicher Vorteil"?	An 96	
6. Wodurch unterscheiden sich „Zustimmung", „Einwilligung" und „Genehmigung"?	An 94	
7. Was bedeutet „schwebend unwirksam"?	An 94	
8. Was versteht das Gesetz unter „Stellvertretung"?	An 97	
9. Kann ein beschränkt Geschäftsfähiger Vertreter sein?	An 99	
10. Was ist eine Vollmacht?	An 102	
11. Wie kann eine Vollmacht erteilt werden?	An 104 ff.	
12. Wie kann eine Vollmacht erlöschen?	An 117	
13. Was bedeutet „Innenverhältnis" und „Außenverhältnis" im Recht der Stellvertretung?	An 114 ff.	
14. Wie ist die Wirksamkeit eines Vertrages, den ein Vertreter ohne Vertretungsmacht geschlossen hat, zu beurteilen?	An 108	

15. Wann haftet der Vertreter aus einem von ihm abgeschlossenen Vertrag persönlich?	An 108
16. Welche Kaufmannsarten sind zu unterscheiden?	An 118 ff.
17. Was versteht das Handelsrecht unter einem Gewerbe?	An 119
18. Ist eine gemeinnützige GmbH als Kaufmann im Sinne des HGB anzusehen?	An 124
19. Welche Bedeutung hat das Handelsregister?	An 125
20. Was versteht das Gesetz unter einer Firma?	An 133
21. Welche Grundsätze müssen für die Bildung einer Firma beachtet werden?	An 134 ff.
22. Was ist eine Gesellschaft?	An 143
23. Welche beiden Arten von Gesellschaften sind zu unterscheiden?	An 144
24. Was kann Zweck einer GbR sein?	An 146
25. Worin unterscheiden sich „Geschäftsführung" und „Vertretung" im Gesellschaftsrecht?	An 151
26. Wer ist gesetzlich zur Vertretung einer KG/ einer GmbH ermächtigt?	An 176/Abb.-Nr. 26
27. Wie haften die Gesellschafter einer GbR/ OHG/KG/GmbH gegenüber den Gesellschaftsgläubigern?	An 179/Abb.-Nr. 26
28. Wann wird die OHG im Verhältnis zu Dritten wirksam?	An 157
29. Was bedeutet „Fremdorganschaft"?	An 144
30. Welche Organe hat die AG, und was sind die wichtigsten Aufgaben dieser Organe?	An 185
31. Wie heißt das Nennkapital bei der GmbH/ der AG, und welchen Mindestbetrag muss es mindestens aufweisen?	An 172

Fall 4: Der 17-jährige *Martin* erhält von seinen Eltern monatlich 50 € Taschengeld zur freien Verfügung. Er kauft im Rundfunkgeschäft des *Valentin* einen CD-Player für 298 €. 100 € hat er von seinem Taschengeld gespart; diesen Betrag zahlt er an. Den Rest will er in drei Monatsraten abzahlen.
Ist der Vertrag ohne Zustimmung der Eltern wirksam?

Fall 5: Der 17-jährige Hilfsarbeiter *Heino* arbeitet mit Einwilligung seiner Eltern bei dem Bauunternehmer *Baumann*. Er kündigt ohne Wissen seiner Eltern und fängt in der Diskothek *Tiffany* als Diskjockey an.
Sind die von *Heino* getätigten Rechtsgeschäfte wirksam?

Fall 6: Erbonkel *Otto* hat seinem Lieblingsneffen *Nikolaus* (17) ohne Wissen von dessen Eltern 1.000 € zugesteckt. *Nikolaus* kauft sich hiervon bei *Hensel*, dem er den Sachverhalt geschildert hat, ein gebrauchtes Moped. Als er seinen Eltern den Kauf „beichtet", sind diese zunächst nicht damit einverstanden und wollen sich die Sache noch ein paar Tage durch den Kopf gehen lassen. Inzwischen wird *Hensel* von dritter Seite für das Moped ein Betrag von 1.200 € geboten. Er widerruft deshalb den Kaufvertrag gegenüber den Eltern des *Nikolaus*. Diese stimmen aber dem Vertrag nunmehr zu.
Muss *Nikolaus* das Moped an H zurückgeben?

Fall 7: Die 17-jährige *Yvonne* verdient als Verkäuferin in einer Mode-Boutique € 800 netto im Monat. Sie will sich einen seit langem gehegten Urlaubswunsch erfüllen und geht zum *Bankhaus Spar & Leih AG*, legt eine Verdienstbescheinigung und ihren Personalausweis vor und beantragt einen Kredit über € 2.000. Der Bankangestellte *Emsig* übersieht bei der selbstbewusst auftretenden *Yvonne*, dass sie noch nicht volljährig ist, füllt den Kreditantrag aus und lässt *Yvonne* unterschreiben. *Yvonne* erhält die 2.000 € und macht damit eine Reise in die Karibik. Später verlangt die Bank von ihr Rückzahlung des Kredits. *Yvonne* ist der Auffassung, nicht zur Zahlung verpflichtet zu sein, zumal sie das Geld ausgegeben habe.
Wie ist die Rechtslage?

Fall 8:
Gisela (G), von Beruf Erbin, hat ihrem Bekannten Valentin (V) eine notariell beglaubigte Generalvollmacht erteilt, die V u.a. auch dazu ermächtigt, über die Bankkonten der G zu verfügen. Später kommen ihr Bedenken über die Vertrauenswürdigkeit des V. Sie widerruft die Vollmacht gegenüber V und lässt sich die

Vollmachtsurkunde von ihm zurückgeben. Sie legt die Urkunde ("schließlich hat die Beglaubigung Geld gekostet, und man weiß ja nie, ob man sie noch einmal benötigen wird") zu Hause in ihren Tresor. Sodann begibt sie sich auf eine längere Kreuzfahrt. V hatte sich allerdings ohne Wissen der G Nachschlüssel für das Haus und den Tresor fertigen lassen (schließlich hatte er Generalvollmacht!). Damit setzt er sich wieder in den Besitz der Vollmacht und nimmt im Namen der G unter Vorlage der Urkunde bei der *Dogger Bank* (D) einen Kredit über 1 Million € auf, wobei er als Sicherheit das bei D unterhaltene Wertpapierdepot verpfändet. Mit dem Geld verschwindet er spurlos.

G ist bitter enttäuscht von V, als sie den Sachverhalt erfährt. D verlangt von G Rückzahlung des Kredits. G weigert sich und ist der Meinung, die Verfügungen des V nicht gegen sich gelten lassen zu müssen.
Wie ist die Rechtslage?
Abwandlung: Wie wäre es, wenn G die Urkunde zwar vernichtet hätte, V aber – ohne ihr Wissen – vorher eine beglaubigte Kopie der Urkunde angefertigt hätte?

Fall 9: Kaufmann K erteilt seinem Mitarbeiter P Prokura. Bald darauf kommen K Bedenken über die persönliche und fachliche Eignung des P. Er widerruft deshalb die Prokura gegenüber P. Weder die Erteilung noch der Widerruf der Prokura werden im Handelsregister eingetragen. Um den K zu ärgern, bestellt P sodann bei der Fa. D im Namen des K 10.000 Rollen Toilettenpapier. K verweigert gegenüber D die Abnahme und Bezahlung der Ware.
Rechtslage?

Fall 10: Siegfried Schwarz, des aufreibenden Daseins als Unternehmer überdrüssig, gibt auf. Er veräußert seine „Schokoladenfabrik Schwarz & Braun", deren alleiniger Inhaber er seit dem Ausscheiden von Otto Braun vor zwei Jahren war, zum 1.1.2001 an Wilhelm Weiß, jeweils ohne Forderungen und Verbindlichkeiten, und taucht im Schwarzwald unter. Weiß führt das Unternehmen unter der im Handelsregister eingetragenen, bisherigen Firma mit dem Zusatz „Inhaber Wilhelm Weiß" fort. Bald nach der Übernahme melden sich einige Gläubiger des Schwarz bei Weiß:

a) das Finanzamt wegen rückständiger Umsatzsteuer aus 1999 und 2000,
b) Otto Braun wg. noch ausstehender 100.000 € Abfindung,
c) die zehn Arbeitnehmer wegen nicht gezahlten Lohns für Dezember 2000.

Weiß ärgert sich schwarz. Haftet er für die Schulden des Schwarz? Hätte er sich gegen die Haftung schützen können? Kann er die Geschäftsübernahme mit Wirkung gegen die Gläubiger rückgängig machen?

3. Der Gegenstand

Lehrziele

Nachdem der Leser im vorangehenden Kapitel die Handelnden im Rechtsgeschehen kennen gelernt hat, geht es nun darum zu begreifen, worüber die Personen Rechtshandlungen vornehmen.

3.1 Allgemeines

[189] Gegenstände oder Rechtsobjekte können Sachen, Tiere oder Rechte sein. Wie Sie bereits oben aus dem ersten Kapitel wissen, sind Gegenstände im Allgemeinen Teil des BGB (§§ 90 ff. BGB) definiert.

Abbildung 30: Gegenstände

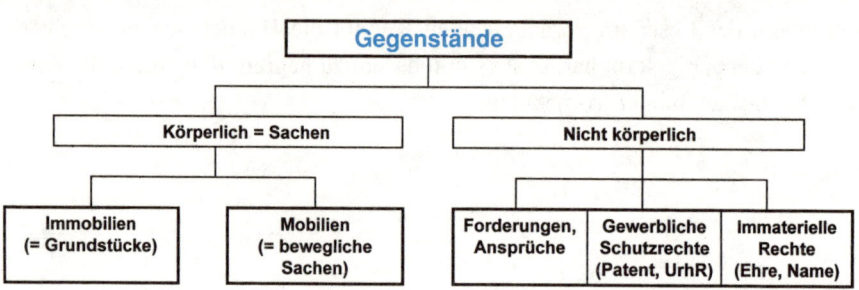

[190] *Tiere* sind nach dem neu eingefügten § 90 a BGB keine Sachen, jedoch sind die für Sachen geltenden Vorschriften auf Tiere entsprechend anwendbar, soweit nicht Tierschutzgesichtspunkte entgegenstehen. Der Gesetzgeber hat mit Einfügung des § 90 a BGB dem Gedanken Rechnung tragen wollen, dass Tiere als Mitgeschöpfe nicht verdinglicht, sondern in ihrer Eigenart anerkannt werden sollen. Es herrscht Einigkeit darüber, dass dieser gesetzgeberische Akt nicht zwingend erforderlich gewesen ist, sondern eher einem sentimentalen Zeitgeist entspringt. Durch die öffentliche Überlagerung (Tierschutzgesetze) des Zivilrechts werden Tiere in ihrer Besonderheit hinreichend gewürdigt.
Das Gesetz unterscheidet in § 960 BGB „wilde" und „gezähmte" Tiere (vgl. ferner die für BGB-Verhältnisse sehr differenzierten „Bienenregelungen" in §§ 961 ff. BGB).
[191] Tiere tauchen in Klausuren gerne im Zusammenhang mit Ansprüchen aus unerlaubter Handlung auf. § 833 BGB regelt die Tierhalterhaftung. Dabei kommt es bei dem Tier nicht darauf an, ob es wild, gezähmt oder anderen Charakters ist. Es darf nur nicht winzig sein. Über § 833 BGB haftet nicht etwa der „Halter" von Bakterien oder Viren für Schäden durch eine Ansteckung anderer Menschen. § 833 BGB privilegiert außerdem die Haltung von solchen Haustieren, die dem Berufe, der Erwerbstätigkeit oder dem Unterhalt des Tierhalters dienen. Die Haftung ist ausgeschlossen, wenn der Tierhalter bei der Beaufsichtigung des Tieres die im Verkehr erforderliche Sorgfalt beachtet hat oder der Schaden auch bei Anwendung dieser Sorgfalt entstanden wäre.

3.2 Die Sache

[192] Sachen sind *körperliche Gegenstände* (§ 90 BGB), unabhängig von ihrem Aggregatzustand, nicht aber Strom, Wärme und Licht. Ob Computerprogramme als Sachen im Sinne des § 90 BGB zu qualifizieren sind, ist umstritten[46]. Jedenfalls wird man die für Sachen geltenden Vorschriften hierauf entsprechend anwenden müssen. Ein Leichnam ist ebenfalls eine Sache, steht aber in niemandes Eigentum. Er wird insoweit auch nicht vererbt, sondern ist Gegenstand einer speziellen Totenfürsorge durch die nächsten Angehörigen.

Bei Sachen sind zu unterscheiden:

Abbildung 31: Sachen

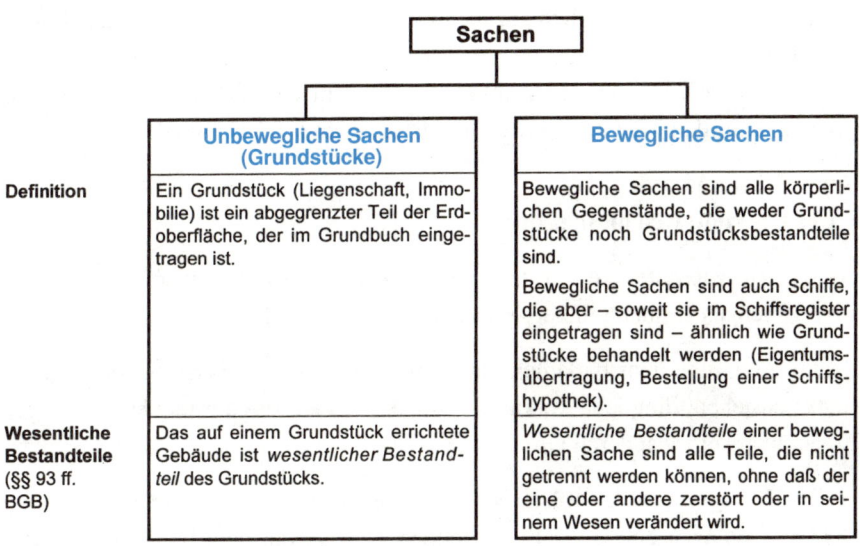

[193] Sachen stellen im Wirtschaftsleben nur selten monolithische Gegenstände dar, sondern sind aus einer Vielzahl von Bestandteilen zusammengesetzt. Rechtlich kommt es auf den Grad der Selbständigkeit dieser Bestandteile an. Nach § 93 BGB gelten Bestandteile einer Sache dann als wesentlich, wenn sie voneinander nicht getrennt werden können, ohne dass der eine oder der andere zerstört oder in seinem Wesen verändert wird.

---

46 Vgl. König, Michael, NJW 1989, S. 2604 f.; OLG Stuttgart NJW 1989, S. 2635

Beispiele: Karosserie sowie Bremstrommeln eines Kfz, Schraube einer Maschine, Motor eines Seeschiffs[47], nicht aber der Motor[48] und die Räder[49] eines Kfz [umstritten].

[194] Zu den wesentlichen Bestandteilen eines Grundstücks gehören die mit dem Grund und Boden fest verbundenen Sachen, insbesondere Gebäude, sowie die Erzeugnisse des Grundstücks, solange sie mit dem Boden zusammenhängen. Samen wird mit dem Aussäen, eine Pflanze wird mit dem Einpflanzen wesentlicher Bestandteil des Grundstücks. Zu den wesentlichen Bestandteilen eines Gebäudes gehören die zur Herstellung des Gebäudes eingefügten Sachen.

Beispiel: Das auf einem Grundstück errichtete Gebäude ist wesentlicher Bestandteil des Grundstücks.

Fall: B errichtet versehentlich auf dem Grundstück des E ein Wohnhaus. Wer ist Eigentümer?

[195] In dem Moment der Verbindung mit dem Grund und Boden geht das Eigentum auf den Eigentümer des Grundstücks über (§ 947 BGB).

Superficies solo cedit.
= Der Überbau weicht dem Boden.

[196] Auch Rechte, die mit dem Eigentum an einem Grundstücke verbunden sind, gelten als Bestandteile des Grundstücks (§ 96 BGB).

Beispiele: Grunddienstbarkeiten, die dem Eigentümer des herrschenden Grundstücks zustehen; dingliche Vorkaufsrechte, soweit sie zu Gunsten des jeweiligen Eigentümers eines anderen Grundstücks bestellt wurden.

[197] Dagegen gehören solche Sachen nicht zu den Bestandteilen eines Grundstücks, die nur zu einem vorübergehenden Zwecke mit dem Grund und Boden verbunden sind (§ 95 BGB).

Beispiele: Der auf dem Campingplatz abgestellte Wohnwagen, der auf dem Grund und Boden verankert und mit einem Vorzelt verbunden wird; Baumschulbestände, die zum Verkauf bestimmt sind.

[198] Das Gleiche gilt von einem Gebäude oder anderem Werk, das in Ausübung eines Rechtes an einem fremden Grundstück von dem Berechtigten mit dem Grundstück verbunden worden ist.

---

47 BGHZ 26, S. 229
48 BGHZ 61, S. 82
49 OLG Stuttgart NJW 1952, S. 145

Beispiele: Das Gebäude, das ein Erbbauberechtigter auf dem Erbbaugrundstück errichtet, bleibt Eigentum des Bauherren. Eigentumsrecht der Telekommunikationsunternehmen an Fernmeldekabeln, die in Ausübung einer Grunddienstbarkeit über fremde Grundstücke gelegt werden.

[199] Sachen, die nur zu einem vorübergehenden Zwecke in ein Gebäude eingefügt sind, gehören nicht zu den Bestandteilen des Gebäudes (§ 95 Abs. 2 BGB). Dabei kommt es maßgeblich auf den Willen der Parteien an.

Beispiele: An der Wand befestigte Bilder, an der Decke befestigte Vorhänge, Jalousien usw.

[200] Neben den wesentlichen Bestandteilen gibt es auch noch Zubehör, das den wirtschaftlichen Nutzen einer Sache erst ausmachen kann. Zubehör sind bewegliche Sachen, die dem wirtschaftlichen Zweck der Hauptsache zu dienen bestimmt sind und zu ihr in einem dieser Bestimmung entsprechenden räumlichen Verhältnis stehen (§ 97 BGB).

Beispiele: Verbandskasten, Warndreieck bei Kfz; Fernleitungen eines Versorgungsunternehmens; Gaststätteneinrichtung; Einbauküche (soweit sie nicht wesentlicher Bestandteil des Gebäudes ist).

[201] Für landwirtschaftliche und gewerbliche Betriebe kennt das BGB einen erweiterten Begriff der Bestandteile (§ 98 BGB). Dem wirtschaftlichen Zweck der Hauptsache dienen danach:
1. bei einem Gebäude, das für einen gewerblichen Betrieb dauernd eingerichtet ist, insbesondere bei einer Mühle, einer Schmiede, einem Brauhaus, einer Fabrik, die zu dem Betrieb bestimmten Maschinen und sonstigen Gerätschaften;
2. bei einem Landgut das zum Wirtschaftsbetrieb bestimmte Gerät und Vieh, die landwirtschaftlichen Erzeugnisse, soweit sie zur Fortführung der Wirtschaft bis zu der Zeit erforderlich sind, zu welcher gleiche oder ähnliche Erzeugnisse voraussichtlich gewonnen werden, sowie der vorhandene, auf dem Gut gewonnene Dünger.

[202] Sachen werden vom Gesetzgeber auch noch in anderer Weise eingeteilt.
[203] Eine besondere Regelung trifft das BGB (§ 99 BGB) in Bezug auf die Früchte einer Sache oder eines Rechtes. Früchte einer Sache sind die Erzeugnisse der Sache und die sonstige Ausbeute, welche aus der Sache ihrer Bestimmung gemäß gewonnen wird. Früchte eines Rechtes sind die Erträge, welche das Recht seiner Bestimmung gemäß gewährt, insbesondere bei einem Recht auf Gewinnung von Bodenbestandteilen die gewonnenen Bestandteile. Früchte sind auch

114 3. Der Gegenstand

die Erträge, welche eine Sache oder ein Recht auf Grund eines Rechtsverhältnisses gewährt.

[204] Nur an Sachen können *dingliche Rechte* (Eigentum, § 903 BGB; Besitz, § 854 BGB) begründet werden.

Abbildung 32: Vertretbare Sachen

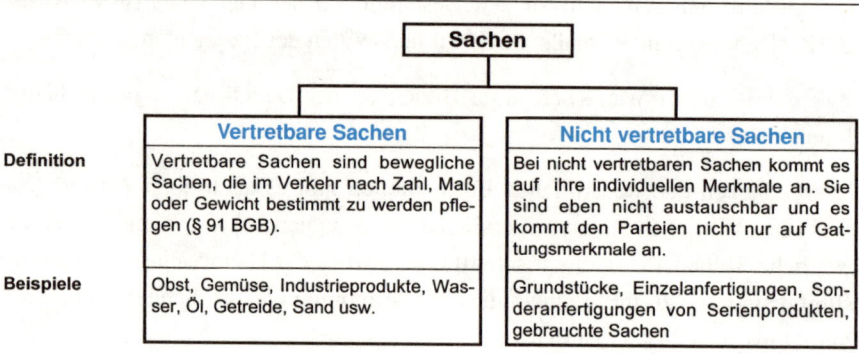

Abbildung 33: Verbrauchbare Sachen

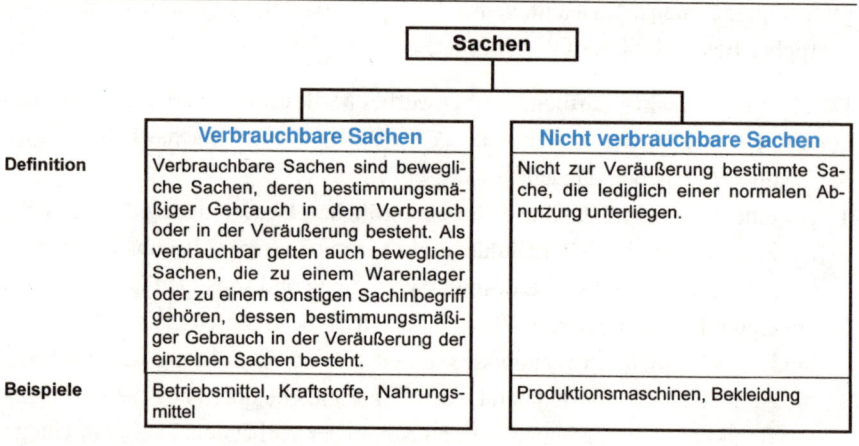

Abbildung 34: Dingliche Rechte

Eigentum	Erbbaurecht	Vorkaufsrecht	Nutzungsrechte	Sicherungsrechte
§§ 903–1101 BGB	ErbbaurechtsVO	§§ 1094–1104 BGB	Grunddienstbarkeiten: §§ 1018 ff. Nießbrauch § 1030 Reallasten § 1105.	Grundpfandrechte (Hypothek, § 1113 Grundschuld, § 1191 Pfandrecht § 1204 Sicherungseigentum Eigentumsvorbehalt

3.3 Der Besitz

[205] Besitz wird umgangssprachlich oft mit dem Eigentum verwechselt. Rechtlich bedeutet Besitz allerdings nur, die tatsächliche Gewalt über eine Sache inne zu haben (§ 854 BGB). Danach ist auch der Dieb Besitzer einer Sache, obwohl er kein Recht zum Besitz hat.

Abbildung 35: Arten des Besitzes

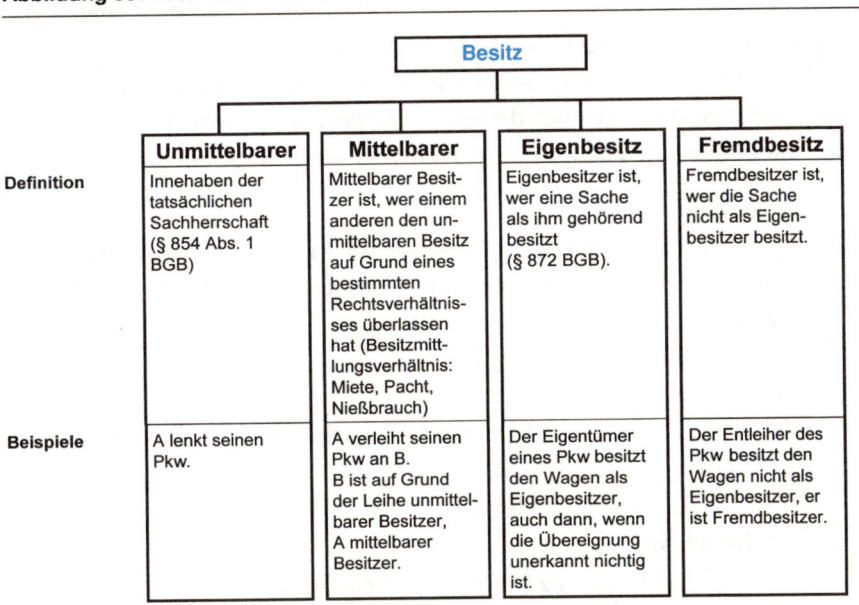

[206] Der Besitz kann aber auch noch auf andere Weise differenziert werden.
– Allein- oder Mitbesitz: mehrere Personen haben eine Sache gemeinschaftlich und gleichrangig im Besitz, z.B. Eheleute an der gemeinsamen Wohnung.
– Voll- oder Teilbesitz: Der Besitz kann sich auf einen Teil einer Sache beziehen, z.B. einzelnes Zimmer in einer Wohngemeinschaft.

[207] Verständnisschwierigkeiten löst regelmäßig der sogenannte Besitzdiener aus. Obwohl eine Person die tatsächliche Gewalt über eine Sache ausübt, ist sie trotzdem nicht Besitzerin, wenn sie die Gewalt für einen anderen in dessen Erwerbsgeschäft oder Haushalt oder in einem ähnlichen Weisungsverhältnis ausübt (§ 855 BGB). Besitzdiener sind insoweit nicht nur die typischen Diener im Haushalt, die die tatsächliche Gewalt über die Sachen ihrer „Herrschaften" für diese ausüben, sondern auch alle Arbeitnehmer, die mit Sachen ihres Arbeitge-

bers umgehen. Der Besitzdiener befindet sich regelmäßig in einem sozialen Abhängigkeitsverhältnis, auf Grund dessen der Besitzdiener wie ein „Werkzeug" des Besitzers handelt.

Wichtige Prüfungsschemata

[208] § 861 BGB:
(1) Wird der Besitz durch verbotene Eigenmacht dem Besitzer entzogen ①, so kann dieser die Wiedereinräumung ⑤ des Besitzes von demjenigen verlangen, welcher ihm gegenüber fehlerhaft ② besitzt.
(2) Der Anspruch ist ausgeschlossen ③, wenn der entzogene Besitz dem gegenwärtigen Besitzer oder dessen Rechtsvorgänger gegenüber fehlerhaft war und in dem letzten Jahr vor der Entziehung erlangt worden ist.

I. Voraussetzungen
① Dem bisherigen unmittelbaren Besitzer ist der Besitz ohne dessen Willen entzogen worden. Ob der unmittelbare Besitzer Eigen- oder Fremdbesitzer gewesen ist oder ob er die Sache rechtmäßig oder unrechtmäßig besessen hat, ist unerheblich.
② Fehlerhafter Besitzer ist, wer
 ▸ selbst durch verbotene Eigenmacht Besitzer geworden ist (§ 858 Abs. 2 Satz 1 BGB),
 ▸ Erbe des Besitzers ist (§ 858 Abs. 2 Satz 2 BGB),
 ▸ im Besitz nachfolgt und die Fehlerhaftigkeit des Besitzes seines Vorgängers beim Erwerb kennt (§ 858 Abs. 2 Satz 2 BGB).
③ Kein Ausschluss gem. § 861 Abs. 2 BGB.
④ Kein Erlöschen des Besitzanspruchs gem. § 864 BGB [Jahresfrist].

II. Rechtsfolge
⑤ Der *unmittelbare* Besitzer hat gegen den fehlerhaften Besitzer einen Anspruch auf Wiedereinräumung des Besitzes.
Der *mittelbare* Besitzer hat in Verbindung mit § 869 BGB einen gleichen Anspruch.

[209] § 1007 BGB:
(1) Wer eine bewegliche Sache im Besitze gehabt hat ①, kann von dem Besitzer ② die Herausgabe der Sache ⑤ verlangen, wenn dieser bei dem Erwerbe des Besitzes nicht in gutem Glauben ③ war.
(2) Ist die Sache dem früheren Besitzer ① gestohlen worden ③, verloren gegangen ③ oder sonst abhanden gekommen ③, so kann er die Herausgabe ⑤ auch von einem gutgläubigen Besitzer ② verlangen, es sei denn, dass die-

ser Eigentümer der Sache ist oder die Sache ihm vor der Besitzzeit des früheren Besitzers abhanden gekommen war. Auf Geld und Inhaberpapiere findet diese Vorschrift keine Anwendung.
(3) Der Anspruch ist ausgeschlossen ④, wenn der frühere Besitzer bei dem Erwerbe des Besitzes nicht in gutem Glauben war oder wenn er den Besitz aufgegeben hat. Im übrigen finden die Vorschriften der §§ 986 bis 1003 entsprechende Anwendung.

§ 1007 BGB enthält zwei Anspruchsgrundlagen, die sich sehr ähnlich sind und sich nur in einem Tatbestandsmerkmal ③ unterscheiden.

I. Voraussetzungen

① ① Der Anspruchsteller ist der frühere Besitzer.
② ② Der Anspruchsgegner ist der jetzige Besitzer.
③   Der Anspruchsgegner war bei Besitzerwerb bösgläubig. Die Definition für den guten Glauben befindet sich in § 932 Abs. 2 BGB.
   ③ Die Sache ist dem früheren Besitzer gestohlen worden, verloren gegangen oder sonst abhanden gekommen. Abhanden kommen bedeutet: „unfreiwilliger Besitzverlust des unmittelbaren Besitzers".
④ ④ Der Anspruch ist ausgeschlossen, wenn:
   ▶ der Anspruchsteller beim Besitzerwerb bösgläubig war (§ 1007 Abs. 3 Satz 1 BGB),
   ▶ Anspruchsgegner ein „besseres" Recht zum Besitz hat. Ein solches besseres Recht liegt im Eigentum (§ 1007 Abs. 2 Satz 1 BGB), in einem Recht zum Besitz (§ 1007 Abs. 3 Satz 2 i.V.m. § 986 BGB) oder wenn dem Anspruchsgegner selbst die Sache abhanden gekommen ist (§ 1007 Abs. 2 Satz 1 BGB).

II. Rechtsfolge

⑤ ⑤ Der frühere Besitzer kann von dem Besitzer die Herausgabe der Sache verlangen.

3.4 Das Eigentum

[210] Das Eigentum ist das umfassendere Recht an einer Sache. Die Eigentumsgarantie des Art. 14 GG geht über den zivilrechtlichen Rechtsbegriff hinaus und beinhaltet auch vermögenswerte Rechte. Das BGB enthält keine Legaldefinition des Eigentums, sondern charakterisiert das Eigentum in § 903 über die Person des Rechtsinhabers.

§ 903 BGB: Der Eigentümer einer Sache kann, soweit nicht das Gesetz oder Rechte Dritter entgegenstehen, mit der Sache nach Belieben verfahren und andere von jeder Einwirkung ausschließen.[50]

[211] Die *rechtliche* Herrschaftsmacht über eine Sache unterscheidet sich vom Besitz, der tatsächlichen Sachherrschaft. Der Eigentümer kann mit seiner Sache nach Belieben verfahren, d.h. er kann die Sache:
- nutzen,
- verbrauchen,
- vernichten,
- verändern,
- verarbeiten,
- wegwerfen,
- veräußern.

[212] Die Verfügungsmacht ist allerdings nicht unbegrenzt. Sie kann zum einen durch das Gesetz selbst eingeschränkt sein oder aber durch die Rechte Dritter. Als privatrechtliche Beschränkungen des Eigentums kommen in Betracht:
- Verbot der missbräuchlichen Ausübung *(Treu und Glauben)*,
- Schikaneverbot *(§ 226 BGB)*,
- Zivilrechtlicher Notstand *(§ 904 BGB)*,
- Nachbarrecht *(§§ 910, 917, Nachbarrechtsgesetze der Länder)*,
- Dingliche Belastungen *(Dienstbarkeiten, Hypotheken, Grundschulden usw.)*,
- Sozialpflichtigkeit des Eigentums *(Art. 14 GG)*,
- Öffentlich-rechtliche Einschränkungen u.a. aus dem Bauordnungs-, Umwelt-, Immissions- oder Verkehrsrecht.

[213] Neben diesen drei Arten des Eigentums gibt es auch noch die Sonderformen nach dem Wohnungseigentumsgesetz. Da das Gebäude stets wesentlicher Bestandteil des Grundstücks ist, könnte an einem Mietwohngrundstück nur einheitliches Eigentum erworben werden, eine Differenzierung auf einzelne Wohnungen schiede aus. Dies wäre eine an den wirtschaftlichen Interessen der Bürger vorbeigehende gesetzliche Lage. Diesen Mangel hat der Gesetzgeber bereits früher durch Begründung eines Stockwerkseigentums versucht, in den Griff zu bekommen. Umfassendere Abhilfe kam aber erst mit dem Wohnungseigentumsgesetz. Danach ist es möglich, einzelnen Miteigentümern des Grundstücks Sondereigentum an einzelnen Wohnungen oder anderen Räumen zu verschaffen. Nach § 1 Abs. 1 WEG heißt das Eigentum an einer Wohnung Wohnungseigen-

---

50 Satz 2 geht auf die besonderen Belange der Tiere ein.

3.4 Das Eigentum

Abbildung 36: Arten des Eigentums

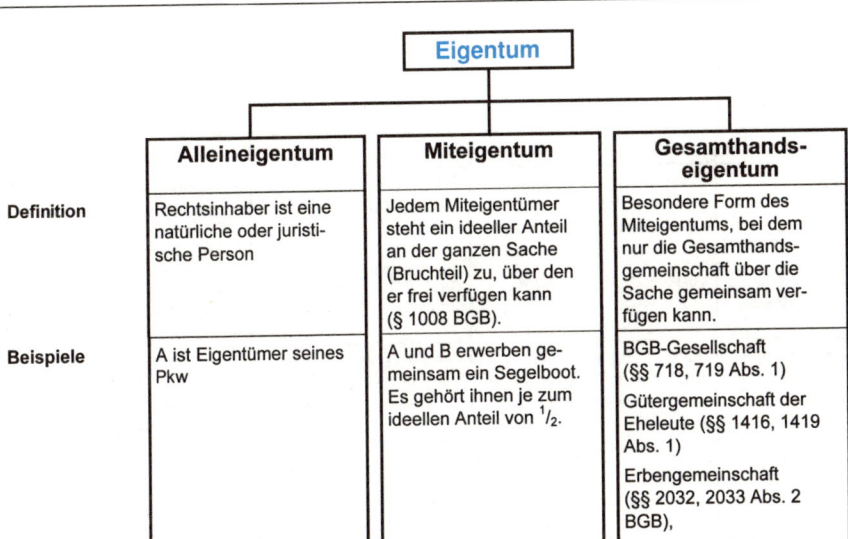

[214] tum, an anderen Räumen Teileigentum. Die nicht im Sondereigentum einzelner Personen stehenden Teile des Gesamtgrundstücks bleiben im gemeinschaftlichen Eigentum aller Parteien.

[214] Wirtschaftlich bedeutsam ist ferner das Sicherungs- oder treuhänderische Eigentum. Im Außenverhältnis hat eine andere Person die Rechte des Eigentümers übertragen bekommen. Im Innenverhältnis besteht aber eine Treuhand- oder Sicherungsabsprache, die die Verfügungsmacht des formalen Eigentümers einschränkt. Verstöße gegen die internen Absprachen betreffen aber nie das Außenverhältnis, Verfügungen des Treuhänders oder Sicherungseigentümers gegenüber Dritten sind deshalb gültig. Intern setzt sich der Treuhänder/Sicherungseigentümer allerdings Schadenersatzansprüchen des Treugebers/Sicherungsgebers aus.

Beispiel: A übereignet seinen Pkw an die Bank, um ein Darlehn zu bekommen. Er kommt seinen Verpflichtungen aus dem Darlehnsvertrag laufend nach. Dann ist die Bank zwar formal Eigentümerin des Pkw, darf auf Grund der Sicherungsabrede im Innenverhältnis aber nicht über das Eigentum verfügen. Tut sie es trotzdem, handelt sie treuwidrig und muss Schadenersatz leisten.

[215] In Klausuren spielt häufiger der Schutz des Eigentums eine Rolle. Es dürfte zwar im Wirtschaftsrecht immer um zivilrechtlichen Schutz gehen, der

Vollständigkeit halber soll aber auch auf den öffentlich-rechtlichen Aspekt eingegangen werden.

Abbildung 37: Eigentumsschutz

Angriff	Abwehranspruch	Rechtsweg	Beispiel
Enteignung durch Verwaltungsakt	Überprüfung der Rechtmäßigkeit der Enteignung nach den Normen der jeweiligen Enteignungsgesetze.	Vor die ordentlichen Gerichte (Art. 14 Abs. 3 GG).	Enteignung eines Grundstücks (§§ 85 ff. BauGB).
Enteignung durch Gesetz	Verfassungsbeschwerde (Art. 14 Abs. 1 Nr. 4a GG)	vor das Bundesverfassungsgericht	Maßnahmengesetz zur Durchführung eines Großvorhabens.
Anderweitige Übergriffe staatlicher Behörden	Überprüfung der Rechtmäßigkeit der Entscheidung nach den Normen der jeweilgen Eingriffsgesetze.	Vor die Verwaltungsgerichte (§ 42 VwGO).	Das Bauordnungsamt schreibt mir vor, daß die Türen meiner neu zu errichtenden Gaststätte sich nach außen öffnen müssen.
Entzug oder Vorenthaltung des Eigentums durch Private	§ 985 BGB Herausgabeanspruch	Vor die ordentlichen Gerichte	Der „Entleiher" meines Buches weigert sich, mir mein Buch zurück zu geben.
Beschädigung des Eigentums durch Private	§ 823 BGB Schadenersatzanspruch	Vor die ordentlichen Gerichte	A tritt gegen mein Fahrrad, das daraufhin eine „Acht" im Vorderrad aufweist.
Verwertung, Verbrauch oder Gebrauch des Eigentums	§§ 812, 816 BGB Bereicherungsansprüche	Vor die ordentlichen Gerichte	Die Kuh des Nachbarn weidet meine Weide ab.
Störung des Eigentums in anderer Weise	§ 1004 BGB Beseitigungs- und Unterlassungsanspruch	Vor die ordentlichen Gerichte	Mein Nachbar entwässert sein Grundstück in meinen Garten.
Physischer Angriff	§ 227 BGB Notwehr	Vor die ordentlichen Gerichte	Ich wehre mich gegen einen Raubversuch an meinem PKW.

3.4.1 Erwerb des Eigentums

▶ **Grundstücke**

[216] Der Erwerb des Eigentums an einem Grundstück erfolgt durch *Auflassung* (§ 925 BGB) und *Eintragung* des Erwerbers als neuer Eigentümer im Grundbuch (§ 873 BGB).

Auflassung ist die sachenrechtliche Einigung des Veräußerers (= bisheriger Eigentümer) mit dem Erwerber (= zukünftiger Eigentümer) über den Eigentumsübergang, für die notarielle Beurkundung vorgeschrieben ist[51]. Sie ist Verfü-

---

[51] Die Formulierung könnte etwa wie folgt lauten: „Wir sind darüber einig, dass das Eigentum an dem Grundstück [genaue Bezeichnung] von V auf E übergehen soll und bewilligen und beantragen die Eintragung der Eigentumsumschreibung im Grundbuch".

gungsgeschäft[52] (nicht zu verwechseln mit dem Verpflichtungsgeschäft [z. B. Kauf, Tausch, Schenkung], das gem. § 313 BGB ebenfalls der notariellen Beurkundung bedarf).

Das Grundbuch ist ein bei den Amtsgerichten geführtes Register, in dem alle Grundstücke des jeweiligen Gerichtsbezirks verzeichnet sind. Jedes Grundstück erhält ein „Grundbuchblatt" (§ 3 GBO), das aus dem Bestandsverzeichnis und drei Abteilungen besteht. Das Bestandsverzeichnis enthält die Bezeichnung der im Grundbuchblatt eingetragenen Grundstücke (Gemarkung, Flur, Flurstück, Wirtschaftsart, Lage, Größe). In Abt. I wird der jeweilige Eigentümer des Grundstücks eingetragen. In Abt. II werden Lasten und Beschränkungen (z.B. Wegerechte, Vorkaufsrechte, Dienstbarkeiten, Wohn- und Nießbrauchsrechte etc) eingetragen. Abt. III enthält schließlich die auf dem Grundstück ruhenden Grundpfandrechte (Hypotheken, Grundschulden und Rentenschulden).

▶ **Bewegliche Sachen**

[217] Zu unterscheiden ist der *originäre* (= ursprüngliche) und der *derivative* (= von einem Voreigentümer abgeleitete) Eigentumserwerb.

Der *originäre* Eigentumserwerb ist möglich durch:
– Aneignung einer herrenlosen Sache (§ 958 BGB),
– Fund einer verlorenen Sache (erst nach 6 Monaten, § 973 BGB),
– Verbindung beweglicher Sachen (§ 947 BGB),
– Vermischung (§ 948 BGB),
– Verarbeitung und Herstellung einer neuen Sache (§ 950 BGB),
– Ersitzung (§ 937 BGB).

[218] Der *derivative* Eigentumserwerb erfolgt nach den Vorschriften der §§ 929 ff. BGB. Veräußerer und Erwerber müssen sich über den Eigentumsübergang einig sein (dingliche Einigung) und die Sache muss dem Erwerber übergeben werden (Übergabe). Die Übergabe ist entbehrlich, wenn der Erwerber die Sache bereits besitzt (§ 929 S. 2 BGB).

Die *Übergabe* kann ersetzt werden durch
– Vereinbarung eines Besitzkonstituts[53] (§ 930 BGB),
– Abtretung des Herausgabeanspruchs, wenn ein Dritter (z. B. Mieter) die Sache besitzt (§ 931 BGB).

[219] Hinsichtlich der dinglichen Einigung muss der Alteigentümer auch berechtigt sein. Denn es gilt grundsätzlich:

---

52 zum Begriff vgl. unten
53 typischer Fall: Sicherungsübereignung

Nemo plus iuris ad alium transferre potest, quam ipse habet.
= Niemand kann mehr Rechte auf einen anderen übertragen, als er selbst hat.

[220] Möglich ist aber auch ein Eigentumserwerb vom Nichtberechtigten (= Nichteigentümer) nach § 932 BGB. Erforderlich ist hier außer Einigung und Übergabe die Gutgläubigkeit des Erwerbers, d.h., der Erwerbers muss glauben, der Veräußerer, der im Besitz der Sache sein muss (§ 1006 BGB: „Der Besitz streitet für das Eigentum"), sei auch ihr Eigentümer. Nicht geschützt ist – anders als im HGB[54] – im BGB der gute Glaube an die Verfügungsbefugnis des Veräußerers. Gutgläubiger Erwerb ist gem. § 935 BGB – außer bei Geld und bestimmten Wertpapieren – nicht möglich bei abhanden gekommenen Sachen.

Das Eigentum an Sachen kann schließlich auch von Todes wegen (im Wege der Erbfolge) gem. § 1922 BGB erworben werden.

Abbildung 38: Eigentumserwerb

Eigentumserwerb (bewegliche Sachen)					
Vom Berechtigten (Eigentümer)			**Vom Nichtberechtigten (Nichteigentümer)**		
Vorschrift	*Voraussetzungen*		*Vorschrift*	*Voraussetzungen*	
§ 929	Einigung	+ Übergabe	§ 932	§ 929	+ Gutgläubigkeit des Erwerbers
§ 929 S.2	Einigung		§ 932 S.2	Einigung	+ Gutgläubigkeit/Besitz vom Veräußerer erlangt
§ 930	Einigung	+ Besitzkonstitut (§ 868)	§ 933	§ 930	+ Gutgläubigkeit/Übergabe durch Veräußerer
§ 931	Einigung	+ Abtretung des Herausgabeanspruchs	§ 934	Einigung	+ Gutgläubigkeit/Besitzerlangung
			§ 935	kein gutgläubiger Erwerb bei abhanden gekommenen Sachen	

3.4.2 Wichtige Prüfungsschemata

[221] Oben in Kapitel 1 wurde bereits ein einfacher Fall der Herausgabe exemplarisch geprüft. Komplexeren Klausuraufgaben wird folgendes **Prüfungsschema** für einen Herausgabeanspruch nach § 985 BGB gerechter:

---

54 § 366 HGB

§ 985 BGB: Der *Eigentümer* ② kann von dem *Besitzer* ③ ④ die Herausgabe ⑤ der *Sache* ① verlangen.

§ 986 BGB: Der *Besitzer* ④ kann die Herausgabe der Sache verweigern, wenn er oder der mittelbare Besitzer, von dem er sein Recht zum Besitz ableitet, dem Eigentümer gegenüber zum Besitze berechtigt ist. ...

I. Voraussetzungen

① Sache: § 90 BGB

② Anspruchsteller ist Eigentümer der Sache
 Die Eigentümerstellung ist nach der Historie des Sachverhalts zu entwickeln. Wenn der Sachverhalt keine Aussagen zum Erwerb:
- ▸ auf Grund von Gesetz (§§ 946 ff.; 953 ff.; § 958 BGB);
- ▸ auf Grund von Rechtsgeschäft vom Berechtigten (§§ 929; 930; 931 BGB);
- ▸ auf Grund von Rechtsgeschäft vom Nichtberechtigten (§§ 932, 933, 934 BGB; § 366 HGB)

 macht, dann spricht für den Anspruchsteller u. U.
- ▸ die Eigentumsvermutung des § 1006 BGB.

③ Anspruchsgegner ist Besitzer der Sache
- ▸ der Anspruchsgegner ist *unmittelbarer* oder *mittelbarer* Besitzer der Sache (§ 854 BGB), nicht aber der *Besitzdiener* (§ 856 BGB).

④ Anspruchsgegner hat *kein Recht zum Besitz* (RzB)
- ▸ der Anspruchsgegner hat ein eigenes Recht zum Besitz (§ 986 Abs. 1, Satz 1, 1. Fall BGB).

 RzB können sich ableiten aus:
 – einem dinglichen Recht (Pfandrecht, Dienstbarkeit);
 – einem Anwartschaftsrecht des Vorbehaltseigentümers;
 – einem schuldrechtlichen Anspruch auf Überlassung (Miete, Pacht);
 – einem schuldrechtlichen Anspruch auf Übertragung (Kauf, Tausch);
 – einer gesetzlichen Regelung, z.B. §§ 1422, 1626, 1985, 2205 BGB;
 – einem Zurückbehaltungsrecht (§§ 273, 972, 1000 BGB, §§ 369 ff. HGB)
  mit der Besonderheit, dass dieses im Prozess nur auf Einrede zu beachten ist und dann zur Verurteilung Zug-um-Zug führt.

- ▸ Der Anspruchsgegner hat ein abgeleitetes RzB (§ 986 Abs. 1, Satz 1, 2. Fall BGB):
 – der unmittelbare Besitzer muss das Besitzrecht von einem Dritten (≠ Eigentümer) ableiten;
 – der Dritte muss dem Eigentümer gegenüber zum Besitz berechtigt sein;
 – der Dritte muss dem Eigentümer gegenüber zur Überlassung des Besitzes berechtigt sein.

II. Rechtsfolge
⑤ Herausgabe der Sache.

[222] Weitere *klausurrelevante* Anspruchsgrundlagen stellen die Beseitigungs- und Unterlassungsansprüche nach § 1004 BGB dar.

§ 1004 BGB:
(1) Wird das Eigentum in anderer Weise als durch Entziehung oder Vorenthaltung des Besitzes beeinträchtigt ① ②, so kann der Eigentümer von dem Störer ③ die Beseitigung ⑤ der Beeinträchtigung verlangen. Sind weitere Beeinträchtigungen ② zu besorgen, so kann der Eigentümer auf Unterlassen ⑤ klagen.
(2) Der Anspruch ist ausgeschlossen, wenn der Eigentümer zur Duldung ④ verpflichtet ist.

I. Voraussetzungen
① Es muss zu einer Beeinträchtigung des Eigentums gekommen sein. Eine Beeinträchtigung liegt
   ▶ vor bei Einwirkung auf die Sache selbst oder Behinderung des Zugangs zur Sache,
   ▶ **nicht** vor bei sogenannten „negativen" Einwirkungen wie Behinderung der Licht- oder Luftzufuhr zum Nachbargrundstück oder des Ausblicks oder der Luftabfuhr durch bauliche Anlage oder Bäume; auch nicht bei Empfangsstörungen bei Fernsehen oder Rundfunk; Entziehung von Grundwasser durch Grundwasserförderung,
   ▶ **nicht** vor bei Handlungen, die das ästhetische oder sittliche Empfinden des Nachbarn verletzen (z.B. Nacktbaden auf Nachbargrundstück, Schrottplatz neben Hotel oder Antenne auf Nachbardach).
② Zeitpunkt der Beeinträchtigung
   Beseitigungsanspruch: Bei bestehender oder fortdauernder Beeinträchtigung. Im Falle einer abgeschlossenen Einwirkung ist § 823 BGB zu prüfen (!).
   Unterlassungsanspruch: Es stehen weitere Beeinträchtigungen bevor. Es muss im Prozess eine konkrete Gefahr der Beeinträchtigung oder eine Wiederholungsgefahr dargelegt werden.
③ Der Anspruchsgegner muss Störer sein.
   Handlungsstörer ist jeder, auf dessen Willen eine Beeinträchtigung unmittelbar zurückzuführen ist. Mittelbarer Störer ist, wer die störende Einwirkung Dritter adäquat kausal veranlasst oder sie zumindest verhindern kann (z.B. Eltern sind für den Lärm ihrer Kinder verantwortlich).
   Zustandsstörer ist jeder, der eine störende Anlage unterhält.

④ Einem Anspruch steht entgegen, wenn der Eigentümer zur Duldung verpflichtet ist.
Nach Privatrecht auf Grund:
- eines Vertrages,
- des § 904 BGB (Notstand),
- des § 906 BGB (Zuführung unwägbarer Stoffe),
- eines nachbarschaftlichen Gemeinschaftsverhältnisses.

Nach öffentlichem Recht auf Grund:
- im Interesse des Gemeinwohls (z. B. § 14 BImSchG, § 7 AtG, § 11 LuftVG)
- eines Verwaltungsaktes (insbesondere Bauordnungs-, Denkmalschutz-, Naturschutzrecht usw.)

II. Rechtsfolgen

⑤ *Beseitigungsanspruch:* Beseitigung der vorhandenen Störung.
Unterlassungsanspruch: Unterlassung der zu erwartenden Störung.

3.5 Sonstige Rechte

[223]   Rechte sind unkörperliche Gegenstände, z.B. Ansprüche (§ 194 BGB), Forderungen (Definition in § 241 BGB), Namensrechte, Mitgliedschaftsrechte an Gesellschaften, Patente, Urheberrechte u.a.

Man unterscheidet:
- absolute Rechte
- relative Rechte

[224]   1. *Absolute* Rechte wirken gegenüber jedem und sind von jedem zu beachten. Man sagt auch, absolute Recht wirken

contra omnes.
= gegen jedermann.

Beispiele:
– Leben, Körper, Gesundheit, Freiheit, Eigentum (§ 823 Abs. 1 BGB);
– Besitz, Anwartschaftsrecht, Pfandrecht;
– Namensrecht;
– Aneignungsrecht (Jagd-, Fischerei-, Wassergebrauchsrecht);
– Recht der Angehörigen an Implantaten nach der Trennung vom Leichnam;
– Recht der Person an Implantaten nach der Trennung vom Körper (Goldkrone);

- Urheber-, Gebrauchsmuster-, Warenzeichenrecht;
- allgemeine Handlungsfreiheit, Persönlichkeitsrecht (auch postmortal);
- Sorgerecht der Eltern über ihre Kinder;
- Recht am eingerichteten und ausgeübten Gewerbebetrieb.

[225] 2. *Relative* Rechte wirken nur zwischen bestimmten Personen, z. B. Vertragspartnern (Ansprüche, Forderungen). Man sagt auch relative Recht wirken

inter partes.
= zwischen den Parteien.

Beispiele: Der Mietvertrag bindet nur die Vertragsparteien. Wenn die Hundehaltung im Haus untersagt ist, können die Nachbarn nicht aus den Mitverträgen gegeneinander vorgehen, sondern nur unter Einschaltung des Vermieters. Er befindet sich in relativer Rechtsbeziehung zu jedem einzelnen Mieter. Die Mieter untereinander verbindet kein Vertrag.

3.6 Die Abtretung

[226] Die Übertragung von Rechten erfolgt durch *Abtretung* (§§ 398 ff., 413 BGB). Mit dem Abschluss des Abtretungsvertrags tritt ein neuer Gläubiger an die Stelle des bisherigen Gläubigers. Die Abtretung ist ein Verfügungsgeschäft und ist insoweit mit dem dinglichen Vertrag des § 929 BGB zu vergleichen.
Ein gutgläubiger Erwerb von Rechten ist nicht möglich.

Beispiel: A hat eine strittige Forderung gegen B. Er will sich nicht mit einem Rechtsstreit belasten. Er verkauft seine Forderung gegen B deshalb an das Inkassobüro I zu einem niedrigeren Wert. Damit I die Forderung des A gegen B geltend machen kann, muss A die Forderung an I abtreten.

Checkliste

Fragen	Lösungshinweise Gehen Sie zu Absatznummer (An) oder Abbildung Nr. (Abb.-Nr.)	✓
1. Was ist eine Sache?	An 192	
2. Sind Tiere Sachen?	An 190	
3. Wie wird das Eigentum an beweglichen Sachen übertragen?	Abb.-Nr. 37	
4. Wie wird das Eigentum an unbeweglichen Sachen übertragen?	An 216	
5. Wie werden Forderungen übertragen?	An 226	
6. Wann ist jemand gutgläubig?	An 220	
7. Was sind wesentliche Bestandteile?	Abb.-Nr. 30, An 193 ff.	
8. Was verstehen Sie unter Zubehör?	An 200	
9. Unterscheiden Sie Besitz und Eigentum voneinander.	An 205, 210	
10. Was verstehen Sie unter einer Sicherungsübereignung?	An 214	
11. Wer ist Eigenbesitzer?	Abb.-Nr. 34	
12. Welche Ansprüche hat der Besitzer, um wieder in den Besitz ihm entzogener Sachen zu gelangen?	An 208 f.	
13. Welche Arten des Eigentums kennen Sie?	Abb.-Nr. 35	
14. Wie wird das Eigentum rechtlich geschützt?	Abb.-Nr. 36	
15. Wie erwerben Sie Eigentum auf originäre Weise?	An 217	
16. Wie erwerben Sie Eigentum auf derivative Weise?	An 218 ff.	

Fragen	Lösungshinweise Gehen Sie zu Absatznummer (An) oder Abbildung Nr. (Abb.-Nr.)	✓
17. Können Sie Eigentum von einem Nichtberechtigten erwerben? Wenn ja, wie?	An 220	
18. Nennen Sie zwei wichtige Anspruchsgrundlagen, um das Eigentum zu schützen.	An 221 f.	
19. Was verstehen Sie unter einem Recht zum Besitz?	An 221	
20. Nennen Sie mindesten sechs absolute Rechte.	An 224	
21. Was unterscheidet absolute Rechte von relativen Rechten?	An 224 f.	
22. Welche Störerarten gibt es? Wie sind diese charakterisiert?	An 222	

Fall 11: D hat E sein Fahrrad gestohlen und an den gutgläubigen B verkauft. E sieht bei B sein altes Fahrrad und möchte es zurück erhalten. Wie ist die Rechtslage?

Fall 12: A wohnt in einem Einfamilienhaus. B ist der örtliche Bote, der für eine ganze Reihe von Unternehmen Werbematerial an die Haushalte verteilt. A legt keinen Wert auf diese Art der Werbung und hat auf seinem Briefkasten deutlich den Hinweis angebracht „Bitte keine Reklame einwerfen!" B hat sich in der Vergangenheit um diesen Hinweis nicht gekümmert. Hat A einen Unterlassungsanspruch gegen B?

Fall 13: L hat sich bei D ein Fahrrad geliehen, das der D dem E entwendet hatte. Einige Tage nach dem Diebstahl sieht E sein Fahrrad vor der Bibliothek stehen. E nimmt es an sich und fährt nach Hause. L möchte das Fahrrad von E zurück erhalten. Zu recht?

4. Das Rechtsgeschäft

Lehrziele

Studierende erfahren in diesem Kapitel die Grundlagen des Vertragsrechts. Dazu gehören der Grundsatz der Vertragsfreiheit, der Vertragsabschluss, die Vertragsauslegung, Willensmängel beim Vertragsabschluss, Nichtigkeitsgründe, Nebenbestimmungen und Allgemeine Geschäftsbedingungen sowie die Einbeziehung Dritter in den Vertrag. Die Leser können nach Durcharbeiten dieses Kapitels die wichtigsten Probleme beim Vertragsabschluss und bei der Vertragsgestaltung beurteilen.

130 4. Das Rechtsgeschäft

[227] „Rechtsgeschäft ... ist eine Privat-Willenserklärung, gerichtet auf die Hervorbringung eines rechtlichen Erfolges, der nach der Rechtsordnung deswegen eintritt, weil er gewollt ist"[55]. Rechtsgeschäfte bestehen also aus mindestens einer *„Willenserklärung"*. Man unterscheidet einseitige und mehrseitige Rechtsgeschäfte. Beim einseitigen (z.B. Kündigung, Anfechtung [§ 143 Abs. 1 BGB], Vollmachtserteilung [§ 167 Abs. 1 BGB], Testamentserrichtung) decken sich Rechtsgeschäft und Willenserklärung; bei mehrseitigen (z.B. Vertrag) müssen weitere Willenserklärungen, ggf. auch noch andere Voraussetzungen vorliegen.

Beispiel: Zur Eigentumsübertragung einer beweglichen Sache ist gem. § 929 BGB die Einigung über den Eigentumsübergang und die Übergabe der Sache erforderlich. Die Einigung ist ein Vertrag, bestehend aus den Willenserklärungen des bisherigen und des neuen Eigentümers. Die Übergabe ist ein „Realakt" (= eine Handlung, an die die Rechtsordnung unabhängig vom Willen des Handelnden Rechtsfolgen knüpft, z.B. der Eigentumserwerb nach §§ 946, 947, 950, 984 BGB).

Abbildung 39: Rechtsgeschäft

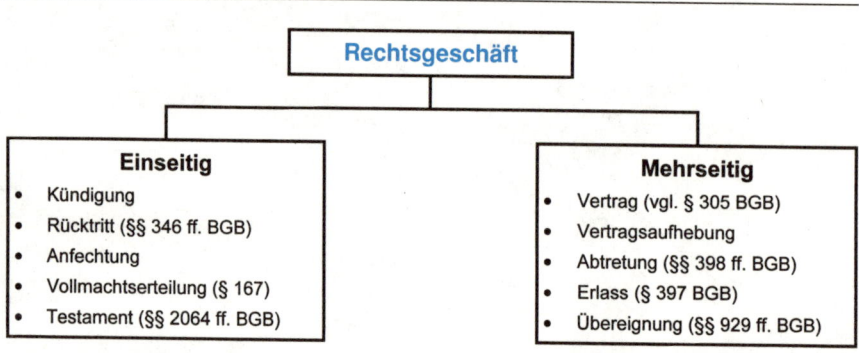

4.1 Willenserklärung

[228] Die Willenserklärung (WE) ist die Äußerung (Kundgabe, Erklärung) eines auf einen rechtlichen Erfolg gerichteten Willens. Sie besteht also aus zwei Elementen:
1. dem äußeren (objektiven) Erklärungstatbestand und
2. dem inneren (subjektiven) Tatbestand (Willen).

---

55 Motive Bd. I S. 126

4.1.1 Erklärungstatbestand

[229] Dieser besteht in einem Verhalten, das sich aus der Sicht eines objektiven Betrachters als Äußerung eines auf die Herbeiführung einer bestimmten Rechtsfolge gerichteten Willens darstellt. Dieser Betrachter (z.B. der Empfänger dieser Erklärung) bewertet dieses Verhalten nach seiner üblichen Bedeutung, Sitten und Gebräuchen („Verkehrssitte", Handelsbrauch) und den Besonderheiten des Einzelfalls (z.B. vorherige Absprachen). Es kommt also darauf an, ob ein bestimmtes Verhalten nach den äußeren Umständen, unter denen es vorgenommen wird, als Äußerung eines rechtlich bedeutsamen Willens aufzufassen ist.

Auf eine bestimmte Form des Verhaltens kommt es (zunächst) nicht an; die Äußerung kann durch schlüssiges (= konkludentes) Verhalten erfolgen oder ausdrücklich (mündlich oder schriftlich) abgegeben oder notariell beurkundet werden.

4.1.2 Innerer Tatbestand

[230] Normalerweise wird die Erklärung von einem entsprechenden Willen (innerer = subjektiver Tatbestand einer Willenserklärung) des Erklärenden getragen. Dieser beinhaltet:
- Handlungsbewusstsein und -wille,
- Erklärungsbewusstsein und -wille,
- Geschäftswille.

Fehlt dem Erklärenden der Handlungswille (z.B. Sprechen im Schlaf, in Hypnose), ist die Willenserklärung nichtig. Dieser Fall ist im Gesetz nicht ausdrücklich geregelt; das Ergebnis – Nichtigkeit – ergibt sich aus einer entsprechenden Anwendung (Analogie) des § 105 Abs. 2 BGB. Fehlt das Erklärungsbewusstsein (das Bewusstsein, eine rechtlich erhebliche Erklärung abzugeben), ist die Erklärung (zunächst) wirksam[56]; sie kann aber gem. § 119 Abs. 1 BGB angefochten werden.

Beispiel: Xaver mietet sich eine Segelyacht, mit der er mit einigen Freunden vor der Küste kreuzt. In gehobener Stimmung schießt er einige an Bord gefundene Raketen ab. Frei von seemännischen Kenntnissen, weiß er nicht, dass das Signal „Benötige Schlepphilfe" bedeutet. Bär läuft mit seinem Bergungsschlepper aus und verlangt später Bergungslohn.

---

[56] str., vgl. BGHZ 91, S. 324 ff.

[231] Auch bei fehlendem Geschäftswillen (der Wille, eine bestimmte Rechtsfolge herbeizuführen, z.B. Vertragsabschluss, Kündigung) ist die Erklärung wirksam, kann aber gem. § 119 Abs. 1 BGB angefochten werden.

Beispiel: Kaufmann will seinem Angestellten Plisch kündigen und Plum Prokura erteilen. Seine Sekretärin verwechselt die Namen, K unterschreibt – wie immer – blind.

4.1.3 Abgabe der Willenserklärung

[232] Zu unterscheiden ist zwischen der empfangsbedürftigen (§ 130: „eine Willenserklärung, die einem anderen gegenüber abzugeben ist") und der nicht empfangsbedürftigen Willenserklärung (z.B. Testament).
Die meisten Erklärungen sind empfangsbedürftig. Hier muss der Erklärende das seinerseits Erforderliche veranlassen, damit die Erklärung ohne sein weiteres Zutun unter normalen Umständen den Empfänger erreicht. Eine nicht empfangsbedürftige Willenserklärung ist bereits wirksam, wenn sie formuliert, z.B. niedergeschrieben ist.

Beispiel: Kaufmann (Beispiel oben) will es sich noch überlegen, ob er Plum wirklich Prokura erteilen sollte und nimmt das Schreiben deshalb nach Unterzeichnung aus der Postmappe heraus. Beim Aufräumen findet es seine Sekretärin. Sie glaubt, es sei herausgefallen und leitet es Plum zu.

[233] Nach herrschender Meinung ist die „abhanden gekommene" Willenserklärung nicht wirksam abgegeben.

Abbildung 40: Willenserklärung

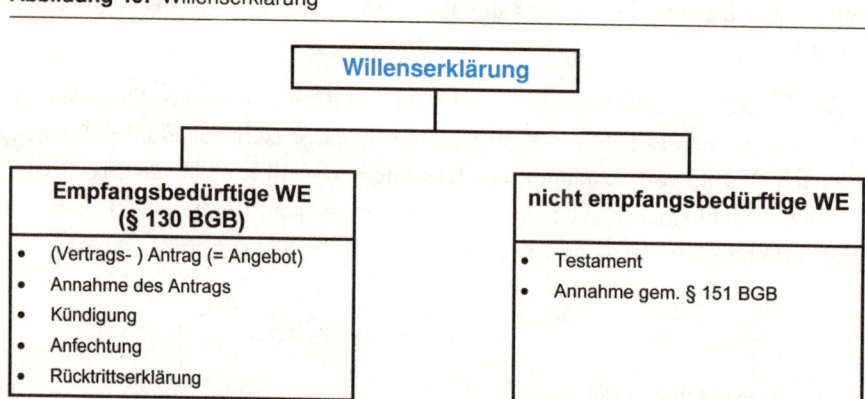

4.1.4 Zugang

[234] Die empfangsbedürftige Willenserklärung wird in dem Zeitpunkt wirksam, in dem sie dem Adressaten „zugeht" (§ 130 Abs. 1 S. 1 BGB). Die mündliche (auch: telefonische) Erklärung ist zugegangen, wenn sie der Empfänger vernimmt. Eine schriftliche Erklärung geht zu, wenn sie so in den „Machtbereich" des Empfängers gelangt ist, dass dieser sie unter normalen Umständen zur Kenntnis nehmen kann.

[235] *Einzelfälle:*
▶ Ein Brief geht zu, wenn er dem Empfänger tatsächlich übergeben wird oder zur üblichen Zeit in den Hausbriefkasten gelangt (wird er z.B. erst um 21.00 Uhr eingeworfen, gilt er erst am nächsten Morgen als zugegangen).
▶ Ein Einschreibbrief, der dem Empfänger (wegen Abwesenheit) nicht ausgehändigt werden kann, ist erst bei Abholung zugegangen (nicht schon bei Empfang des Benachrichtigungsscheins).
▶ Ein Telegramm, das telefonisch zugesprochen wird, ist in diesem Moment zugegangen.
▶ Ein Telefax ist bei vollständiger Aufzeichnung auf dem Empfangsgerät zugegangen, auch wenn dies nach Geschäftsschluss erfolgt (ebenso Telex).
▶ Zustellung durch Vermittlung des Gerichtsvollziehers: vgl. § 132 BGB (lesen!).
▶ Übermittlung durch Dritte:
– Erklärungsbote: Die Erklärung geht nur zu, wenn sie dem Empfänger richtig übermittelt wird.
– Empfangsbote: Die Erklärung geht in dem Zeitpunkt zu, in dem nach dem regelmäßigen Verlauf der Dinge die Weiterleitung an den Adressaten zu erwarten war.[57]

Verhindert der Empfänger den Zugang bewusst und unberechtigt (z.B. durch Verweigerung der Annahme), ist es ihm nach Treu und Glauben (§ 242 BGB) verwehrt, sich darauf zu berufen, die Erklärung sei ihm nicht rechtzeitig zugegangen. Dasselbe gilt, wenn er bei Abwesenheit (z.B. Urlaub) nicht dafür gesorgt hat, dass ihm die Post nachgeschickt wird. Anders kann es sein, wenn der Absender den Hinderungsgrund kennt.

---

57 vgl. Palandt, BGB, (59. Aufl.), § 130 RN 9

4.2 Vertrag

Pacta sunt servanda.
= Verträge müssen eingehalten werden.

[236] Verträge sind mehrseitige Rechtsgeschäfte; an ihrem Zustandekommen müssen also mindestens zwei Personen beteiligt sein. Diese müssen sich über den Vertragsabschluss einig sein. Zu unterscheiden sind einseitig und zweiseitig verpflichtende (= gegenseitige) Verträge.

Beispiele:

Einseitig verpflichtende Verträge:
K verspricht seinem Enkel E, ihm zu seinem 18. Geburtstag einen Pkw zu schenken (Schenkung, §§ 516 ff. BGB). E sagt seinem Freund F zu, ihm diesen Pkw für eine Urlaubsfahrt unentgeltlich zur Verfügung zu stellen (Leihe, §§ 598 ff. BGB). Er übernimmt gegenüber der Bank D für F eine Bürgschaft (§§ 765 ff. BGB). Weitere Beispiele: Auftrag (§§ 662 ff. BGB), unentgeltliche Verwahrung (§ 690 BGB).

Gegenseitige Verträge:
E verkauft den Pkw an D (Kauf, §§ 433 ff. BGB). E vermietet eine Wohnung an M (Miete, §§ 635 ff. BGB). Weitere Beispiele: Dienstvertrag (§§ 611 ff. BGB), Werkvertrag (§§ 631 ff. BGB), Geschäftsbesorgungsvertrag (§ 675 ff. BGB), Gesellschaftsvertrag (§§ 705 ff. BGB).

4.2.1 Grundsatz der Vertragsfreiheit

[239] Im Privatrecht herrscht Vertragsfreiheit. Hiervon geht das BGB als selbstverständlich aus; gem. Art. 2 GG (Allgemeine Handlungsfreiheit) hat dieser Grundsatz nach einer Entscheidung des BVerfG[58] Verfassungsrang. Dieser Grundsatz beinhaltet das Recht, frei zu entscheiden, ob und mit wem ein Vertrag abgeschlossen wird (Abschlussfreiheit) und die Befugnis, den Inhalt eines Vertrages frei zu gestalten, ohne an gesetzlich vorgegebene Vertragsformen gebunden zu sein (Gestaltungs- oder Inhaltsfreiheit).

Ausnahmen:
[240] Die *Abschlussfreiheit* ist eingeschränkt durch den Abschlusszwang (Kontrahierungszwang) bei *Monopolunternehmen* (z.B. Energieversorgung,

---

58 BVerfGE 8, S. 328

Abbildung 41: Vertragsfreiheit

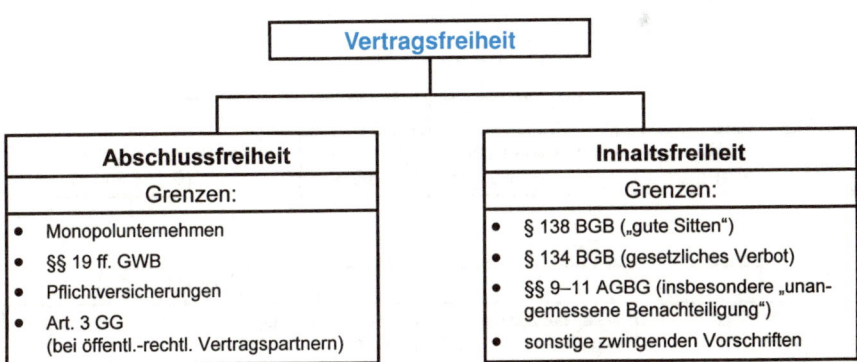

Bahn, öffentliche Verkehrsunternehmen). Wer eine Monopolstellung inne hat (kein wesentlicher Wettbewerb mit anderen Unternehmen), darf sich nicht auf Abschlussfreiheit berufen (vgl. §§ 19–21 GWB [KartellG]).

[241] Auch der Grundsatz der *Gestaltungsfreiheit* gilt nicht uneingeschränkt. Verträge dürfen nicht gegen zwingende gesetzliche Vorschriften verstoßen (z.B. §§ 134, 138, 310, 312 Abs. 1 S. 1 BGB). Schutzvorschriften zugunsten bestimmter Vertragsparteien (z.B. §§ 476, 550 a, 554 a, b, 564 b VI, 619, 622 Abs. 1, 651 k, 276 Abs. 2 BGB, 9–11 AGBG) können nicht unter Berufung auf diesen Grundsatz unterlaufen werden. Im Gesellschafts-, Sachen-, Familien- und Erbrecht ist die Gestaltungsfreiheit ebenfalls eingeschränkt (*numerus clausus* der Gesellschaftsformen und Sachenrechte; Eheverträge: § 1409 BGB).

4.2.2 Vertragsabschluss

[242] Verträge kommen durch (mindestens) zwei übereinstimmende, empfangsbedürftige Willenserklärungen zustande; diese heißen Angebot (Antrag) und Annahme.

4.2.2.1 Antrag

[243] Ein Angebot ist ein an eine oder mehrere bestimmte Personen gerichteter Vorschlag zum Abschluss eines Vertrages. Es muss inhaltlich bestimmt genug sein, d.h. den Vertragsgegenstand bezeichnen und – sofern gewollt – ausdrücklich oder stillschweigend die Gegenleistung festsetzen oder deren Festsetzung ermöglichen.

Ob in einem bestimmten Verhalten bereits ein Antrag i.S.d. § 145 BGB zu sehen ist, muss durch Auslegung (§§ 133, 157 BGB) ermittelt werden.

Abbildung 42: Vertragserklärungen

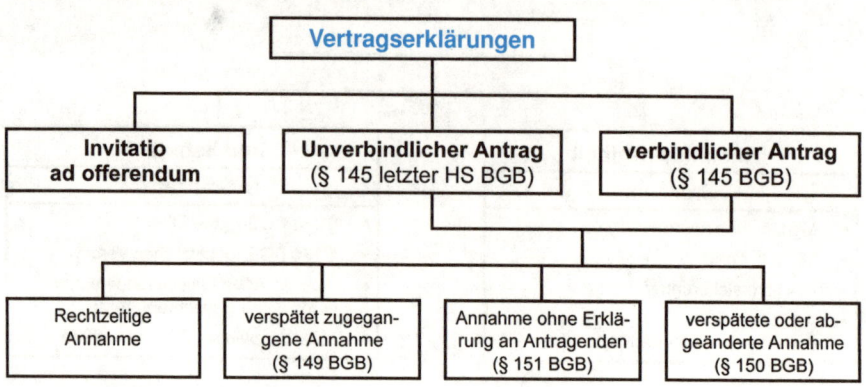

Die Auslage von Waren im Schaufenster oder im Regal eines Selbstbedienungsladens, die Aufnahme in den Katalog eines Versandhauses, Präsentation im Internet, Aufgabe einer Zeitungsanzeige, wird nicht als Angebot, sondern als „Einladung zur Abgabe eines Angebots" *(invitatio ad offerendum)* angesehen. In diesen Fällen ist erst die Erklärung des Kunden, die entsprechende Ware zu kaufen, als Antrag i.S.d. § 145 BGB aufzufassen. Dem Verkäufer steht es frei, dieses Angebot anzunehmen oder abzulehnen.

[244] Das Angebot wird wirksam mit *Zugang*, es sei denn, dem Empfänger geht vorher oder gleichzeitig ein Widerruf zu (§ 130 Abs. 1 S. 2 BGB). Es ist grundsätzlich bindend, wenn die Bindungswirkung nicht ausdrücklich ausgeschlossen worden ist. Gebräuchliche Klauseln für den Ausschluss sind: *ohne Obligo (o.O.); unverbindlich; freibleibend; Zwischenverkauf oder rechtzeitige und richtige Selbstbelieferung vorbehalten* u.a.

4.2.2.2 Annahme

[245] Der Vertrag kommt durch die Annahme des Antrags zustande. Die Annahme darf keine Änderung, Einschränkungen oder Erweiterungen des Antrags beinhalten und muss rechtzeitig erfolgen. Wenn der Antragende für die Annahme eine Frist bestimmt hat, kann sie nur innerhalb dieser Frist geschehen; nach Fristablauf ist der Antrag erloschen (§ 148 BGB).

Wird keine Annahmefrist gesetzt, kann die Annahme eines Antrags unter Anwesenden nur sofort erfolgen. Wird sie nicht erklärt, gilt dieses Schweigen als Ablehnung, der Antrag erlischt (§§ 146, 147 BGB).

Ein unter Abwesenden gemachter Antrag kann nur bis zu dem Zeitpunkt angenommen werden, zu dem der Antragende eine Antwort „unter regelmäßigen

Umständen erwarten darf" (§ 147 BGB). Hierfür sind maßgebend Postlaufzeit, angemessene Überlegungsfrist und Umstände des Einzelfalls. Wenn das Angebot z.B. telegraphisch oder per Telex erfolgt ist, lässt dies auf eine besondere Eilbedürftigkeit schließen, so dass die „angemessene" Frist kürzer zu bemessen ist als bei einer brieflichen Offerte.

Abbildung 43: Vertragsschluss

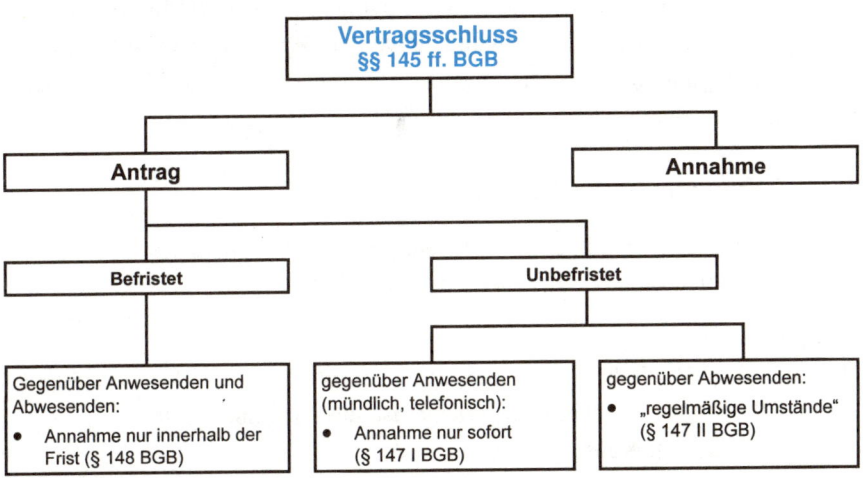

[246] Die verspätete oder abgeänderte Annahme eines Antrags gilt gem. § 150 BGB als neues Angebot, d.h. der Empfänger (ursprünglich der Antragende) kann dieses nach seinem Belieben annehmen oder ablehnen. Nur wenn die Annahmeerklärung zwar rechtzeitig abgesandt wurde, aber verspätet zugegangen ist, muss der Antragende dem Annehmenden die Verspätung mitteilen; anderenfalls gilt die Annahme als nicht verspätet (§ 149 BGB).
§ 151 BGB betrifft die Fälle, in denen nach der Verkehrssitte oder durch ausdrückliche Erklärung auf den *Zugang* der Annahmeerklärung verzichtet wird. Auch hier ist nicht etwa die Annahme entbehrlich, sondern nur der Zugang der entsprechenden Erklärung!

Beispiel: R bestellt per Telefax am 23. 3. im H-Hotel für die Zeit vom 1. bis 3.4. ein Doppelzimmer. Die Buchung wird bei H im Reservierungsbuch notiert; eine besondere Bestätigung an R ergeht nicht. Als R rechtzeitig bei H eintrifft, stellt sich heraus, dass das Zimmer versehentlich anderweitig vergeben wurde; ein anderes Zimmer ist nicht frei. R muss sich deshalb in einem anderen Hotel einmieten und hier 100,– € mehr zahlen. Er verlangt Ersatz der Mehrkosten von H.

[247] R kann von H die 100,– € als Schadensersatz wegen Nichterfüllung verlangen, wenn ein wirksamer Vertrag zwischen ihnen zustande gekommen ist.
Als *Angebot* ist das Telefax des R anzusehen. Die Annahme liegt in der Eintragung der Buchung im Reservierungsbuch; allerdings ist diese Erklärung dem R nicht zugegangen. Die Annahme wird grundsätzlich als empfangsbedürftige Willenserklärung erst mit Zugang wirksam (§ 130 Abs. 1 BGB). Hier liegt aber der Ausnahmefall des § 151 BGB vor: nach der Verkehrssitte pflegt die Bestellung eines Hotelzimmers für einen kürzeren Zeitraum – insbesondere bei kurzfristiger Buchung – nicht ausdrücklich bestätigt zu werden. Wenn jedoch keine Annahme (durch Eintragung im Reservierungsbuch) erfolgt wäre, hätte R bei bloßem Schweigen des H keine Ansprüche.

4.2.2.3 Bedeutung des Schweigens

[248] Grundsätzlich gilt Schweigen auf ein Angebot *nicht* als Zustimmung (Annahme). Hiervon gibt es (wenige) *Ausnahmen*:

▶ **§ 362 HGB**
Nach § 362 HGB gilt das Schweigen auf einen Antrag, der auf den Abschluss eines Geschäftsbesorgungsvertrags gerichtet ist, als Zustimmung, sofern
– der Schweigende Kaufmann ist,
– dessen Gewerbebetrieb die Besorgung von Geschäften für andere mit sich bringt (z.B. Bank, Spediteur, Kommissionär, Lagerhalter u.ä.) *und*
– entweder bereits mit dem Antragenden in Geschäftsverbindung steht oder sich diesem gegenüber zu einer Geschäftsbesorgung erboten hat.
§ 362 HGB ist auf andere Kaufleute als oben genannt *nicht* (analog) anwendbar, erst recht nicht auf Nichtkaufleute, weil es sich um eine (grundsätzlich eng auszulegende) Ausnahmevorschrift handelt.
Der ähnliche § 663 BGB macht das Schweigen des Empfängers nicht zur Annahme, sondern verpflichtet nur zum Schadensersatz.

▶ **Verspätet zugegangene Annahmeerklärung**
[249] Nach § 149 BGB führt das Schweigen auf eine rechtzeitig abgeschickte, aber verspätet zugegangene Annahmeerklärung dazu, dass die Erklärung als nicht verspätet gilt. Ist die Annahmeerklärung dagegen bereits verspätet abgeschickt worden, gilt das Schweigen hierauf nicht als Annahme.

▶ **Unverlangt zugegangene Ware**
[250] Beispiel: Der Verlag *Wissen ist Macht GmbH & Co.* schickt dem Studenten *Klausen* den 1. Band einer umfangreichen Enzyklopädie zu mit einem Begleitschreiben, das u.a. lautet:

„Gerade Sie als gebildeter Mensch werden den Wert dieses Werkes zu schätzen wissen. Sie haben – kostenlos und unverbindlich – die Möglichkeit, den soeben erschienenen Band I vier Wochen zu prüfen. Sollten wir in diesem Zeitraum nichts Gegenteiliges von Ihnen hören, gehen wir davon aus, dass Sie sich für den Erwerb des Gesamtwerkes entschieden haben und senden Ihnen die weiteren 19 Bände jeweils nach Erscheinen zu. Es besteht dann Verpflichtung zur Abnahme des Gesamtwerkes. Nur so können wir den günstigen Preis von € 198,– pro Band ermöglichen."
Was muss *Klausen* tun, wenn er die Enzyklopädie nicht haben will?

Sein Schweigen ist keine Zustimmung. Auch ein Fall des § 151 BGB liegt nicht vor. *Wissen ist Macht* kann zwar auf den Zugang der Annahme, nicht aber auf die Annahme selbst verzichten. *Klausen* ist gem. § 241a BGB weder zur Antwort noch zur Rücksendung verpflichtet.

[251] Anders ist es jedoch, wenn die Zusendung im Rahmen einer laufenden Geschäftsbeziehung erfolgt.

Beispiel: *Hansen* bezieht seit Jahren bei dem Weinhändler *Riesling* Wein in der Weise, dass *Riesling* jeweils zum Jahresende anhand einer ihm von *Hansen* überlassenen Liste Wein mittlerer Art und Güte an Geschäftsfreunde des *Hansen* schickt und anschließend dem Hansen berechnet. 2000 will Hansen wegen seines schlechten Geschäftsergebnisses hiervon Abstand nehmen. Als *Riesling* ihm im November mitteilt, falls er nichts anderes höre, werde er wie in den Vorjahren verfahren, *versäumt* Hansen jedoch die Absage. Muss er den Wein bezahlen?

Nach Treu und Glauben (§ 242 BGB) wäre hier wegen der bestehenden Geschäftsbeziehung eine Antwort zu erwarten gewesen. Das Schweigen des *Hansen* hat (ausnahmsweise) den Erklärungswert „Zustimmung".

▶ **Schweigen auf „moderierte Annahme"**
[252] Gem. § 150 Abs. 2 BGB ist die „moderierte" (= abgeänderte) Annahme zu werten als Ablehnung, verbunden mit einem neuen Antrag. Das Schweigen auf diesen Antrag kann ausnahmsweise dann als Zustimmung aufgefasst werden, wenn nach Treu und Glauben ausdrückliche Ablehnung geboten war. Grundsätzlich bedeutet Schweigen aber auch hier Ablehnung.

▶ **Schweigen auf kaufmännisches Bestätigungsschreiben**
[253] Gem. § 346 HGB (lesen!) ist „unter Kaufleuten hinsichtlich der Bedeutung von Handlungen und Unterlassungen auf die im Handelsverkehr geltenden Gewohnheiten und Gebräuche Rücksicht" zu nehmen. Zu diesen Gebräuchen

zählt auch das kaufmännische Bestätigungsschreiben. Das Schweigen hierauf gilt gewohnheitsrechtlich als Zustimmung, wenn folgende Voraussetzungen erfüllt sind:
- Der Empfänger des Schreibens muss Kaufmann sein oder zumindest wie ein Kaufmann in größerem Umfang am Geschäftsleben teilnehmen (z.B. Steuerberater, Architekt, Rechtsanwalt, Makler, Gutsbesitzer).
- Es müssen (mündliche, telefonische, telegraphische oder fernschriftliche) Vertragsverhandlungen stattgefunden haben.
- Das Bestätigungsschreiben muss unmittelbar nach diesen Verhandlungen abgeschickt werden.
- Das Schreiben muss den Vertrag als bereits abgeschlossen bezeichnen und seinen wesentlichen Inhalt wiedergeben. Eine bloße „Auftragsbestätigung" (= Annahmeerklärung) ist kein Bestätigungsschreiben. Wenn in dem Schreiben um „Gegenbestätigung" gebeten wird, gilt das Schweigen hierauf nicht als Zustimmung.
- Das Ergebnis der Vertragsverhandlungen darf nicht bewusst unrichtig oder entstellt wiedergegeben werden.

Bei sich kreuzenden Bestätigungsschreiben ist ein (nochmaliger) Widerspruch unnötig. Ein Widerspruch muss unverzüglich (ohne schuldhaftes Zögern, vgl. § 121 Abs. 1 BGB) erklärt werden.

4.2.3 Auslegung von Verträgen

[254] Viele Unternehmen lassen weitreichende Verträge von dem zuständigen Abteilungsleiter fertigen, weil dieser die technischen Fragen kennt, leider aber oft nicht über das hierfür erforderliche rechtliche Grundlagenwissen verfügt. Es sind dies häufig Verträge, die, wenn man sie im Streitfall sieht, einem Kursbuch in das Reich des Chaos gleichen, und die, wenn sie einem zufällig in die Hand kommen, nachdem alles gut gegangen ist, wieder an das Gute im Menschen glauben lassen.

[255] Verträge bedürfen also häufig der *Auslegung*. Das Gesetz hält einige Auslegungsregeln bereit: §§ 133, 157 BGB, 346 HGB (lesen!). Zwar stellt § 133 BGB auf den wirklichen Willen des Erklärenden ab, Vertragserklärungen müssen jedoch gem. § 157 BGB (lex specialis! – vgl. auch § 346 HGB bei Handelsgeschäften) als empfangsbedürftige Willenserklärungen aus der *Sicht des Erklärungsempfängers* ausgelegt werden: Wie hätte ein „verständiger und redlicher Mensch" in der Person des Empfängers diese Erklärung verstanden?
Zu berücksichtigen sind dabei die ihm erkennbaren Umstände des Erklärungstatbestandes, nämlich

- ▶ Wortlaut der Erklärung,
- ▶ Zweck des Rechtsgeschäfts,
- ▶ Interessenlage der Beteiligten,
- ▶ ggf. Inhalt von Vorverhandlungen,
- ▶ Stellung der Beteiligten im (Wirtschafts-)leben,
- ▶ „Verkehrssitte" (§ 157 BGB) bzw. „die im Handelsverkehr geltenden Gewohnheiten und Gebräuche" (§ 346 HGB).

[256] Der Erklärende muss sich darauf einstellen, dass seine Erklärung mit der durch die Auslegungsregel bestimmten Bedeutung verstanden wird (z.B. Handaufheben in der Versteigerung = Gebot).
Verträge können – wie Gesetze auch – Lücken aufweisen. Diese sind dann durch „ergänzende Vertragsauslegung" zu schließen. Maßgeblich ist der „hypothetische Parteiwille" – wie hätten die Parteien den offenen Punkt vernünftigerweise geregelt?

4.3 Dissens

[257] Ein Vertrag kommt durch Übereinstimmung (Konsens) der Willenserklärungen zustande. Da (wirklicher) Wille und Erklärung nicht immer übereinstimmen, fragt es sich, ob auf den (inneren) Willen oder die (äußeren) Erklärungen abzustellen ist. Wenn (nur) der innere Wille der Parteien übereinstimmt, die Erklärungen jedoch voneinander abweichen, ist ein Vertrag zustandegekommen:

Falsa demonstratio non nocet.
= Falsche Bezeichnung schadet nicht.

[258] Beispiel: V will K sein Pferd verkaufen. Er erklärt: „Ich verkaufe dir diese Kuh für 1.000 Mark". K stimmt mit den Worten: „In Ordnung, die Ziege ist gekauft." zu.

[259] Zunächst ist zu prüfen, ob der jeweilige Wille der Parteien übereinstimmt. Ist das zu bejahen, kommt es auf das Erklärte nicht mehr an. Im Beispielsfall ist folglich ein Kaufvertrag über das Pferd zustande gekommen. Stimmen die Willen nicht überein, sind die Vertragserklärungen auszulegen. Stimmt der so ermittelte objektive Erklärungswert überein, ist ebenfalls ein Konsens – trotz nicht übereinstimmender Willen – gegeben.

[259] Beispiel: Der Bootshändler *Hansen* in Kiel bietet dem in Flensburg wohnenden finnischen Staatsangehörigen *Vähämää* eine Segelyacht A 36 zum

Preise von 170.000,– „Mark" an. *Vähämää* nimmt das Angebot sofort an. Später stellt sich heraus, dass *Hansen* „DM" und *Vähämää* „Finnmark" meinte.

Gem. Art. 28 EGBGB ist deutsches Recht anwendbar („engste Verbindungen", „charakteristische Leistung"). Die Auslegung des Angebots ergibt eindeutig „DM" (Inlandsgeschäft). *Vähämää* kann den Vertrag aber evtl. wegen Irrtums – § 119 Abs. 1 BGB – anfechten.
Wenn weder wirklicher Wille noch objektiver Erklärungswert übereinstimmen, ist ein Dissens (Einigungsmangel) gegeben.

[260]   **Beispiel:** Im obigen Fall wohnt *Vähämää* in Helsinki.

Die Erklärungen sind objektiv mehrdeutig; subjektiv meinten beide eine andere Währung. Ein Vertrag ist nicht zustandegekommen. Sind sich die Parteien bewusst, dass sie sich (noch) nicht geeinigt haben, liegt ein offener Einigungsmangel vor; meinen sie irrtümlich (Beispiel oben), sich geeinigt zu haben, ist ein versteckter Dissens gegeben.

4.3.1 Offener Dissens

[261]   Hier ist gem. § 154 Abs. 1 BGB ein Vertrag „im Zweifel" nicht geschlossen. Das ist dann anzunehmen, wenn über wesentliche Vertragsbestandteile keine Einigung erzielt wurde (z.B. Kaufgegenstand, Kaufpreis, Mietsache, Miethöhe). Zu beachten ist aber, dass die Bestimmung nach dem Parteiwillen auch einseitig einer Vertragspartei oder einem Dritten überlassen werden kann (§§ 315 ff. BGB).
Wenn nur über Nebenpunkte keine Einigung erzielt wurde, kommt es darauf an, ob diese Punkte für mindestens eine Partei so bedeutsam sind, dass die Wirksamkeit des gesamten Vertrages hiervon abhängen soll.

[262]   **Beispiel:** V und K haben sich über die Kaufsache und den Kaufpreis geeinigt. Offen ist aber noch, wann geliefert werden soll und wer die Transportkosten tragen soll.

Führt eine Auslegung hier zu keinem eindeutigen Ergebnis, ist im Zweifel der Vertrag nicht geschlossen.

4.3.2 Versteckter Dissens

[263]   Fehlt hier die Einigung über einen wesentlichen Vertragsbestandteil – Währungsbeispiel –, ist kein Vertrag zustande gekommen.
Betrifft der Dissens einen Nebenpunkt, hilft die Auslegungsregel des § 155 BGB. Die Lücke im Vertrag ist durch „ergänzende Vertragsauslegung" (s.o.)

zu schließen oder durch Anwendung dispositiven Rechts (z. B. §§ 271, 448 BGB).

Klausurhinweise:
Bei der Prüfung, ob ein wirksamer Vertrag vorliegt, empfiehlt es sich, die Prüfung in folgender Reihenfolge vorzunehmen:
1. Liegt ein wirksamer Antrag vor?
2. Wurde der Antrag rechtzeitig angenommen?
3. Beinhaltet die Annahme Abänderungen zum Antrag?
   Verspätete oder moderierte Annahme ist neuer Antrag!
4. Stimmen Wille und Erklärungen der Beteiligten überein?
   Der Vertrag ist wirksam zustande gekommen und kann auch nicht angefochten werden.
5. Stimmt nur der Wille der Beteiligten überein? *(falsa demonstratio)*
   Der Vertrag ist wirksam zustande gekommen und kann auch nicht angefochten werden.
6. Stimmen die Erklärungen (ggf. durch Auslegung zu ermitteln) überein?
   Wenn nein: offener Dissens: kein Vertrag
   Wenn nein: versteckter Dissens: vgl. § 155 BGB
   Wenn ja: Vertrag ist zustande gekommen, evtl. aber wegen Irrtums anfechtbar.
7. Bei Anfechtung:
   Ist ein Anfechtungsgrund gegeben? (§§ 119, 123 BGB)
   Liegt eine wirksame Anfechtungserklärung vor? (§ 143 BGB)
   Ist die Anfechtung rechtzeitig erfolgt? (§§ 121, 124 BGB)
8. Liegen Nichtigkeitsgründe vor? (Formmangel, Scheingeschäft, gesetzliches Verbot, Sittenwidrigkeit)
   Wenn ja, ist eine Umdeutung (§ 140 BGB) möglich?

4.4 Wegfall der Geschäftsgrundlage

[264] Gesetzlich nicht geregelt ist der Fall, dass bei einem Vertragsabschluss beide Parteien von einem bestimmten Sachverhalt ausgehen, der sich im nachhinein als unrichtig herausstellt, oder sich von einer Einschätzung bestimmter Umstände oder künftiger Entwicklungen leiten lassen, die sich später als falsch erweist.

Beispiele:
a) Die Stadt K kauft von der Mineralölhandlung V im Dezember 1972 ihren Bedarf an Heizöl für 1973, und zwar 15000 Tonnen zum Preis von 98 DM/t

(Festpreis). 1973 stiegen die Ölpreise, die V ihren Lieferanten zahlen musste, infolge der sog. „Ölkrise" erheblich: Der Preis pro Tonne betrug im Januar 120 DM, im Juni 180 DM, im Oktober 240 DM und im Dezember 560 DM. Ab August verlangt V eine Preisanpassung, die K ablehnt. Ab Oktober stellt V die Lieferungen an K ein. K kauft das Öl bei einem anderen Lieferanten und muss ca. 1,3 Mio. DM mehr zahlen als nach dem Liefervertrag mit V. Diesen Betrag verlangt sie von V ersetzt.

b) A hat B sein Unternehmen im Jahr 1960 gegen Zahlung einer Leibrente von monatlich 1.000 DM veräußert. Eine Anpassung dieser Rente an gestiegene Lebenshaltungskosten war im Vertrag nicht vorgesehen. Kann er im Jahr 1987 dennoch eine Erhöhung der Rente verlangen?

[265] Die Lehre von der Geschäftsgrundlage ist im Wesentlichen vom RG entwickelt worden, das sich nach dem 1. Weltkrieg mit der Inflation auseinander setzen musste. Man empfand es mit dem Grundsatz von Treu und Glauben (§ 242 BGB) als nicht vereinbar, dass z. B. jemand ein Darlehen mit dem extrem entwerteten Geld zurückzahlen konnte.

[266] Geschäftsgrundlage ist ein Umstand,
▶ der zumindest von einer Partei – für die andere erkennbar – bei Vertragsabschluss vorausgesetzt wurde,
▶ der für diese Partei von so erheblicher Bedeutung war, dass sie den Vertrag so nicht abgeschlossen hätte, wenn sie mit seinem Fehlen oder Wegfall gerechnet hätte,
▶ dessen Fehlen oder Wegfall nicht zum Risikobereich nur einer Partei gehört (normales Geschäftsrisiko, Spekulationsgeschäfte, Konjunkturentwicklung, Rohstoffpreise u. a.).

[267] Ein Fehlen oder ein Wegfall dieses Umstandes berührt die Geschäftsgrundlage nur dann, wenn hierdurch ein „grobes Missverhältnis" zwischen den beiderseits geschuldeten Leistungen entsteht (z. B. Geldentwertung von mehr als 40%).
Die Berufung auf den Wegfall der Geschäftsgrundlage ist nach der Rechtsprechung des BGH nur dann zulässig, „wenn das zur Vermeidung eines untragbaren, mit Recht und Gerechtigkeit nicht zu vereinbarenden und damit der betroffenen Partei nicht zumutbaren Ergebnisses unabweisbar erscheint"[59]. Die Anpassung des Vertrages durchbricht den Grundsatz der Vertragstreue (pacta sunt servanda) und führt damit – bei höherer Einzelfallgerechtigkeit – zu einer Ver-

---
59 BGH WM 1978, S. 322 f.

minderung der Rechtssicherheit. Im Zweifel sollte man deshalb zugunsten der Vertragstreue entscheiden.

[268] *Rechtsfolge* des Wegfalls der Geschäftsgrundlage ist primär die Anpassung des Vertrages an die geänderten Verhältnisse (ähnlich der „ergänzenden Vertragsauslegung"). Ist eine Anpassung nicht möglich oder dem anderen nicht zumutbar, kann der durch den Wegfall Benachteiligte eine *Vertragsaufhebung* verlangen.

Nach diesen Grundsätzen sind die o. g. Beispielsfälle zu entscheiden:

a) Die Ölpreisentwicklung ist demgegenüber zwar für V von erheblicher Bedeutung, sie liegt aber allein in seinem Risikobereich. Er hätte sich z.B. vorher eindecken oder mit seinen Lieferanten entsprechende Verträge schließen können. Er war also zur weiteren Belieferung verpflichtet und muss Schadensersatz leisten[60].

b) Im Rentenfall ist (inzwischen) eine Anpassung vorzunehmen. Die Rente sollte dem Berechtigten den angemessenen Lebensunterhalt sichern. Die seit 1960 eingetretenen Änderungen sind auch so erheblich, dass ein „grobes Missverhältnis" angenommen werden muss. Allerdings wäre es für A. wesentlich günstiger gewesen, eine Wertsicherungsklausel in den Vertrag aufzunehmen, weil hierdurch erheblich schneller der Geldentwertung Rechnung getragen werden kann.

4.5 Verpflichtungs- und Verfügungsgeschäfte

[269] Zur Einführung: K schließt am 1.4. mit dem Vertragshändler V einen schriftlichen Kaufvertrag über einen Pkw zum Preis von 25.000,– €. Am 31.5. wird der Pkw an K ausgeliefert; zugleich zahlt K den Kaufpreis. Welche Rechtsgeschäfte sind in diesem Vorgang enthalten? Wie wäre es, wenn V den Pkw am Lager vorrätig gehabt hätte und Übergabe und Zahlung gleichfalls am 1.4. erfolgt wären?

Das BGB unterscheidet zwischen Verpflichtungs- und Verfügungsgeschäften.
[270] Rechtsgeschäfte, die die Verpflichtung zu einer Leistung begründen, sind (meist im 2. Buch des BGB enthaltene) *Verpflichtungsgeschäfte*, i.d.R. Verträge. Typisches *Beispiel*: der Kaufvertrag. Der Abschluss des Kaufvertrages verpflichtet den Verkäufer zur Übergabe und Übereignung der Kaufsache, den Käufer zur Zahlung des Preises. Die Eigentumsverhältnisse an der Kaufsache

---

60 Fall nach BGH WM 1978, S. 322

werden hierdurch unmittelbar nicht berührt, und zwar auch dann nicht, wenn Vertragsabschluss und Übergabe – Übereignung – zeitlich zusammenfallen.

[271] *Verfügungsgeschäfte* sind Rechtsgeschäfte, durch die ein Recht unmittelbar übertragen, belastet, geändert oder aufgehoben wird. Sie sind hauptsächlich im Sachenrecht, aber auch im Schuldrecht geregelt.

Beispiele:
▶ Eigentumsübertragung (bewegliche Sachen: §§ 929 ff. BGB, Grundstücke: §§ 873, 925 BGB),
▶ Forderungsabtretung (§ 398 BGB),
▶ Forderungserlass (§ 397 Abs. 1 BGB).

Das Verfügungsgeschäft besteht i.d.R. aus einem Vertrag (ausnahmsweise einem einseitigen Rechtsgeschäft) und ggf. weiteren Tatbestandsmerkmalen.
Zur Übereignung einer beweglichen Sache ist gem. § 929 BGB die Einigung zwischen Erwerber und Veräußerer (Vertrag) und zusätzlich die Übergabe der Sache (Realakt) erforderlich (Sonderfälle: §§ 930 f. BGB).

[272] *Einzelfälle:*
V will die ihm gegen K zustehende Kaufpreisforderung an seine Bank B übertragen. Erforderlich ist der Abschluss eines Vertrages (Abtretungsvertrag) zwischen V und B (§ 398 S. 1 BGB). Unmittelbar mit Abschluss dieses Vertrages (Verfügungsgeschäft!) tritt B als neue Gläubigerin an die Stelle von V (§ 398 S. 2 BGB).

Abbildung 44: Abstraktionsprinzip

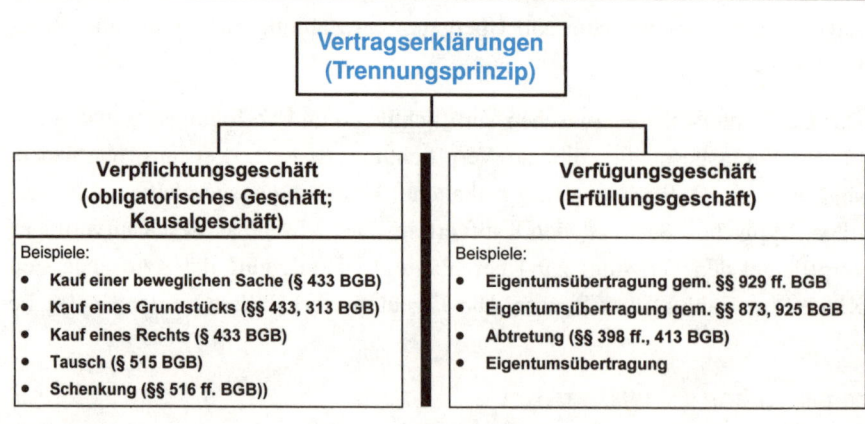

Will V auf seine Kaufpreisforderung verzichten, ist auch hierfür der Abschluss eines Erlassvertrages notwendig (§ 397 BGB).
Bei der Aufgabe des Eigentums reicht dagegen gem. § 959 BGB die – nicht empfangsbedürftige – Willenserklärung (Verzicht auf das Eigentum) und die Besitzaufgabe (Realakt).

[273] Voraussetzung für die Wirksamkeit von Verfügungsgeschäften ist grundsätzlich eine entsprechende Verfügungsmacht des Verfügenden (Ausnahme: §§ 932 ff. BGB). Verfügungsberechtigt ist regelmäßig der Inhaber des Rechts (Eigentümer, Inhaber der Forderung, Verfügungsberechtigter gem. § 185 BGB); ausnahmsweise ein anderer (z.B. Insolvenzverwalter).
Für die Wirksamkeit von Verpflichtungsgeschäften ist diese Verfügungsmacht dagegen nicht erforderlich; auch der Nichteigentümer kann sich wirksam verpflichten, eine Sache zu veräußern; der Eigentümer kann mehrere Kaufverträge über dieselbe Sache abschließen. Ob er diese Verträge erfüllen kann, ist eine andere Frage.

[274] Bei Verfügungen gilt demgegenüber der Prioritätsgrundsatz: Nur die zeitlich erste Verfügung ist wirksam, nachfolgende unwirksam. Tritt V im obigen Beispielsfall die Forderung erst an B und anschließend nochmals an den ihn drängenden Gläubiger G ab, ist nur die Abtretung an B wirksam. Verpflichtungs- und Verfügungsgeschäft sind voneinander unabhängig (Abstraktionsprinzip). Das bedeutet, dass etwaige Mängel des Verpflichtungsgeschäfts die Wirksamkeit des Verfügungs- (Erfüllungs-)geschäfts grundsätzlich nicht berühren. Hat etwa im Eingangsbeispiel K den Kaufvertrag wirksam angefochten (§ 142 BGB), bleibt er, wenn ihm der Pkw zwischenzeitlich übereignet wurde, (zunächst) Eigentümer des Pkw. Er ist aber gem. § 812 BGB zur Rückübereignung verpflichtet. Umgekehrt kann auch das Verpflichtungsgeschäft wirksam sein, das Verfügungsgeschäft unwirksam sein: K wird nach Abschluss des Kaufvertrages, aber vor der Übereignung geisteskrank (§ 104 Nr. 2 BGB). Seine bei der Übereignung (Einigung) abgegebene Willenserklärung und damit die Übereignung selbst ist nichtig (§ 105 BGB), der Kaufvertrag bleibt gültig. Das Abstraktionsprinzip dient der Sicherheit des Rechtsverkehrs (insbesondere beim Eigentum). Viele andere Rechtsordnungen kennen dieses Prinzip nicht.

4.6 Nichtigkeitsgründe

[275] Nichtigkeit bedeutet Unwirksamkeit des Rechtsgeschäfts von Anfang an und wirkt gegen jeden. Die Gründe, die zur Nichtigkeit führen, sind im Gesetz geregelt.

4.6.1 Scheingeschäft

Plus valet quod actum quam quod simulatum.
= **Was wirklich verabredet worden ist, hat stärkere Kraft, als was vorgespiegelt worden ist.**

[276]   Ein Scheingeschäft liegt vor, wenn die Beteiligten einverständlich nur den äußeren Anschein eines Rechtsgeschäfts hervorrufen, die mit dem Geschäft verbundenen Rechtsfolgen aber nicht eintreten lassen wollen (§ 117 Abs. 1 BGB).

Beispiel: *Oskar* will seinem Neffen *Nepumuk* ein wertvolles Grundstück schenken. Um die Schenkungssteuer zu sparen, wird ein Kaufvertrag beurkundet.

Der Kaufvertrag ist als Scheingeschäft nichtig. Gem. § 117 Abs. 2 BGB könnte die Schenkung aber als sog. „verdecktes" Rechtsgeschäft wirksam sein (ist aber nicht beurkundet, wie in den §§ 313, 518 BGB vorgeschrieben).
Ein geheimer Vorbehalt, das Erklärte nicht zu wollen, führt nur dann zur Nichtigkeit der Willenserklärung, wenn der Erklärungsempfänger diesen Vorbehalt kennt (§ 116 BGB):

Intentio in mente retenta nihil operatur.
= **Eine verschlossene Absicht bewirkt nichts.**

4.6.2 Scherzerklärung

Jocus consensui adversatur.
= **Scherz und Einwilligung schließen sich aus.**

[277]   Eine Scherzerklärung liegt vor, wenn eine Willenserklärung in der Erwartung abgegeben wird, der Empfänger werde den Scherz erkennen (§ 118 BGB).

Beispiel: P ruft aus: „100 € für 1 Flasche Bier!" D rennt los, holt Bier und will das Geld.

Er hat hierauf gem. § 118 BGB keinen Anspruch, aber ggf. gem. § 122 BGB Anspruch auf Schadensersatz.

4.6.3 Formmangel

[278]   Rechtsgeschäfte sind grundsätzlich formlos gültig. Ausnahmsweise ist aber die Einhaltung einer bestimmten Form erforderlich, wenn sie entweder vom

Gesetz vorgeschrieben oder von den Parteien vereinbart wurde. Gründe für die Formbedürftigkeit eines Rechtsgeschäfts können sein:

▶ Schaffung von Beweisen, ob und ggf. mit welchem Inhalt und von welchen Personen ein Rechtsgeschäft getätigt wurde *(Beweisfunktion)*,

▶ vorherige juristische Beratung über Auswirkungen und Gefahren des beabsichtigten Geschäfts [insbesondere, wenn notarielle Beurkundung vorgeschrieben ist] *(Beratungsfunktion)*,

▶ Warnung vor unüberlegtem oder übereiltem Abschluss eines Geschäfts *(Warnfunktion)*.

4.6.3.1 Gesetzliche Formvorschriften

▶ **Schriftform**

[279] Der Aussteller muss eine Urkunde eigenhändig mit Namensunterschrift oder durch notariell beglaubigtes Handzeichen unterzeichnen (§ 126 Abs. 1 BGB). Die Urkunde selbst muss nicht handschriftlich (Ausnahme: Testament, § 2247 Abs. 1 BGB) ausgefertigt werden. Die Unterschrift muss unter dem Text stehen, Nachträge müssen ebenfalls unterzeichnet werden. Mehrere Blätter müssen entweder dauerhaft miteinander verbunden oder einzeln unterschrieben werden. Nach einem neuen Urteil des BGH[61] reicht es jetzt auch – ohne körperliche Verbindung der einzelnen Blätter – aus, wenn die Einheit der Urkunde sich aus einer fortlaufenden Paginierung der Blätter, einer fortlaufenden Nummerierung der einzelnen Bestimmungen, einer einheitlichen grafischen Gestaltung, dem inhaltlichen Zusammenhang des Textes oder vergleichbaren Merkmalen zweifelsfrei ergibt.

Die Übermittlung durch Telex, Telegramm, Telefax[62] usw. erfüllt nicht die Schriftform. Allerdings sehen viele Gerichte die Einlegung von Rechtsmitteln durch Telefax als zulässig an[63].

Bei Verträgen gilt die Besonderheit des § 126 Abs. 2 BGB. Es genügt aber auch eine Blankounterschrift (Gefahr bei abredewidrigem Ausfüllen!).

Beispiele gesetzlich vorgeschriebener Schriftform: §§ 32 Abs. 2, 37 1, 81 Abs. 1, 368, 409, 410, 416 Abs. 2, 556 a V, 564 a, 566, 623, 761, 766, 780 ff., 793 ff., 1154 BGB, TVG § 1 Abs. 2, §§ 4, 15 VerbrKrG u.a.

---

[61] BGH, Urt. v. 24.9.1997, XII ZR 234/96
[62] vgl. Wolf, Christian, Die Verwendung eines Fernkopierers zur Dokumentenübermittlung, in: NJW 1989, S. 2592; Tschentscher, CR 1991, S. 141
[63] vgl. z. B. BAG, Urt. v. 14. 3. 1989, NJW 1989, S. 1822; vgl. zur Rechtsmitteleinlegung per Telex auch BVerfG, Beschl. v. 11. 2. 1987, NJW 1987, S. 2067

▶ **Öffentliche Beglaubigung**

[280] Die Unterschrift unter einer Urkunde muss vor einem Notar vollzogen oder vor ihm anerkannt werden. Die Beglaubigung bezieht sich nur auf die Echtheit der Unterschrift, nicht auf den Inhalt der Urkunde (vgl. §§ 129 BGB, 40 BeurkG). Notarielle Beglaubigung ist häufig bei der Abgabe von Erklärungen gegenüber Behörden (z.B. Grundbuchamt, Handelsregister) erforderlich (vgl. §§ 12 HGB, 29 GBO).

▶ **Notarielle Beurkundung**

[281] Die zu beurkundende Erklärung muss in Anwesenheit des Notars den Beteiligten vorgelesen und von ihnen und dem Notar unterschrieben werden (§§ 8, 13 BeurkG). Der Notar muss die Beteiligten beraten und über bestimmte Gefahren des Rechtsgeschäfts und seine Bedeutung belehren. Beurkundung ist insbesondere vorgeschrieben bei Grundstücksgeschäften (§ 313 BGB), der Auflassung (§§ 925, 873 BGB), Schenkungsversprechen (§ 518 Abs. 1 BGB), Gesellschaftsverträgen/Satzungen (§ 23 Abs. 1 AktG, § 2 Abs. 1 GmbHG), Abtretung von Geschäftsanteilen (§ 15 Abs. 3 und 4 GmbHG).

Die jeweils strengere Form ersetzt die schwächere (§§ 126 Abs. 2, 129 Abs. 2 BGB). Die notarielle Beurkundung kann durch gerichtlichen Vergleich ersetzt werden (§ 127a BGB).

4.6.3.2 Gewillkürte Form

[282] Die Beteiligten können bei einem nicht formgebundenen Rechtsgeschäft die Formbedürftigkeit vereinbaren (und auch wieder aufheben). Es gelten dann grundsätzlich die Bestimmungen über die gesetzlichen Formen. Allerdings können die Anforderungen an die Schriftform erleichtert (z.B. Verzicht auf eigenhändige Unterschrift) oder erschwert werden (z.B. Zustellung nur durch Einschreiben). Auch können Formerfordernisse einvernehmlich, auch mündlich, wieder aufgehoben werden.[64]

4.6.3.3 Rechtsfolgen bei Nichtbeachtung der Form

[283] Bei Missachtung einer gesetzlich vorgeschriebenen Form ist das Rechtsgeschäft grundsätzlich nichtig, bei der gewillkürten Form „im Zweifel" ebenfalls nichtig (§ 125 BGB).

In einigen Fällen kann die Nichtigkeit aber geheilt (z.B. §§ 313 S. 2, 518 Abs. 2, 766 S. 2 BGB) werden.

---

[64] Es empfiehlt sich daher, auch für Aufhebung des Schriftformerfordernisses Schriftform zu vereinbaren.

Auch muss geprüft werden, ob das an sich nichtige Rechtsgeschäft in ein nicht formbedürftiges *umgedeutet* (§ 140 BGB) werden kann (z.B. § 566 S. 2 BGB; Prokura/Handlungsvollmacht [§§ 48 ff. HGB]).

4.6.4 Verstoß gegen gesetzliches Verbot

Ex maleficio non oritur contractus.[65]

[284]   Gem. § 134 BGB ist ein Rechtsgeschäft nichtig, das gegen ein gesetzliches Verbot verstößt, wenn sich nicht aus dem Gesetz ein anderes ergibt. Die Verbotsnorm muss deshalb ausgelegt werden: Handelt es sich um eine bloße Ordnungsvorschrift (z.B. Ladenschlussgesetz) – keine Nichtigkeit –, oder ist das Verhalten nur einer Partei verboten (hier ist besonders zu prüfen, ob es im Interesse der redlichen Partei gültig sein soll) oder soll das Rechtsgeschäft inhaltlich insgesamt unterbunden werden – Nichtigkeit.

4.6.5 Sittenwidrige Rechtsgeschäfte

[285]   Sittenwidrige Rechtsgeschäfte sind gem. § 138 BGB nichtig. Ein Verstoß gegen die „guten Sitten" wird von der Rechtsprechung dann angenommen, wenn das Rechtsgeschäft mit dem „Rechts- und Anstandsgefühl aller billig und gerecht Denkenden"[66] nicht vereinbar ist.
Objektiv liegt ein Sittenverstoß z.B. vor:
▶ bei sog. Knebelungsverträgen (Verträge, bei denen die persönliche oder wirtschaftliche Handlungsfreiheit des Vertragspartners übermäßig beschränkt wird, z.B. Bierbezugsverpflichtung eines Gastwirts über 30 Jahre),
▶ bei „übermäßiger" Ausnutzung einer Monopolstellung,
▶ bei übermäßiger Sicherung eines Gläubigers unter Benachteiligung der übrigen Gläubiger (z.B. Globalzession und Sicherungsübereignung des gesamten Eigentums des Schuldners).

Subjektiv muss der Handelnde die Umstände kennen, aus denen sich die Sittenwidrigkeit ergibt.

[286]   Das wucherische Rechtsgeschäft (§ 138 Abs. 2 BGB) setzt objektiv ein auffälliges Missverhältnis von Leistung und Gegenleistung voraus.

Beispiel: Bei einem Ratenkreditvertrag wird ein effektiver Jahreszins von 22% vereinbart, während der „Marktzins" 8,1% beträgt[67].

---

65 Aus einer Missetat geht kein Vertrag hervor.
66 vgl. BGHZ 52, S. 20
67 BGH NJW 1986, S. 2564 ff.

Subjektiv muss sich der Vertragspartner auf den ihn übermäßig belastenden Vertrag wegen seiner wirtschaftlich schwächeren Lage, Rechtsunkundigkeit und Geschäftsungewandtheit eingelassen haben; der andere muss das „erkannt oder sich zumindest leichtfertig dieser Einsicht verschlossen haben"[68]. Hierfür spricht bei Vorliegen des objektiven Tatbestands des § 138 BGB eine entsprechende Vermutung[69].

4.6.6 Teilnichtigkeit

[287] Nach § 139 BGB ist bei einem z.T. gültigen, z.T. nichtigen Rechtsgeschäft zu prüfen, ob das gültige Geschäft auch bei Kenntnis der Nichtigkeit des anderen Teils vorgenommen worden wäre.

Beispiel: V vermietet mit schriftlichem Mietvertrag seine Eigentumswohnung an M und räumt ihm in diesem Vertrag ein Vorkaufsrecht ein.
Das Vorkaufsrecht hätte notariell beurkundet werden müssen (§ 313 BGB), dieser Teil des Vertrages ist also wegen Formmangels gem. § 125 BGB nichtig. Ob die Parteien den Mietvertrag auch ohne das Vorkaufsrecht abgeschlossen hätten, ist im Wege der (ergänzenden) Vertragsauslegung zu ermitteln. Ist das nicht möglich, ist auch der Mietvertrag nichtig, § 139 BGB.
Wenn die Gesamtnichtigkeit von vornherein verhindert werden soll, empfiehlt sich die Aufnahme einer *„salvatorischen Klausel"* in den Vertrag.

Formulierungsvorschlag:
[288] *„Sollten einzelne Bestimmungen dieses Vertrages unwirksam oder nichtig sein oder werden, so soll die Wirksamkeit der übrigen Bestimmungen hiervon*

Abbildung 45: Nichtigkeitsgründe

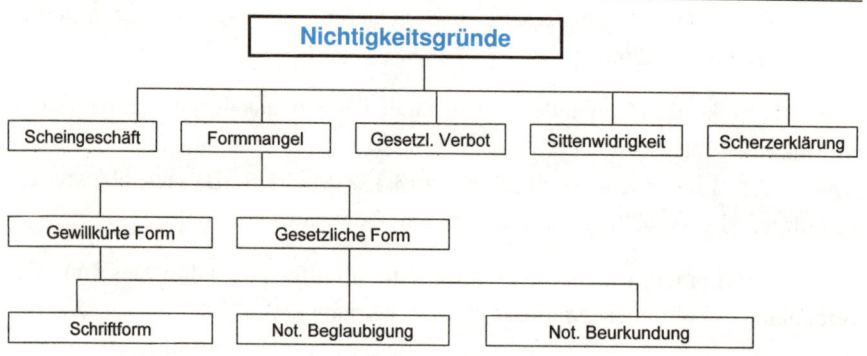

---

68 BGH a.a.O.
69 BGH a.a.O.

nicht berührt werden. Die Vertragsschließenden verpflichten sich, die unwirksamen oder nichtigen Bestimmungen durch wirksame zu ersetzen, die dem Gewollten wirtschaftlich möglichst nahe kommen."

Ein nichtiges Rechtsgeschäft kann nach § 141 BGB bestätigt werden. Eventuell kommt auch eine Umdeutung gem. § 140 BGB in Betracht.

Unwirksame *AGB* führen gem. § 6 AGBG *nicht* zur Nichtigkeit des Vertrages.

4.7 Anfechtbare Rechtsgeschäfte

[289]   Das Gesetz gibt dem Erklärenden unter bestimmten Voraussetzungen (§§ 119 ff. BGB) ein Anfechtungsrecht, wenn ihm Fehler bei der Willensbildung oder -übermittlung unterlaufen sind. Es steht ihm frei, ob er hiervon Gebrauch macht. Übt er es aus, ist das Geschäft gem. § 142 BGB nichtig (ex tunc). Eine Anfechtung kommt nur in Betracht, wenn die Erklärung vom inneren Willen abweicht. Stimmen die (inneren) Willen überein, gilt das wirklich Gewollte *(falsa demonstratio non nocet,* vgl. oben). Decken sich weder innerer Wille noch Erklärung, ist wegen Dissenses kein Vertrag zustande gekommen; für eine Anfechtung ist dann ebenfalls kein Raum.

4.7.1 Irrtum

Errantis voluntas nulla est.
= Der Wille des Irrenden ist nichtig.

[290]   Nicht jeder Irrtum berechtigt zur Anfechtung. Das Gesetz hat den Interessenkonflikt zwischen Erklärendem und Erklärungsempfänger dahin gelöst, dass es die Anfechtung auf bestimmte Fälle (§§ 119 f. BGB) beschränkt und dem Empfänger einen Schadensersatzanspruch (§ 122 BGB) gewährt.

4.7.1.1 Erklärungs- und Inhaltsirrtum

[291]   Beim Erklärungsirrtum erklärt der Erklärende etwas, was er überhaupt nicht erklären wollte (Versprechen, Verschreiben) – § 119 Abs. 1 2. Alt. BGB. Beim Inhaltsirrtum erklärt er zwar das, was er wollte, irrt sich aber über die Bedeutung seiner Erklärung (z.B. Währungsfälle, soweit kein Dissens vorliegt) – § 119 Abs. 1 1. Alt. BGB. Ähnlich ist der Übermittlungsirrtum: Wird die Erklärung von einem Erklärungsboten falsch übermittelt, stimmt die Erklärung wie beim Erklärungsirrtum nicht mit dem Gewollten überein (§ 120 BGB).

4.7.1.2 Motivirrtum

[292] Der Motivirrtum ist grundsätzlich unbeachtlich; nur in den Fällen des § 119 Abs. 2 BGB berechtigt er zur Anfechtung.
Voraussetzungen:
- Irrtum über eine bestimmte Eigenschaft der Person oder Sache.
- Diese Eigenschaft muss verkehrswesentlich sein.

Eigenschaften sind alle „wert*bildenden* Faktoren" einer Sache (z. B. Echtheit eines Bildes, Lage und Bebaubarkeit eines Grundstücks), nicht aber der Wert selbst (Preis); bei Personen: Zuverlässigkeit, Gesundheitszustand, Alter etc. Verkehrswesentlich ist eine Eigenschaft dann, wenn sie für das gerade in Frage stehende Rechtsgeschäft bedeutsam ist.

4.7.2 Arglistige Täuschung

[293] Eine Willenserklärung kann gem. § 123 Abs. 1 BGB unter folgenden Voraussetzungen angefochten werden:
(1) Der Erklärende muss arglistig getäuscht worden sein.
Täuschung ist ein Verhalten, das bei dem Getäuschten einen Irrtum erregt oder aufrecht erhält. Die Täuschung kann auch im Unterlassen gebotener Aufklärung bestehen.
Arglistig bedeutet vorsätzlich, d.h., der Täuschende muss die Wahrheit kennen und die Folgen seines Handelns voraussehen und zumindest billigend in Kauf nehmen.
(2) Der Irrtum muss ursächlich für die Abgabe der Willenserklärung sein. Das ist dann der Fall, wenn die Erklärung ohne den Irrtum nicht abgegeben worden wäre.
Täuscht ein Dritter, kann der Getäuschte seine Erklärung nur anfechten, wenn der Erklärungsgegner die Täuschung kannte oder fahrlässig nicht kannte. Dritter ist *nicht* ein Vertreter oder eine Hilfsperson i.S.d. § 278 BGB.

Beispiel: Beim Gebrauchtwagenkauf täuscht nicht der Geschäftsinhaber selbst, sondern ein bei ihm angestellter Verkäufer.

Der Käufer kann gleichwohl anfechten, auch wenn der Inhaber nichts von der Täuschung wusste.

4.7.3 Widerrechtliche Drohung

[294] Drohung ist das In-Aussicht-Stellen eines künftigen Übels, auf dessen Eintritt der Drohende Einfluss zu haben vorgibt.

Die Drohung muss widerrechtlich (= rechtswidrig) sein. Diese Rechtswidrigkeit kann sich ergeben aus

▶ dem *Mittel*, mit dem gedroht wird (z.B.: A droht B Prügel an für den Fall, dass B seine Schulden nicht zurückzahlt),

▶ dem *Zweck*, der mit der Drohung verfolgt wird (A droht dem B mit einer Strafanzeige wegen einer von B begangenen Straftat, falls er ihm nicht freiwillig 500 € zahlt),

▶ der *Mittel-Zweck-Relation* (unzulässige Verknüpfung von an sich nicht rechtswidrigem Mittel und Zweck).

4.7.4 Erklärung der Anfechtung

[295] Während bei der Irrtumsanfechtung gem. §§ 119 ff. BGB die Anfechtung „unverzüglich" (§ 121 BGB) nach Kenntnis erfolgen muss, hat der Getäuschte bzw. Bedrohte ein Jahr nach Entdeckung der Täuschung bzw. Beendigung der Zwangslage Zeit für die Anfechtung (§ 124 BGB). Die Frist ist deshalb länger, weil der Erklärungsempfänger hier nicht schutzbedürftig ist.

Abbildung 46: Anfechtungsgründe

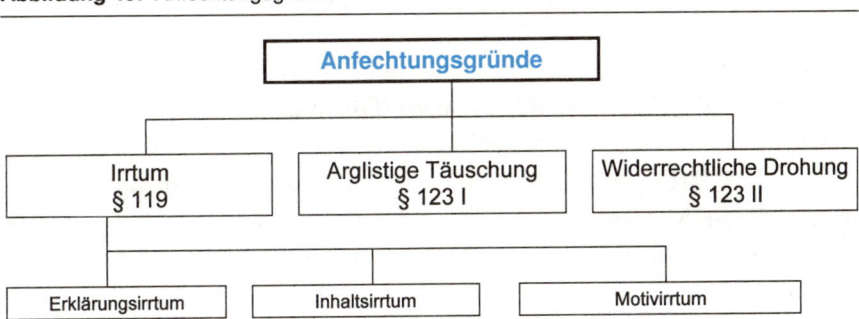

4.8 Die Nebenbestimmungen des Vertrages

[296] Die (Haupt-)Leistungspflichten (Vertragsgegenstand, Gegenleistung) der Vertragsparteien bedürfen stets einer ausdrücklichen oder stillschweigenden Vereinbarung der Parteien. Darüber hinaus können weitere Bestimmungen festgelegt werden, z.B. über den Leistungsort (wo soll geleistet werden?), die Versendung (wer trägt das Risiko und die Kosten für den Transport?), die Leistungszeit (wann soll geliefert/gezahlt werden?), Rücktrittsmöglichkeiten, Garantien und Gewährleistung, Haftungsfragen (Erweiterung oder Beschränkung der Haftung der Vertragsparteien), Konventionalstrafen u.a.m. Derartige Bestimmungen fin-

den sich häufig in Allgemeinen Geschäftsbedingungen, können aber selbstverständlich auch in individuellen Vereinbarungen bestimmt werden. Sofern hierüber keine abweichenden vertraglichen Regelungen getroffen sind, gelten die dispositiven Regelungen des Gesetzes.

4.8.1 Leistungsort

[297] Leistungsort ist der Ort, an dem der Schuldner seine Leistungshandlung erbringen muss. Zu beachten ist, dass bei gegenseitigen Verträgen beide Vertragspartner Schuldner sind. Deshalb ist zunächst zu fragen, wessen Leistung in Rede steht. Maßgeblich für den Leistungsort sind:
- die vertragliche Vereinbarung,
- die Umstände, insbesondere die Natur des Schuldverhältnisses.

Falls sich hieraus nicht ein anderes ergibt, ist Leistungsort der Wohnsitz (bzw. der Ort der gewerblichen Niederlassung) des Schuldners (§ 269 I, II BGB), d.h., der Gläubiger muss sich die Leistung beim Schuldner abholen („Holschuld"). Häufig wird jedoch auch vereinbart, dass der Schuldner die Versendung der Leistung organisieren soll. In diesem Fall liegt entweder eine Schickschuld oder eine Bringschuld vor.

Bei der Schickschuld bleibt der Leistungsort beim Schuldner dieser Leistung; er muss sie lediglich „auf den Weg" bringen. Sofern keine zusätzlichen Anhaltspunkte dafür sprechen, dass der Leistungsort – ausnahmsweise – beim Gläubiger sein soll (z.B. Transport mit Spezialfahrzeugen, die nur dem Schuldner zur Verfügung stehen, Montage beim Kunden u.a.), ist im Zweifel eine Schickschuld anzunehmen. Das gilt nach der Auslegungsregel des § 269 Abs. 3 BGB selbst dann, wenn der Schuldner die Transportkosten übernommen hat. Auch Geldschulden sind Schickschulden (§ 270 Abs. 4), d.h. der Schuldner muss die Zahlung an seinem Wohnort veranlassen. Er trägt aber zusätzlich die „Gefahr" (= Risiko des zufälligen Untergangs) und die Kosten der Übermittlung. Man spricht deshalb von einer „qualifizierten" Schickschuld.

[298] Nur bei der Bringschuld ist der Leistungsort beim Gläubiger. Eine Bringschuld ist z.B. typischerweise bei Arbeitsverträgen gegeben – der Arbeitnehmer muss seine Arbeitsleistung im Betrieb des Arbeitgebers erbringen.

Aufgrund der Vertragsfreiheit kann jeder beliebige Ort als Leistungsort vereinbart werden.

Beispiel: Hersteller H aus Stuttgart liefert dem Besteller B aus London eine Werkzeugmaschine. Als Leitungsort wird der Hamburger Hafen, Pier 6, vereinbart.

In der Praxis werden zur Bestimmung des Leistungsorts häufig die INCOTERMS *(International Commercial Terms)* vereinbart, z.B. *fob* (= free on board) m/v *„Baltic Trader" Hamburg*. Diese Klausel bedeutet, dass der Lieferant Transportrisiko und -kosten trägt, bis die Ware die Reling des Seeschiffs *„Baltic Trader"* in Hamburg überschreitet. Danach liegen Kosten und Risiko beim Besteller.

4.8.2 Leistungszeit

[299] Wann darf der Schuldner frühestens und wann muss er spätestens leisten?
Gem. § 271 BGB bestimmt sich dieser Zeitpunkt
▶ nach den vertraglichen Bestimmungen,
▶ nach den Umständen des Einzelfalles.

Lässt sich die Leistungszeit hiernach nicht bestimmen, wird die Leistung *sofort* fällig.
Die Leistungszeit ist bedeutsam im Hinblick auf
▶ Schuldnerverzug (§§ 284 ff. BGB),
▶ Gläubigerverzug (§§ 293 ff. BGB),
▶ Zurückbehaltungs- und Leistungsverweigerungsrechte (§§ 273, 320 BGB).

[300] Bei gegenseitigen Verträgen stellt sich außerdem die Frage, wer vorleistungspflichtig ist. Auch insoweit ist zunächst die vertragliche Vereinbarung maßgeblich. Enthält der Vertrag hierzu keine Regelung, finden sich einige gesetzliche Auslegungsregeln:
Beim *Kauf* (§ 433 BGB) ist zunächst die Rede von den Pflichten des Verkäufers, dann des Käufers. Hieraus wird der Grundsatz *„Erst die Ware, dann das Geld"* hergeleitet. Beim *Mietvertrag* ist der Mietzins am Ende der Mietzeit bzw. nach Ablauf der einzelne Zeitabschnitte zu entrichten (§ 551 BGB). Entsprechendes gilt für die Vergütung bei *Dienst- und Arbeitsverträgen* (§ 614 BGB). Beim *Werkvertrag* ist die Vergütung bei der Abnahme des Werkes fällig (§ 641 BGB; Abschlagszahlungen: vgl. § 632a BGB).

4.8.3 Bedingung

[301] Das BGB versteht unter dem Begriff „Bedingung" eine Nebenbestimmung zu einem Rechtsgeschäft, welche die Wirkungen des Rechtsgeschäfts vom Eintritt eines zukünftigen ungewissen Ereignisses abhängig macht und unterscheidet zwischen aufschiebender (§ 158 Abs. 1 BGB) und auflösender (§ 158

Abs. 2 BGB) Bedingung. Mit dem Eintritt dieses Ereignisses ändert sich die Rechtslage „automatisch" in der vereinbarten Weise.

Beispiel: Der Textilgroßhändler G räumt seinem Abnehmer, dem Einzelhändler H, die Möglichkeit ein, die gelieferte Ware erst bei Weiterverkauf zu bezahlen und sie bei Unverkäuflichkeit nach einiger Zeit zurückzugeben[70]. Wie ist diese Vereinbarung rechtlich einzuordnen?

[302] Hier könnte man die Vereinbarung eines bedingten Kaufs annehmen: Entweder könnte eine aufschiebende Bedingung (Kauf nur unter der Bedingung des erfolgreichen Weiterverkaufs) oder eine auflösende Bedingung (Kauf wird hinfällig, wenn Ware unverkäuflich) gewollt sein. Der BGH hat eine aufschiebende Bedingung angenommen.

Beispiele für aufschiebende Bedingungen:
▶ Kauf unter Eigentumsvorbehalt (§ 455 BGB),
▶ der Kauf auf Probe (§ 495 BGB).

Beispiele für auflösende Bedingungen:
▶ „Wiederverheiratungsklausel" in einem Testament,
▶ Bestimmung bei einer Sicherungsübereignung, wonach das Eigentum an den Sicherungsgeber zurückfällt, sobald der Kredit getilgt ist.

Bis zu Eintritt der Bedingung hat der Berechtigte eine Anwartschaft (auch Anwartschaftsrecht genannt) gem. §§ 160 ff. BGB. Er ist gegen anderweitige Verfügungen geschützt und kann für den Fall der schuldhaften Vereitelung oder Beeinträchtigung des von der Bedingung abhängigen Rechts Schadensersatz verlangen.

4.8.4 Befristung

[303] Eine Befristung liegt dann vor, wenn für die Wirkungen eines Rechtsgeschäfts ein Anfangs- oder ein Endtermin vorgesehen ist (§ 163 BGB). Im Unterschied zur Bedingung hängt also die Wirkung hier von einem zukünftigen gewissen Ereignis ab.

Beispiel: Befristeter Arbeitsvertrag vom 1.5. bis 30.9.2001

---

70 Fall nach BGH NJW 1975, S. 776

4.9 Allgemeine Geschäftsbedingungen

4.9.1 Allgemeines

[304] Allgemeine Geschäftsbedingungen (AGB) sind nach der Definition des § 1 AGBG
- vorformulierte Vertragsbedingungen,
- die für eine Vielzahl von Verträgen bestimmt sind und
- die eine Vertragspartei (Verwender) der anderen beim Vertragsabschluss stellt.

[305] Durch AGB wird das dispositive Recht des BGB weitgehend verdrängt. Gründe für die Aufstellung von AGB sind:
- Rationalisierung der Abschlusstätigkeit,
- Vereinheitlichung und Begrenzung von Haftung, Gewährleistung und anderen Risiken,
- Erleichterung der unternehmerischen Kalkulation

[306] AGB können den Vertragspartner des Verwenders benachteiligen:
- Durch die Verdrängung des dispositiven Gesetzesrechts findet ein gerechter Interessenausgleich nicht mehr statt.
- Vertragsfreiheit nimmt nur der Verwender für sich in Anspruch (Der Partner hat nur die Alternative, die AGB zu akzeptieren oder auf den Vertragsabschluss zu verzichten).
- Die wirtschaftliche Machtposition des Verwenders wird ausgenutzt.
- Die AGB sind für den Partner häufig unverständlich.
- Der Partner lässt sich auch von unwirksamen AGB beeindrucken und verzichtet auf Durchsetzung seiner Rechte.

[307] Die Rechtsprechung hat versucht, dieser Missbrauchsgefahr entgegenzuwirken, indem sie die Einbeziehung der AGB in den einzelnen Vertrag von bestimmten Voraussetzungen abhängig machte und den Partner unangemessen benachteiligende Bestimmungen für nichtig erklärte. Auf der Grundlage dieser Rechtsprechung wurde das AGBG geschaffen, das 1977 in Kraft trat.

4.9.2 Einbeziehung in den Vertrag

[308] § 2 AGBG macht die Einbeziehung von AGB in den einzelnen Vertrag von bestimmten Voraussetzungen abhängig:
Der Verwender muss bei Vertragsabschluss
- ausdrücklich auf die AGB hinweisen (Ausnahme: in bestimmten Fällen, z.B. Bargeschäften des täglichen Lebens, genügt ein deutlich sichtbarer Aushang),

▶ dem Partner die Kenntnisnahme der AGB ermöglichen (z. B. durch Aushändigung).
▶ Der Partner muss mit der Geltung einverstanden sein.

[309] AGB werden also nur durch eine besondere Einigung der Parteien (Einbeziehungsvereinbarung) Vertragsbestandteil. Daraus folgt, dass spätere (einseitige) Änderungen für frühere Verträge nicht gelten, auch nicht durch die häufig verwendete Klausel: *„Es gelten unsere AGB in der jeweils gültigen neuesten Fassung".*
Zu beachten ist aber, dass das Einverständnis auch stillschweigend (für zukünftige Geschäfte) erteilt werden kann.

Beispiel: Bank sendet ihren Kunden neue AGB zu (gültig ab 1.1.). Kunden setzen die Geschäftsbeziehung über den 1.1. hinaus fort. Dann gelten die AGB für alle nach dem 1.1. getätigten Geschäfte.

4.9.2.1 Besonderheiten für den kaufmännischen Geschäftsverkehr

[310] § 2 AGBG gilt gem. § 24 S. 1 Nr. 1 AGBG im kaufmännischen Geschäftsverkehr (Vertragspartner muss „Unternehmer" sein) nicht, also sind
▶ ein *ausdrücklicher* Hinweis auf die AGB und
▶ *Kenntnisverschaffung*

nicht zwingend erforderlich.
Die Einbeziehungsvereinbarung muss nach allgemeinen Grundsätzen aber auch hier vorliegen; sie kann konkludent getroffen werden.
Branchenübliche AGB gelten als Handelsbrauch auch ohne ausdrücklichen oder stillschweigenden Hinweis (z. B. ADSp, ADS [Seeversicherung], AGB-Banken u. a.).
AGB können auch durch kaufmännisches Bestätigungsschreiben Vertragsbestandteil werden.

4.9.2.2 Sonderproblem: Kollidierende AGB

[311] Häufig verwenden sowohl der Anbieter als auch der Abnehmer von Waren oder gewerblichen Leistungen AGB. Im Kollisionsfall stellt sich dann das Problem, ob und ggf. welche AGB Vertragsbestandteil sind. Zunächst ist zu prüfen, ob überhaupt ein Vertrag zustande gekommen ist (offener oder versteckter Dissens). Die neuere Rechtsprechung[71] hält den Vertrag jedenfalls dann für

---

71 BGHZ 61, S. 282!

wirksam, wenn die eine Partei bereits mit seiner Ausführung begonnen und die andere dem nicht widersprochen hat. Die Berufung auf die §§ 150 Abs. 2, 154, 155 BGB sei dann nach § 242 BGB unzulässig. Der Vertrag ist nach dieser Rechtsprechung dann zu folgenden Bedingungen zustande gekommen:
Es gelten (in dieser Reihenfolge):
(1) Individualvereinbarungen,
(2) AGB, soweit sie übereinstimmen,
(3) AGB, soweit Handelsbrauch (es sei denn, die AGB eines Partners widersprechen dem ausdrücklich),
(4) das dispositive Gesetzesrecht.

Zu einem anderen Ergebnis kommt die sog. „Theorie des letzten Wortes" (ältere Rechtsprechung): Danach gelten die AGB desjenigen, der zuletzt auf sie hingewiesen hat (stillschweigende Annahme des neuen Angebots [§150 Abs. 2 BGB].

4.9.3 Überraschungsklauseln

[312]   Überraschende Klauseln werden gem. § 3 AGBG nicht Vertragsbestandteil, wenn
(1) sie *objektiv ungewöhnlich* sind und
(2) der Vertragspartner *subjektiv* hiervon überrascht wird („Überrumpelungs- oder Übertölpelungseffekt"); die Diskrepanz zwischen den Erwartungen des Partners und dem Inhalt der Klausel muss erheblich sein.

Beispiele: Dauer-Wartungsverpflichtung beim Kauf; Makler lässt sich erfolgsunabhängige Provision versprechen.

Rechtsfolge: Der Vertrag kommt ohne diese Klausel zustande; bei einer sich ergebenden Lücke gilt das dispositive Gesetzesrecht, (§ 6 AGBG).

4.9.4 Auslegungsregeln

[313]   (1) Dem Vertragspartner lästige AGB sind eng (restriktiv) auszulegen.
(2) Vorrang der Individualabrede vor AGB (§ 4 AGBG).
(3) Unklarheiten in AGB gehen zu Lasten des Verwenders (§ 5 AGBG).

4.9.5 Rechtsfolgen der Unwirksamkeit von AGB

[314]   § 6 AGBG geht (im Gegensatz zu § 139 BGB) von der grundsätzlichen *Wirksamkeit* des Vertrages aus; d.h., der Vertrag kommt ohne diese Klausel(n) zustande. An Stelle der unwirksamen oder nicht einbezogenen Klauseln tritt das dispositive Gesetz. Stehen gesetzliche Bestimmungen nicht zur Verfügung, muss

die entstandene Lücke durch ergänzende Vertragsauslegung geschlossen werden („Was hätten die Parteien billigerweise vereinbart, wenn sie die Unwirksamkeit der Klausel gekannt hätten?").

Sonderproblem: Geltungserhaltende Reduktion

[315] **Beispiel:** Der Verwender hat sich in seinen AGB zu hohe Schadensersatzpauschalen versprechen lassen (unzulässig gem. § 11 Nr. 5 a AGBG). Ist diese Pauschale völlig unwirksam? (Folge: Wegfall; Schadensersatz nur nach den allg. Bestimmungen bei konkretem Nachweis) oder kann sie auf das angemessene Maß zurückgeführt (reduziert) werden?

Diese Frage ist streitig; m.E. ist die geltungserhaltende Reduktion abzulehnen, weil sie im Gesetz keine Stütze findet. Die unzulässige Klausel fällt ersatzlos weg.

4.9.6 Inhaltskontrolle

[316] Die §§ 9–11 AGBG gelten nur für Klauseln, durch die von Rechtsvorschriften abgewichen wird (§ 8 AGBG); sie ermöglichen keine Preis- und Leistungskontrolle.
Nach der Generalklausel des § 9 AGBG sind unangemessene Benachteiligungen des Vertragspartners *unwirksam*. Diese liegen im Zweifel dann vor, wenn
1. gegen wesentliche Grundgedanken des (dispositiven) Gesetzes verstoßen wird (§ 9 Abs. 2 Nr. 1 AGBG) oder
2. die Erreichung des Vertragszwecks gefährdet wird.

§ 9 AGBG gilt auch im *kaufmännischen* Verkehr.

4.9.7 Klauselverbote

[317] Der allgemeine Grundgedanke des § 9 wird in den Klauselverboten der §§ 10 und 11 AGBG konkretisiert. Diese finden im kaufmännischen Verkehr keine Anwendung (§ 24 AGBG – lesen!).
Für die Verbote des § 10 ist kennzeichnend, dass sie unbestimmte Rechtsbegriffe („unangemessen lange" etc.) verwenden; die Feststellung der Unwirksamkeit erfordert also eine Wertung. Die Klauselverbote des § 11 erfordern eine solche Wertung nicht (vgl. aber Nr. 5 b: „wesentlich" oder Nr. 10 d: „unverhältnismäßig"). Von besonderer praktischer Bedeutung (und **klausurrelevant[!]**) sind die unzulässigen Einschränkungen der gesetzlichen Gewährleistung in § 11 Nr. 10 AGBG (lesen!).

[318] Zu beachten ist ferner, dass eine Klausel, die nach den §§ 10 oder 11 AGBG unwirksam ist, auch bei Verwendung gegenüber einem Unternehmer unwirksam sein kann, wenn sie (gleichzeitig) gegen § 9 verstößt (§ 24 S. 2 AGBG).

Klausurhinweise:
Prüfungsreihenfolge:
(1) Liegen AGB vor?
(2) Sind diese AGB in den Vertrag einbezogen worden (§ 2)?
(3) Liegt eine Überraschungsklausel vor (§ 3)?
(4) Stimmen AGB und Individualabreden überein (§ 4)?
(5) Sind die AGB unklar (§ 5)?
(6) Verstoßen die AGB gegen § 11?
(7) Verstoßen die AGB gegen § 10?
(8) Liegt ein Verstoß gegen die Generalklausel vor (§ 9)?

Im kaufmännischen Verkehr gelten Besonderheiten bei (2), (6) und (7) – vgl. § 24 AGBG.
Auf bestimmte Rechtsgebiete (z.B. Arbeitsrecht) findet das AGBG keine Anwendung (§ 23 Abs. 1); für bestimmte Vertragsarten gelten einzelne Bestimmungen des AGBG nicht (vgl. den Katalog des § 23 Abs. 2 AGBG).

Abbildung 47: Haftungsbegrenzungen in AGB

Haftungsbegrenzungen in AGB			
A. Kardinalpflichten			
kfm. Geschäftsverkehr		nichtkfm. Verkehr	
Ausschluss	*Begrenzung*	*Ausschluss*	*Begrenzung*
unzulässig gem. § 9 II Nr. 2	zulässig, wenn auf den typischen Schaden begrenzt	unzulässig	unzulässig
B. Sonstige Vertragspflichten			
kfm. Geschäftsverkehr		nichtkfm. Verkehr	
Ausschluss	*Begrenzung*	*Ausschluss*	*Begrenzung*
unzulässig bei Vorsatz und grober Fahrlässigkeit des Verwenders selbst, seines gesetzlichen Vertreters und seiner leitenden Angestellten	zulässig, wenn auf den typischen Schaden begrenzt	unzulässig bei Vorsatz und grober Fahrlässigkeit	unzulässig bei Vorsatz und grober Fahrlässigkeit

Abbildung 48: Gestaltungsspielraum der Vertragspartner

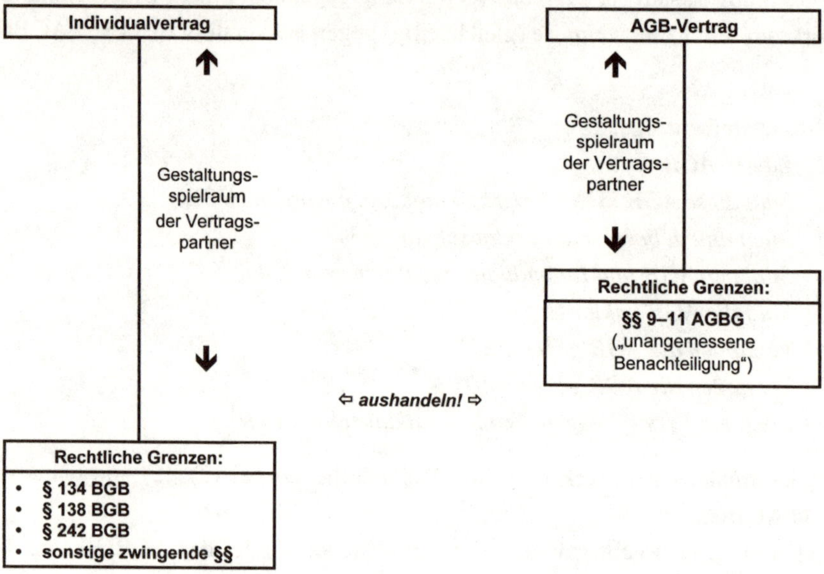

```
┌─────────────────────┐                    ┌─────────────────────┐
│   Individualvertrag │                    │     AGB-Vertrag     │
└─────────────────────┘                    └─────────────────────┘
           ↑                                          ↑
                                              Gestaltungs-
                                              spielraum
        Gestaltungs-                          der Vertrags-
        spielraum                             partner
        der Vertrags-
        partner                                     ↓

                                           ┌─────────────────────┐
                                           │ Rechtliche Grenzen: │
           ↓                                │   §§ 9–11 AGBG     │
                                           │  („unangemessene   │
                         ⇐ aushandeln! ⇒   │   Benachteiligung")│
                                           └─────────────────────┘
┌─────────────────────┐
│ Rechtliche Grenzen: │
│ • § 134 BGB         │
│ • § 138 BGB         │
│ • § 242 BGB         │
│ • sonstige zwingende §§ │
└─────────────────────┘
```

4.10 Die Einbeziehung Dritter

4.10.1 Leistung an Dritte

[319] Das Schuldverhältnis ist normalerweise eine Beziehung nur zwischen Gläubiger und Schuldner, es begründet Rechte und Pflichten nur zwischen den unmittelbar Beteiligten. Von diesem Grundsatz gibt es aber Ausnahmen: Die Vertragsparteien können vereinbaren, dass der Schuldner die Leistung nicht an den Gläubiger, sondern an einen Dritten zu erbringen hat *(Vertrag zugunsten Dritter)*. Die Rechtsstellung des Dritten kann unterschiedlich ausgestaltet sein. Beim echten Vertrag zugunsten Dritter erwirbt er einen *eigenen Anspruch* gegen den Schuldner. Beim unechten Vertrag zugunsten Dritter kann der Schuldner an den Dritten leisten, das Recht, die Leistung an den Dritten zu verlangen, steht aber allein dem Gläubiger zu[72].

[320] Beispiel: Else legt auf den Namen ihrer Enkeltochter Dörte bei der Sparkasse S ein Sparbuch an, auf das sie regelmäßig Einzahlungen vornimmt.

---

72 vgl. Palandt/Heinrichs, Vor § 328 RN 1

Das Sparbuch behält Else. Nachdem Else sich über den Lebenswandel von Dörte geärgert hat, will sie das Sparbuch auflösen und das Guthaben für einen anderen Zweck verwenden. Ist das gegen den Willen von Dörte möglich? Wie ist es, wenn Else – ohne die Verfügungsbefugnis geändert zu haben – stirbt und als Alleinerbin ihre Tochter Theresa hinterlässt?

Zwischen der Sparkasse und Else wurde ein Vertrag zugunsten Dritter (§§ 328 ff. BGB) abgeschlossen. Hieraus hat Dörte ein unmittelbares Forderungsrecht gegenüber der Sparkasse erworben. Da Else jedoch das Sparbuch in ihrem Besitz hat, wertet die Rechtsprechung[73] dies als Indiz dafür, dass sie – und nicht Dörte – „im Zweifel" Gläubigerin der Sparkasse bleiben will. Im Todesfall des Einzahlenden soll aber der Benannte, also Dörte, begünstigt sein[74], sofern dieser Anspruch nicht vorher widerrufen wurde.
Weitere typische Beispiele für Verträge zugunsten Dritter sind Lebensversicherungsverträge, Verträge zwischen Kreditkartenausgeber und Vertragsunternehmen (zugunsten des Karteninhabers), zwischen Krankenkasse und Krankenhaus (zugunsten des Patienten) u.a.m.

[321] Nicht im Gesetz geregelt ist der *Vertrag mit Schutzwirkung für Dritte,* der sich vom Vertrag zugunsten Dritter dadurch unterscheidet, dass der Dritte keinen eigenen, unmittelbaren Anspruch auf die Hauptleistung erwirbt, er aber in die (neben-)vertraglichen Schutz- und Obhutspflichten einbezogen wird. Voraussetzungen hierfür sind:
1. Ein Bedürfnis des Dritten nach eigenem Vertragsschutz.
2. Ein Interesse des Gläubigers am Schutz dieses Dritten (er muss für das „Wohl und Wehe des Dritten mitverantwortlich" sein).
3. Das Schutzbedürfnis und -interesse muss für den Schuldner erkennbar sein.

[322] **Beispiel:** Herr Meier hat von der Fa. Hai-Immobilien GmbH & Co. KG eine Wohnung gemietet, die er mit seiner Frau und seinen Kindern bewohnt. Das Licht im Treppenhaus ist seit längerem defekt, obwohl Hai bereits mehrfach erfolglos zur Reparatur aufgefordert worden ist. Kind Konrad fällt in der Dunkelheit die Treppe herunter und wird dabei erheblich verletzt.

Konrad hat eigene vertragliche Schadensersatzansprüche gegen Hai aus PVV, obwohl er nicht selbst Mieter ist. Der Mietvertrag zwischen Meier und Hai ist als Vertrag mit Schutzwirkung für Dritte anzusehen; die Familienangehörigen des Mieters sind in Schutzbereich des Vertrages mit einbezogen.

---

[73] BGHZ 46, 201
[74] BGHZ 66, 8

4.10.2 Drittschadensliquidation

[323] Von Drittschadensliquidation spricht man, wenn ein Schaden, der typischerweise beim Ersatzberechtigten eintreten müsste, aufgrund eines Rechtsverhältnisses zwischen dem Ersatzberechtigten und einem Dritten auf diesen verlagert wird.[75]

[324] Beispiel: Bei einem Versendungskauf (§ 447 BGB) wird die Ware auf dem Transport zum Käufer K von X zerstört.

Der Verkäufer ist noch Eigentümer der Ware (mangels Übereignung an K). Der Schaden tritt jedoch bei K ein: Aufgrund der Gefahrtragungsregel des § 447 BGB liegt das Transportrisiko bei K. Er muss den Kaufpreis zahlen und hat keinen Anspruch auf Neulieferung oder Schadensersatz gegen den Verkäufer. K hat andererseits weder gesetzliche noch vertragliche Ansprüche gegen X[76]. Der Verkäufer hat zwar derartige Ansprüche, jedoch keinen Schaden. Da es nicht Sinn der Regelung des § 447 BGB ist, den Schädiger (X) zu entlasten, lässt es die Rechtsprechung zu, dass in diesen Fällen der Verkäufer den Schaden eines Dritten (des K) geltend machen („liquidieren") kann, d.h., der Schaden „wandert" zum Anspruch. Dieser Anspruch kann dann wiederum an den eigentlich Geschädigten (K) abgetreten werden, was dieser in vielen Fällen gem. § 281 BGB verlangen kann.

Weitere Anwendungsbeispiele für die Drittschadensliquidation sind die Fälle der sog. „mittelbaren Stellvertretung" (Kommissionär, Spediteur, Treuhänder), in denen der Vertreter, der für fremde Rechnung im eigenen Namen einen Vertrag geschlossen hat, den Schaden seines Auftraggebers gegen den Vertragspartner geltend machen kann.

4.10.3 Mehrheit von Vertragspartnern

[325] An einem Vertrag können selbstverständlich auch mehr als zwei Personen beteiligt sein.

Beispiel: Ehepaar Baumann kauft sich gemeinsam ein Grundstück.

Sie sind *Gesamtschuldner* (§§ 420 ff. BGB) des Kaufpreises und Gesamtgläubiger (§§ 428 ff. BGB) des Übereignungsanspruchs.

---

[75] Palandt/Heinrichs Vor § 249 RN 112
[76] Sofern allerdings der Frachtführer das Transportgut beschädigt, hat der Empfänger (Käufer) neuerdings gem. § 421 HGB n.F. einen eigenen Schadensersatzanspruch gegen den Frachtführer.

4.10 Die Einbeziehung Dritter

Gesamtschuldnerische (solidarische) Haftung bedeutet, dass jeder Schuldner gegenüber dem Gläubiger verpflichtet ist, die gesamte Leistung zu erbringen, der Gläubiger diese Leistung aber nur einmal zu fordern berechtigt ist. Der Gläubiger kann die Leistung nach seinem Belieben von jedem der Schuldner ganz oder teilweise fordern (§ 421 BGB). Im Innenverhältnis sind die Gesamtschuldner im Zweifel zu gleichen Anteilen verpflichtet, sofern nichts anderes zwischen ihnen vereinbart ist. Soweit ein Gesamtschuldner den Gläubiger befriedigt hat, kann er von den anderen Gesamtschuldnern Ausgleichung verlangen (vgl. § 426 BGB). Als Gesamtschuldner haften z.B. kraft Gesetzes die Gesellschafter einer OHG für die Schulden der OHG (§ 128 HGB), die Gesellschafter einer GmbH im Gründungsstadium gem. §§ 9, 11 GmbHG (vgl. Kapitel 2).

Auch außervertraglich ist gesamtschuldnerische Haftung möglich: so haften etwa mehrere Täter einer unerlaubten Handlung als Gesamtschuldner (§ 840 BGB).

Checkliste

Fragen	Lösungshinweise Gehen Sie zu Absatznummer (An) oder Abbildung Nr. (Abb.-Nr.)	✓
1. Worin unterscheiden sich Rechtsgeschäft, Willenserklärung und Vertrag?	An 227	
2. Wann wird eine Willenserklärung wirksam?	An 232 ff.	
3. Unterscheiden Sie bitte falsa demonstratio Dissens und Irrtum?	An 257 ff.	
4. Worin unterscheiden sich invitatio ad offerendum, unverbindlicher Antrag und verbindlicher Antrag?	An 243 ff., Abb.-Nr. 40	
5. Kann ein Antrag nach Abgabe widerrufen werden?	An 244	
6. Wann ist eine Annahmeerklärung „rechtzeitig"?	Abb.-Nr. 41	
7. Kommt es für die Rechtzeitigkeit des Zugangs auf die Absendung oder den Eingang beim Empfänger an?	An 234	

4. Das Rechtsgeschäft

Fragen	Lösungshinweise Gehen Sie zu Absatznummer (An) oder Abbildung Nr. (Abb.-Nr.)	✓
8. Wann ist eine Willenserklärung „zugegangen"?	An 235	
9. Welche Folgen löst eine verspätete oder modifizierte Annahme aus?	An 246	
10. Wie ist das Schweigen auf einen Antrag zu werten?	An 248 ff.	
11. Was besagt das Abstraktionsprinzip?	An 274, Abb.-Nr. 42	
12. Was ist ein Scheingeschäft und welche Rechtsfolge(n) löst es aus?	An 276	
13. Was bedeutet „gesetzliche" und „gewillkürte" Form?	An 279 ff.	
14. Welche gesetzlichen Formvorschriften gibt es?	An 279	
15. Was besagt die „Lehre von der Geschäftsgrundlage"?	An 264 ff.	
16. Was ist eine „Bedingung" i.S.d. BGB, und welche beiden Arten von Bedingungen sind zu unterscheiden?	An 301 ff.	
17. Was sind „Allgemeine Geschäftsbedingungen" (AGB)?	An 304	
18. Wie werden AGB Vertragsbestandteil?	An 308	
19. Welche Rechtsfolge ergibt sich für den Vertrag, wenn unwirksame AGB vereinbart werden?	An 314	
20. Wann sind Bestimmungen in AGB nichtig?	An 312 ff.	
21. Gilt das AGBG auch zugunsten von Unternehmern?	An 310	
22. Unterscheiden Sie bitte „echten" und „unechten" Vertrag zugunsten Dritter und Vertrag mit Schutzwirkung für Dritte!	An 319	

4.10 Die Einbeziehung Dritter

Fragen	Lösungshinweise Gehen Sie zu Absatznummer (An) oder Abbildung Nr. (Abb.-Nr.)	✓
23. Was versteht man unter „Drittschadens-liquidation"?	An 323	
24. Was bedeutet „gesamtschuldnerische Haftung"?	An 325	

Fall 14: Im Schaufenster wird ein Pelzmantel, der 4.000 € kosten soll, irrtümlich für 1.000 € ausgezeichnet. Frau *Klobler* betritt das Geschäft und erklärt, sie nehme das Angebot an. Der Verkäufer weist auf die irrtümliche Auszeichnung hin und ist nur bereit, den Mantel für 4.000 € zu verkaufen.
Kann Frau K. die Übereignung des Mantels für 1.000 € verlangen?

Fall 15: Fuhrunternehmer *Fuhrmann* und Hersteller *Herkules AG* treffen telefonisch folgende Vereinbarung: H liefert F einen LKW Typ H 200 zum Preise von 80.000 €, lieferbar binnen 2 Wochen. Tags darauf schreibt H an F:
„*Ich bestätige unsere gestriges Telefonat wie folgt: H liefert F einen LKW H 200, Liefertermin baldmöglichst, spätestens in 2 Monaten. Auf den Kaufpreis von 80.000 € ist eine Anzahlung von 20% sofort zu leisten; der Restbetrag bei Lieferung*".
F lässt das Schreiben unbeantwortet und verlangt 2 Wochen später Lieferung. H will seinerseits sofortige Zahlung von 16.000 € und erst in 2 Monaten liefern.
Abwandlung: Wie wäre es, wenn sich F und H telefonisch noch nicht endgültig geeinigt hätten und H dann das obige Schreiben übersandt hätte?

Fall 16: Die in zurückgezogenen Verhältnissen lebende *Felizitas* will mit ihrer Mutter zum ersten Mal eine Urlaubsreise machen. Sie schreibt deshalb an die Pension *Petersen* auf der Nordseeinsel Föhr, ob sie im Juni ein Doppelzimmer haben könne. Kurz darauf erhält sie die Antwort: „Im Juni sind noch Doppelzimmer frei, Preis 50–60 €, letzteres Balkonzimmer, alles incl." *Felizitas* bucht daraufhin für zwei Wochen ein Balkonzimmer, wobei sie davon ausgeht, der Preis sei für das Zimmer berechnet, während *Petersen* lediglich ein Bett gemeint hat. Kurz nach ihrem Einzug bemerkt *Felizitas* im Zimmer einen Aushang, auf dem Preis von 125 € für das Zimmer pro Übernachtung verzeichnet ist. Sie misst dem

jedoch keine Bedeutung bei, weil sie ihrer Meinung nach einen Preis von 60 € ausgemacht hat.
Petersen verlangt nach zwei Wochen 1.750 €; *Felizitas* will nur 840 € zahlen. Wie ist die Rechtslage?

Fall 17: Vollbier will Sparwasser sein Grundstück für 300.000 € verkaufen. Im notariellen Kaufvertrag wird aber nur ein Kaufpreis von 250.000 € beurkundet, um Grunderwerbssteuer (3,5% des Kaufpreises) und Notargebühren zu sparen. Die restlichen 50.000 € sollen „BAT" (= „bar auf Tatze") bezahlt werden. Noch bevor es zur Eintragung des K im Grundbuch kommt, wird dem V von X ein Kaufpreis von 320.000 € für das Grundstück geboten. Er will deshalb den Vertrag mit K nicht mehr erfüllen. Wie ist die Rechtslage?
Abwandlung: Wie wäre es, wenn K bereits im Grundbuch als neuer Eigentümer des Grundstücks eintragen ist und sich nunmehr weigert, die restlichen 50.000 € zu bezahlen?

Kalender gesetzlicher Definitionen

Begriff	Definition	§§
Abtretung	Forderungsübertragung durch Vertrag	398 BGB
Anspruch	Das Recht, von einem anderen ein Tun oder Unterlassen zu verlangen	194 BGB
Auftrag	Vertrag, ein Geschäft für einen anderen unentgeltlich zu besorgen	662 BGB
Besitz	Tatsächliche Gewalt über eine Sache	854 BGB
Ehevertrag	Vertrag der Ehegatten über ihre güterrechtlichen Verhältnisse	1408 BGB
Eigenbesitzer	Wer eine Sache als ihm gehörend besitzt	872 BGB
Einwilligung	Vorherige Zustimmung	183 BGB
Erfüllung Zug um Zug	Leistung gegen Empfang der Gegenleistung	274 BGB
Ersitzung	Eigentumserwerb durch 10jährigen Eigenbesitz	937 BGB
Gemeinschaft nach Bruchteilen	Recht, das mehreren gemeinschaftlich zusteht	741 BGB
Genehmigung	Nachträgliche Zustimmung	184 BGB
Gesamtschuldner	Mehrere Schuldner einer Leistung	421 BGB
Grunddienstbarkeit	Belastung eines Grundstücks zugunsten des Eigentümers eines anderen Grundstücks	1018 BGB
Grundschuld	Belastung eines Grundstücks mit einer Geldsumme	1191 BGB
Guter Glaube	Annahme, dass eine Sache dem Veräußerer gehört	932 II BGB
Hypothek	Belastung eines Grundstücks zur Sicherung einer Forderung	1113 BGB
Kennen müssen	Infolge von Fahrlässigkeit nicht kennen	122 II BGB
Leistungsträger	Person, die einzelne Reiseleistungen ausführen soll	651 a BGB
Mittelbarer Besitzer	Besitzer, der einem anderen auf Zeit den (unmittelbaren) Besitz eingeräumt hat	868 BGB
Mutter	Die Frau, die das Kind geboren hat	1591 BGB
Nießbrauch	Berechtigung, die Nutzungen einer Sache zu ziehen	1030 BGB
Pfandrecht	Belastung einer beweglichen Sache zur Sicherung einer Forderung	1204 BGB
Quittung	Schriftliches Empfangsbekenntnis	368 BGB

Begriff	Definition	§§
Reallast	Belastung eines Grundstücks mit wiederkehrenden Leistungen	1105 BGB
Reise	Gesamtheit von Reiseleistungen	651a BGB
Sache	Körperlicher Gegenstand	90 BGB
Schatz	Sache, die so lange verborgen gelegen hat, dass der Eigentümer nicht mehr zu ermitteln ist	984 BGB
Schuldanerkenntnis	Vertrag, durch den das Bestehen eines Schuldverhältnisses anerkannt wird	781 BGB
Schuldversprechen	Vertrag, der die Verpflichtung zu einer Leistung selbständig begründet	780 BGB
Unternehmer	Person, die in Ausübung ihrer gewerblichen oder selbständigen beruflichen Tätigkeit handelt	14 BGB
Unvermögen	Subjektive Unmöglichkeit	275 II BGB
Unverzüglich	Ohne schuldhaftes Zögern	121 I BGB
Verbraucher	Natürliche Person, die ein Rechtsgeschäft zu einem Zweck abschließt, der nicht zu ihrer gewerblichen oder selbständigen beruflichen Tätigkeit gehört	13 BGB
Verbotene Eigenmacht	Unrechtmäßige Besitzentziehung/Besitzstörung	856 BGB
Vergleich	Streitbeilegung im Wege gegenseitigen Nachgebens	779 BGB
Vollmacht	Auf Rechtsgeschäft beruhende Vertretungsmacht	166 II BGB
Wesentliche Bestandteile	Sind solche, die voneinander nicht ohne Zerstörung oder Wesensveränderung getrennt werden können	93 BGB
Zurückbehaltungsrecht	Recht, die geschuldete Leistung zu verweigern	273 BGB

Verzeichnis verwendeter und weiterer nützlicher Merksprüche und Rechtsweisheiten

Merkspruch, Rechtsweisheit	Absatznummer
Recht ist die Entsprechung von Sollen und Sein.	1
Law is a Bridge between Is and Ought. = Recht ist die Brücke zwischen Sollen und Sein.	1
Summum ius summa iniuria. = Größtes Recht größtes Unrecht.	
Ubi ius, ibi remedium. = Wo ein Recht, da ein Mittel.	
Ein Blick in das Gesetz erleichtert die Rechtsfindung!	2
Vigilantibus, non dormientibus jura subveniunt. = Das Recht hilft den Wachsamen, nicht den Träumenden.	2
Bundesrecht bricht Landesrecht.	35
Lex specialis derogat legem generalem. = Das speziellere Gesetz hebt das generelle auf.	35
Lex posterior derogat priori. = Ein späteres Gesetz hebt ein früheres auf.	35
Lassen Sie daher stets Ihr „müdes" Auge etwas tiefer sinken!	38
Wo kein Kläger, da kein Richter.	60
Sachverständige, Augenscheinseinnahme, Parteivernehmung, Urkunden, Zeugen (SAPUZ)	62
Jura novit curia. = Das Recht ist dem Gericht bekannt.	62
Vor Gericht und auf Hoher See ist der Mensch in Gottes Hand.	69
Furiosi voluntas nulla est. = Ein Geisteskranker hat keinen Willen.	91
Und ist das Kind auch noch so klein, so kann es doch ein Bote sein.	92
Dem Schweigen des Handelsregisters kann man trauen.	130
Superficies solo cedit. = Der Überbau weicht dem Boden.	195
Nemo plus iuris ad alium transferre potest, quam ipse habet. = Niemand kann mehr Rechte auf einen anderen übertragen, als er selbst hat.	219
Pacta sunt servanda. = Verträge müssen eingehalten werden.	236

Merkspruch, Rechtsweisheit	Absatznummer
Falsa demonstratio non nocet. = Falsche Bezeichnung schadet nicht.	257
Plus valet quod actum quam quod simulatum. = Was wirklich verabredet worden ist, hat stärkere Kraft, als was vorgespiegelt worden ist.	276
Intentio in mente retenta nihil operatur. = Eine verschlossene Absicht bewirkt nichts.	276
Jocus consensui adversatur. = Scherz und Einwilligung schließen sich aus.	277
Ex maleficio non oritur contractus. = Aus einer Missetat geht kein Vertrag hervor.	284
Errantis voluntas nulla est. = Der Wille des Irrenden ist nichtig.	290

Lösungshinweise zu den Fällen

Fall 1:
Wer will was von wem woraus?

Entscheidungsgrundlage: B könnte gegen A einen Anspruch auf Schadenersatz für die Reinigung seiner blutverschmierten Kleidung aus § 823 Abs. 1 BGB und auf Schmerzensgeld aus § 847 BGB haben.
Dann ...

1. Voraussetzung: „Wer" ist jede natürliche Person.
1. Überprüfung: Jeder lebende Mensch (§ 1 BGB) ist eine natürliche Person, also auch der A.
1. Ergebnis: A kommt als Anspruchsgegner im Sinne der §§ 823 I, 847 BGB in Betracht.

2. Voraussetzung: B muss von A verletzt worden sein.
2. Überprüfung: „Verletzt" bedeutet in diesem Zusammenhang eine zurechenbare Kausalität des Verhaltens des A für den Schaden des B. A hat B beim Verlassen der Gaststätte übersehen und verletzt. Hätte er die Tür nicht geöffnet, wäre B nicht verletzt worden. Die Handlung des A kann also nicht hinweggedacht werden, ohne dass der Erfolg entfiele. A ist deshalb für die Verletzung des B kausal geworden.
2. Ergebnis: A hat B verletzt.

3. Voraussetzung: Es muss ein sogenanntes absolutes Recht verletzt sein.
3. Überprüfung: B ist in seinem Körper und seiner Gesundheit verletzt. Er muss im Krankenhaus behandelt werden.
3. Ergebnis: A hat ein absolutes Recht des B verletzt.

4. Voraussetzung: A muss widerrechtlich gehandelt haben.
4. Überprüfung: Das Verhalten des A darf nicht gerechtfertigt sein. Er hat die Tür unachtsam geöffnet. Dabei war A weder durch Notwehr, Nothilfe oder Notstand gerechtfertigt.
4. Ergebnis: A hat also rechtswidrig gehandelt.

5. Voraussetzung: A muss vorsätzlich oder fahrlässig gehandelt haben.
5. Überprüfung: Vorsatz bedeutet Wissen und Wollen der Tatbestandsverwirk-

lichung. Zumindest wollte A den B nicht verletzen, Vorsatz scheidet somit aus. Fahrlässig handelt, wer die im Verkehr erforderliche Sorgfalt außer acht lässt (§ 276 I 2 BGB). A war beim Verlassen der Gaststätte unaufmerksam und hat die Tür zu heftig geöffnet. Er hat damit die im Verkehr erforderliche Sorgfalt außer acht gelassen.

5. Ergebnis: A hat auch fahrlässig die Körperverletzung des B herbeigeführt.

Zwischenergebnis: Der gesetzliche Tatbestand des § 823 I BGB ist erfüllt. A muss dem B Schadenersatz leisten.

Zweite Anspruchsgrundlage: B könnte gegen A ferner einen Anspruch auf Schadenersatz für die Reinigung seiner blutverschmierten Kleidung aus § 823 Abs. 2 BGB in Verbindung mit § 229 StGB und auf Schmerzensgeld aus § 847 BGB haben.
Dann ...

Voraussetzung: A müsste gegen ein Schutzgesetz verstoßen haben.

Überprüfung: A könnte eine fahrlässige Körperverletzung im Sinne des § 229 StGB begangen haben. Die fahrlässige Körperverletzung müsste jetzt an Hand des Strafgesetzbuches überprüft werden. Kann hier aber als gegeben unterstellt werden.

Ergebnis: Der gesetzliche Tatbestand des § 823 II BGB ist erfüllt. A muss dem B alternativ auch aus dieser Anspruchsgrundlage Schadenersatz leisten.
Nach § 249 BGB hat der Schädiger den materiellen Schaden zu ersetzen. Materieller Schaden sind u.a. die Reinigungskosten.
Der A hat dem B somit die Reinigungskosten zu ersetzen.
Schmerzensgeld ist aber ein immaterieller Schaden. Es bedarf deshalb einer erweiterten Anspruchsgrundlage. Diese Erweiterung befindet sich in § 847 I BGB.

Endergebnis: A muss dem B auch eine „billige Entschädigung" als Schmerzensgeld zahlen.

Fall 2:
Wer will was von wem woraus?

Entscheidungsgrundlage: B könnte einen Anspruch gegen A auf Herausgabe des Buches aus § 985 BGB haben.
Dann müsste das Buch eine Sache sein. Sachen sind gem. § 90 BGB körperliche Gegenstände. Das Buch ist ein körperlicher Gegenstand, also eine Sache. A müsste gegenwärtig Besitzer des Buches sein. Besitzer ist, wer die tatsächliche

Sachherrschaft über die Sache ausübt. Das Buch liegt bei ihm in seiner Wohnung auf dem Tisch. Er übt damit die tatsächliche Sachherrschaft über das Buch aus. Er ist Besitzer des Buches. B müsste noch Eigentümer des Buches sein. Er war es auch noch, als sich A das Buch „auslieh". Durch die Wegnahme hat B seine Verfügungsmacht über das Buch nicht verloren und A kein Recht zum Besitz erlangt. B ist immer noch Eigentümer des Buches. Die Tatbestandsvoraussetzungen des § 985 BGB sind somit erfüllt. B kann von A die Herausgabe seines Buches verlangen.

Urteil: A muss das Buch an B gem. § 985 BGB herausgeben, weil B noch immer Eigentümer des Buches ist. Das Buch ist gem. § 90 BGB eine Sache, § 985 demnach einschlägig. A ist zwar im Besitz des Buches, hat aber gegenüber B kein Recht zum Besitz.

Fall 3:
Für den *eigenen Rechtsanwalt* entstehen mindestens:
Anlage zu § 11 BRAGO
Gegenstandswert bis 10.000 DM = Gebühr 595 DM

I. Instanz
Drei Gebühren nach § 31 BRAGO zu	595,00 DM =	1.785,00 DM
Post- und Telefongebühr nach § 26 BRAGO:		40,00 DM
Summe		1.825,00 DM
zuzüglich Umsatzsteuer 16%		292,00 DM
Rechnungsbetrag		**2.117,00 DM**

II. Instanz
Drei Gebühren nach § 31 BRAGO zu	595,00 DM x 13/10 =	2.320,50 DM
Post- und Telefongebühr nach § 26 BRAGO:		40,00 DM
Summe		2.360,50 DM
zuzüglich Umsatzsteuer 16%		377,68 DM
Rechnungsbetrag		**2.738,18 DM**

Eigene Anwaltskosten aus beiden Instanzen	4.855,18 DM
Fremde Anwaltskosten in gleicher Höhe	4.855,18 DM
Anwaltskosten insgesamt	**9.710,36 DM**

Gerichtskosten
Auszug aus Anlage 2 (zu § 11 Abs. 2 GKG)
Streitwert bis 10.000 DM = 235 DM

Gerichtsgebühren laut Gebührenposition 1201 zum GKG		
Drei Gebühren zu	235,00 DM =	705,00 DM
Gerichtsgebühren laut Gebührenposition 1220, 1228 zum GKG		
Drei Gebühren zu	235,00 DM =	705,00 DM
Gesamtbetrag der Streitkosten		**11.120,36 DM**
Davon hat der Kläger zwei Drittel zu tragen		7.413,57 DM
Erstritten wurden ein Drittel von 10.000 DM		3.333,33 DM
Die Kosten übersteigen den zuerkannten Anspruch um		./. **4.080,24 DM**

Fall 4:
Wer will was von wem woraus?

Entscheidungsgrundlage: §§ 106 ff., **110** BGB
Martin ist beschränkt geschäftsfähig.
Durch das Rechtsgeschäft (Kaufvertrag, § 433 BGB) erlangt er nicht lediglich einen rechtlichen Vorteil, da er zur Kaufpreiszahlung verpflichtet wird. Er bedarf daher der Einwilligung seines gesetzlichen Vertreters (seiner Eltern). Eine spezielle Einwilligung liegt nicht vor. In Betracht kommt aber § 110 BGB. Dann müsste ihm das Geld für den Kaufpreis zur freien Verfügung von seinen Eltern überlassen *worden sein*. Das ist nicht der Fall, da er einen Teil seiner Leistung erst in Zukunft erbringen will.

Ergebnis: Der Vertrag ist daher schwebend unwirksam.

Hinweis: § 110 ist bei Ratengeschäften niemals anwendbar.

Fall 5:
Wer will was von wem woraus?

Entscheidungsgrundlage: §§ 106 ff., 113 BGB
Heino ist beschränkt geschäftsfähig.
Durch die Kündigung erlangt er nicht lediglich einen rechtlichen Vorteil, da er seinen Anspruch auf Arbeitslohn für die Zukunft verliert. Er bedarf daher der Einwilligung seines gesetzlichen Vertreters (seiner Eltern). Eine spezielle Einwilligung liegt nicht vor. In Betracht kommt aber § 113 BGB. Seine Eltern haben ihn ermächtigt, in das Arbeitsverhältnis einzutreten. Damit ist Heino für solche Rechtsgeschäfte unbeschränkt geschäftsfähig, die u.a. die Aufhebung eines Dienst- oder Arbeitsverhältnisses der gestatteten Art betreffen.

Ergebnis: Die Kündigung ist daher wirksam.

Der Abschluss des neuen Arbeitsvertrages ist dagegen von § 113 nicht gedeckt, da es sich hier nicht um ein Dienst- oder Arbeitsverhältnisses der gestatteten Art handelt.

Ergebnis: Der Vertrag ist daher schwebend unwirksam.

Hinweis: § 113 gilt nicht bei Berufsausbildungsverhältnissen im Sinne des BBiG *(lex spec.).*[77]

Fall 6:
Wer will was von wem woraus?

Entscheidungsgrundlage: §§ 106 ff., **109, 812** BGB
Hensel (H) verlangt von Nikolaus (N) Herausgabe des Mopeds.

Anspruchsgrundlage: § 812 BGB
N hat durch Leistung des H Eigentum und Besitz an dem Moped erlangt. § 812 BGB verlangt darüber hinaus, dass diese Leistung *ohne Rechtsgrund* erfolgt ist. Rechtsgrund könnte der Kaufvertrag zwischen H und N sein. H und N haben sich über die Kaufsache und den Kaufpreis geeinigt. Dieser Vertrag könnte jedoch gem. § 108 BGB (zunächst) schwebend unwirksam sein.
N ist beschränkt geschäftsfähig.
Durch das Rechtsgeschäft (Kaufvertrag, § 433 BGB) erlangt er nicht lediglich einen rechtlichen Vorteil, da er zur Kaufpreiszahlung verpflichtet wird. Er bedarf daher der Einwilligung seines gesetzlichen Vertreters (seiner Eltern). Eine spezielle Einwilligung liegt nicht vor. In Betracht kommt aber § 110 BGB. Dann müsste ihm das Geld für den Kaufpreis von seinen Eltern oder *mit deren Zustimmung von einem Dritten* zur freien Verfügung überlassen *worden sein*. Das ist nicht der Fall, da die Eltern nichts von der Schenkung wussten. Der Vertrag ist daher gem. § 108 BGB (zunächst) schwebend unwirksam, d.h., er kann durch Genehmigung (nachträgliche Zustimmung, § 184) der Eltern rückwirkend noch wirksam werden. Die Eltern haben diese Genehmigung erteilt, jedoch hatte H den Vertrag bereits vorher widerrufen, wozu er grundsätzlich gem. § 109 Abs. 1 BGB berechtigt ist. Allerdings wusste H, dass N minderjährig ist und dass keine Einwilligung der Eltern vorliegt. Deshalb konnte er gem. § 109 Abs. 2 BGB nicht widerrufen, sondern musste zunächst die Entscheidung der Eltern abwarten. Da diese genehmigt haben, ist der Vertrag wirksam. Die Leistung des H ist also mit Rechtsgrund erfolgt.

Ergebnis: Ein Herausgabeanspruch besteht nicht.

---

77 Palandt/Heinrichs, 59. Aufl. § 113 RN 2

Fall 7:
Wer will was von wem woraus?

1. Entscheidungsgrundlage: §§ 106 ff., 607 BGB
Bankhaus Spar- und Leih AG (B) ./. Yvonne (Y)
B könnte gegen Y einen Zahlungsanspruch auf Rückzahlung des Kredits nebst Zinsen gem. §§ 607 ff. BGB haben.
Dann müsste ein wirksamer Kreditvertrag zustande gekommen sein.
Y ist beschränkt geschäftsfähig.
Durch das Rechtsgeschäft erlangt sie nicht lediglich einen rechtlichen Vorteil, da sie zur Rückerstattung des Kredits nebst Zinsen verpflichtet wird. Sie bedarf daher der Einwilligung ihres gesetzlichen Vertreters (ihrer Eltern). Eine spezielle Einwilligung liegt nicht vor. Auch aus § 113 ergibt sich keine Ermächtigung, da der Vertrag mit B nichts mit ihrem Arbeitsverhältnis zu tun hat. Der Vertrag ist daher schwebend unwirksam.

Ergebnis: Da nicht anzunehmen ist, dass die Eltern ihn genehmigen und hier außerdem noch eine Genehmigung des Familiengerichts erforderlich ist (§ 1643 i.V.m. § 1822 Nr. 8 BGB), besteht kein vertraglicher Rückzahlungsanspruch.

2. Entscheidungsgrundlage: § 812 BGB
Y hat durch Leistung der B etwas, nämlich 2.000 €, ohne Rechtsgrund erlangt. Sie ist daher grundsätzlich zur Herausgabe des Geldes (ohne Zinsen) verpflichtet. Diese Herausgabepflicht könnte jedoch gem. § 818 Abs. 3 BGB ausgeschlossen sein. Y hat das Geld verbraucht. Sie könnte nur dann noch „bereichert" sein, wenn sie durch die Verwendung des Geldes anderweitige Aufwendungen erspart hätte. Es kann aber nicht unterstellt werden, dass sie die Urlaubsreise auch ohne den Kredit durchgeführt hätte.
Auf den Wegfall der Bereicherung könnte Y sich jedoch nicht berufen, wenn sie den Mangel des rechtlichen Grundes bei Empfang des Geldes gekannt hätte (§ 819 BGB). Dazu wäre erforderlich, dass Y mit den Vorschriften der §§ 106 ff. BGB vertraut wäre, was kaum anzunehmen ist.

3. Ergebnis: Y ist unter keinem rechtlichen Gesichtspunkt zur Rückzahlung des Geldes verpflichtet.

Und die Moral von der Geschicht': Leihe einem Kinde Euros nicht!

Fall 8:

Wer will was von wem woraus?

Entscheidungsgrundlage: §§ 607, 164 ff. BGB

D könnte gegen G einen Anspruch auf Rückzahlung des Kredits haben. Anspruchsgrundlage hierfür ist § 607 BGB.
Allerdings hat G den Vertrag nicht selbst abgeschlossen, sondern V, wenn auch in ihrem Namen. Sie würde gem. § 164 BGB aus diesem Vertrag verpflichtet sein, wenn V sie wirksam vertreten hat. Fraglich ist, ob V eine entsprechende Vertretungsmacht hatte. Diese lag zwar ursprünglich vor, ist jedoch durch Rückgabe der Urkunde wirksam erloschen (§ 172 Abs. 2 BGB).
Eine neue Vollmacht wurde nicht erteilt. § 172 BGB setzt voraus, dass der Vollmachtgeber die Urkunde dem Vertreter „aushändigt". Allerdings erweckt die Vorlage der Originalvollmachtsurkunde bei D den Anschein einer wirksamen Bevollmächtigung durch G. In Frage kommt daher zugunsten von D eine Anscheinsvollmacht. D kann davon ausgehen, dass die – früher einmal wirksam erteilte – Vollmacht fortbesteht, solange V sich im Besitz der Urkunde befindet. Die internen Vorgänge zwischen G und V sind für B nicht erkennbar. G hätte zudem die Urkunde vernichten können, anstatt sie in ihren Tresor zu legen. Sie ist also auch „näher dran", das Risiko des Vollmachtmissbrauchs zu tragen.

Ergebnis: D kann Rückzahlung des Kredits verlangen.

Abwandlung: Die Vollmacht ist auch hier durch Rückgabe erloschen. Die Vorlage der Kopie – auch einer beglaubigten Kopie – einer Vollmacht ist nicht ausreichend, um den Rechtsschein des Fortbestehens der Vollmacht nach § 172 Abs. 2 BGB auszulösen. Eine Kopie beweist allenfalls, dass irgendwann einmal eine Vollmacht vorhanden war, sagt aber nichts aus über deren Fortbestehen.

Ergebnis: B hat keinen Anspruch gegenüber G (wohl aber gegen V gem. § 179 BGB).

Fall 9:

Wer will was von wem woraus?

Entscheidungsgrundlage: §§ 48 ff., 15 HGB, § 433 BGB

D könnte gegenüber K einen Anspruch aus § 433 Abs. 2 BGB auf Abnahme und Bezahlung des Toilettenpapiers haben.
Da P den Vertrag im Namen des K geschlossen hat, setzt dieser Anspruch voraus, dass P eine entsprechende Vertretungsmacht hat. Als Prokurist hätte P den Vertrag ohne weiteres abschließen können (§ 49 HGB). Die Prokura war zunächst –

trotz fehlender Eintragung im Handelsregister – wirksam, da diese gem. § 53 HGB vorgeschriebene Eintragung nur deklaratorisch wirkt. Es reicht aus, wenn die Prokura – wie hier – durch den Kaufmann mittels ausdrücklicher Erklärung erteilt wird. Die Prokura ist jedoch durch den Widerruf (§ 52 HGB) erloschen. P hatte damit keine Vertretungsmacht mehr.

Fraglich ist aber, ob K sich D gegenüber auf das Erlöschen der Prokura berufen kann, da diese Tatsache bei Vornahme des Kaufes nicht im Handelsregister eingetragen war (§ 15 Abs. 1 HGB). Der Widerruf einer Prokura ist gem. § 53 Abs. 3 HGB eine in das Handelsregister einzutragende Tatsache. Dieser Widerruf war dem D auch nicht anderweitig bekannt. Dabei ist nach der Rechtsprechung unerheblich, dass auch die Erteilung der Prokura nicht eingetragen war. Die Anwendung des § 15 I HGB setzt keine Voreintragung der Tatsache voraus, deren Änderung einzutragen war[78]. Das Erlöschen der Prokura hätte also trotz ihrer fehlenden Eintragung im Handelsregister eingetragen werden müssen.

Ergebnis: K ist zur Abnahme und Zahlung verpflichtet (hat aber Schadensersatzansprüche gegen P aus PVV, hiernach war jedoch nicht gefragt!).

Fall 10:
Wer will was von wem woraus?

Entscheidungsgrundlagen: Privatrecht: §§ 25 HGB, 613a BGB
Steuerrecht: § 75 AO (Haftung des Betriebsübernehmers)

a. Finanzamt ./. Weiß wg. USt. 1999/2000

(1) Gem. § 75 I AO haftet der Übernehmer eines Unternehmens für die betrieblichen Steuern, die in dem Kalenderjahr vor der Übernahme fällig geworden sind. W muss daher nur die USt. 2000 an das Finanzamt zahlen.

Diese Vorschrift beschränkt die Haftung aus anderen Verpflichtungsgründen nicht.

In Betracht kommt weiter:

(2) § 25 HGB:
Voraussetzungen:

Erwerb (Kauf, Pacht, Nießbrauch, Schenkung)	(+)
unter Lebenden [sonst: § 27 HGB]	(+)
eines Handelsgeschäfts (§§ 1,2,3,5,6 HGB)	(+)
Fortführung des Geschäfts (nicht: Stilllegung)	(+)
Fortführung der Firma (mit oder ohne Zusatz)	(+)

---

[78] ständige Rechtsprechung, vgl. BGH NJW 1983, S. 2259

Ergebnis: W haftet für die betrieblichen Verbindlichkeiten des S, also auch für die USt (ohne zeitliche Beschränkung). Die Haftung nach § 25 HGB ist der Höhe nach *unbeschränkt*.

Gegen diese Haftung hätte er sich gem. § 25 Abs. 2 HGB durch Eintragung des Haftungsausschlusses im Handelsregister (eintragungsfähige Tatsache) schützen können.

b. *B ./. W* wg. Zahlung der 100.000 €

Als Anspruchsgrundlage kommt § 25 HGB in Frage (vgl. oben a.).

Bei § 25 HGB ist problematisch, ob es sich bei dem Abfindungsanspruch um eine betriebliche Verbindlichkeit handelt. Abfindungen für ausgeschiedene Gesellschafter sind nicht Gesellschafts-, sondern Gesellschafterschulden. Die Rechtsprechung rechnet die Abfindung jedoch ebenfalls zu den betrieblichen Verbindlichkeiten[79].

c. *Arbeitnehmer ./. W* wg. Lohnzahlung

Neben § 25 HGB kommt hier als weitere Anspruchsgrundlage § 613a BGB in Betracht. Die Haftung knüpft hier an den Übergang eines Betriebes oder Betriebsteils durch Rechtsgeschäft auf einen anderen Inhaber an. Ein Haftungsausschluss ist *nicht* möglich.

W könnte die Haftung auch durch Rückgängigmachung der Übernahme (z.B. Anfechtung gem. § 123 BGB oder Wandelung gem. §§ 459 ff. BGB) nicht beseitigen, weil sie nicht auf einem Rechtsgeschäft, sondern auf dem in der Öffentlichkeit erweckten Rechtsschein beruht.

Fall 11:

Entscheidungsgrundlage: § 985 BGB

Der Eigentümer kann von dem Besitzer die Herausgabe der Sache verlangen.

Das Fahrrad müsste eine Sache sein. Sachen im Sinne des Gesetzes sind nur körperliche Gegenstände (§ 90 BGB). Das Fahrrad ist ein körperlicher Gegenstand und somit eine Sache im Sinne des Gesetzes.

B müsste Besitzer sein. Der Besitz einer Sache wird durch die Erlangung der tatsächlichen Gewalt über die Sache erworben (§ 854 Abs. 1 BGB). Die tatsächliche Gewalt über das Fahrrad übt gegenwärtig der B aus. B ist deshalb Besitzer im Sinne des Gesetzes.

E müsste (noch) Eigentümer des Fahrrades sein. E war Eigentümer als ihm der D das Fahrrad stahl. Durch den Diebstahl hat E sein Eigentum nicht verloren.

---

[79] vgl. RGZ 154, S.334 ff.

B könnte allerdings neuer Eigentümer geworden sein. Eigentum wird nach § 929 BGB durch Einigung und Übergabe übertragen. B könnte das Eigentum von D erlangt haben. Dann müssten sich D und B bei Übergabe der Sache einig gewesen sein, dass das Eigentum übergehen solle. D hat dem B das Fahrrad übergeben. Beide waren sich auch einig, dass B Eigentümer werden sollte. Nur konnte D dem B die Rechtsposition des Eigentums nicht übertragen, weil er selbst kein Eigentümer gewesen ist. *Niemand kann mehr Rechte übertragen, als er selbst hat.*

B könnte aber gutgläubig Eigentum an dem Fahrrad erworben haben. Dann müsste dem B nach § 932 Abs. 2 BGB unbekannt gewesen sein, dass die Sache nicht dem Veräußerer gehört hat. B hat von dem Diebstahl nichts gewusst. Er durfte nach § 1006 Abs. 1 BGB darauf vertrauen, dass der D als Inhaber der tatsächlichen Sachherrschaft über das Fahrrad auch Eigentümer des Rades sei. Diese gesetzliche Eigentumsvermutung stützt den guten Glauben des B. Demnach könnte B gutgläubig Eigentum an dem Fahrrad erworben haben.

Nach § 935 Abs. 1 BGB finden die gesetzlichen Bestimmungen über den gutgläubigen Erwerb allerdings dann keine Anwendung, wenn die Sache dem alten Eigentümer gestohlen worden ist. Das Fahrrad wurde dem E gestohlen. B konnte deshalb kein – auch nicht gutgläubiger – Eigentümer werden.

E ist immer noch Eigentümer.

Ergebnis: E kann die Herausgabe seines Fahrrades von B verlangen.

Fall 12:

Entscheidungsgrundlage: § 1004 Abs. 1 Satz 2 BGB

Der Eigentümer kann von dem Störer die Beseitigung der Beeinträchtigung verlangen.

Es müsste durch den Einwurf des Werbematerials zu einer Beeinträchtigung des Eigentums gekommen sein. Eine Beeinträchtigung liegt vor bei Einwirkung auf die Sache selbst. Mit dem Einwurf von Werbeblättern u. ä. wirkt B direkt auf das Grundstück des A ein. Es kommt demnach zu einer Beeinträchtigung.

Es müssten weitere Beeinträchtigungen bevorstehen. B hat sich in der Vergangenheit nicht darum gekümmert, dass A keine Werbung bekommen möchte. Es ist zu erwarten, dass der B sein Verhalten nicht ändern wird. Es steht also eine weitere Beeinträchtigung bevor.

B müsste Störer sein. Handlungsstörer ist jeder, auf dessen Willen eine Beeinträchtigung unmittelbar zurückzuführen ist. B stellt das Werbematerial zu. Er beeinträchtigt also willentlich das Grundstück des A. B ist Störer im Sinne des Gesetzes.

Dem Unterlassungsanspruch des A könnte eine Duldungspflicht gem. § 1004 Abs. 2 BGB entgegenstehen. Aus öffentlichem Recht ist kein Bürger verpflichtet, das Werbematerial von Unternehmen abzunehmen. Eine privatrechtliche Duldungspflicht aus Vertrag oder Gesetz ist nicht ersichtlich. Eine Duldungspflicht besteht also nicht.

Ergebnis: A hat einen Unterlassungsanspruch gegen B.

Fall 13:
Entscheidungsgrundlage: § 861 Abs. 1 BGB

L könnte könnte gegen den E einen Anspruch auf Wiedereinräumung des Besitzes haben.
Dann müsste dem bisherigen unmittelbaren Besitzer (L) ohne dessen Willen der Besitz entzogen worden sein. L hat dem E das Fahrrad nicht übergeben und war auch nicht damit einverstanden, dass E sich das Fahrrad nimmt. Der Besitz an dem Fahrrad wurde dem L also gegen seinen Willen entzogen.
Der Besitz muss durch verbotene Eigenmacht entzogen worden sein. Verbotene Eigenmacht übt gem. § 858 Abs. 1 BGB aus, wer dem Besitzer ohne dessen Willen den Besitz entzieht, er handelt widerrechtlich, sofern nicht das Gesetz die Entziehung gestattet. E hat gegen den Willen des L das Fahrrad an sich genommen. Das Gesetz gestattet es auch einem bestohlenen Eigentümer nicht, Selbstjustiz zu üben. Insbesondere liegt kein Fall des § 859 BGB vor. E handelt also in verbotener Eigenmacht.
Der Anspruch, dem L den Besitz wieder einzuräumen, könnte aber an einem Ausschluss gem. § 861 Abs. 2 BGB scheitern. Dann müsste der entzogene Besitz dem gegenwärtigen Besitzer gegenüber fehlerhaft sein. L leitet sein Besitzrecht aus dem Leihvertrag mit dem D ab. Der D war aber nicht befugt, über das Eigentum des E zu bestimmen. D und damit auch der L haben das Fahrrad gegenüber dem gegenwärtigen Besitzer (E) fehlerhaft besessen. § 861 Abs. 2 BGB sperrt also einen möglichen Anspruch des L.

Ergebnis: L hat keinen Anspruch auf Wiedereinräumung des Besitzes am Fahrrad gegenüber E.

Fall 14:
Entscheidungsgrundlage: §§ 433, 145 ff. BGB

Der Anspruch der K auf Übereignung des Mantels gegen Zahlung von 1.000 € könnte sich aus § 433 Abs. 1 BGB ergeben. Voraussetzung hierfür ist, dass ein wirksamer Kaufvertrag diesen Inhalts zustande gekommen ist.

Fraglich ist, ob das Ausstellen des Mantels im Schaufenster mit dem Preisschild bereits als Vertragsangebot zu werten ist. Ein Angebot ist ein an eine oder mehrere bestimmte Personen gerichteter Vorschlag zum Abschluss eines Vertrages. Es muss inhaltlich bestimmt genug sein, d.h. den Vertragsgegenstand bezeichnen und die Gegenleistung festsetzen. Die Auslage von Waren im Schaufenster wird nicht als Angebot, sondern als „Einladung zur Abgabe eines Angebots" (invitatio ad offerendum) angesehen, da sie nicht an bestimmte Personen, sondern an die Allgemeinheit gerichtet ist.

In diesem Fall ist erst die Erklärung der Frau K, die entsprechende Ware zum ausgezeichneten Preis zu kaufen, als Antrag i.S.d. § 145 BGB aufzufassen. Dem Verkäufer steht es frei, diesen Antrag anzunehmen. Seine Erklärung, den Mantel nur für 4.000 € verkaufen zu wollen, ist gem. § 150 Abs. 2 BGB als Ablehnung, verbunden mit einem neuen Antrag, anzusehen. Diesen Antrag hat Frau K nicht angenommen.

Ergebnis: Frau K hat keinen Anspruch auf Übereignung des Mantels gegen Zahlung von 1.000 €.

Fall 15:

Entscheidungsgrundlage: §§ 145 ff., 433 BGB, 346 HGB

H und F haben telefonisch einen Kaufvertrag geschlossen, nach dem H dem F einen Lkw Typ H 200 zum Preis von 80.000 € binnen 2 Wochen zu liefern hat. Das Schreiben des H kann diesen Vertrag grundsätzlich nicht einseitig abändern. Da die Beteiligten jedoch Kaufleute gem. §§ 1, 6 HGB i.V.m. § 3 AktG sind, und das Geschäft für beide Teile eine Handelsgeschäft darstellt, gelten hierfür die üblichen Handelsbräuche (§ 346 HGB). Zu diesen zählt auch das kaufmännische Bestätigungsschreiben. Das Schweigen hierauf gilt als Zustimmung, wenn Vertragsverhandlungen stattgefunden haben und das Bestätigungsschreiben unmittelbar nach diesen Verhandlungen abgeschickt worden ist. Das Schreiben muss den Vertrag als bereits abgeschlossen bezeichnen und seinen wesentlichen Inhalt wiedergeben. Das ist hier der Fall. Das Ergebnis der Vertragsverhandlungen darf nicht bewusst unrichtig oder entstellt wiedergegeben werden. Über die Anzahlung wurde zwar bei dem Telefongespräch nicht gesprochen. Auch weicht der Liefertermin von der mündlichen Vereinbarung ab. Daraus kann jedoch noch nicht auf eine bewusst unrichtige Wiedergabe geschlossen werden. Denkbar sind auch Missverständnisse. Dem zufolge hätte F diesem Schreiben unverzüglich widersprechen müssen. Sein Schweigen gilt als Zustimmung zum Inhalt dieses Schreibens.

Ergebnis: H kann sofortige Zahlung von 16.000 € verlangen und muss erst in zwei Monaten liefern.

Abwandlung: Am Ergebnis ändert sich nichts, da es ausreicht, wenn der Vertrag aus Sicht des Bestätigenden wirksam zustande gekommen ist.

Fall 16:
Entscheidungsgrundlage: §§ 145 ff., 133, 157, 155, 119 BGB

1. P ./. F wg. Zahlung von 1.750 €
Dieser Anspruch könnte sich aus dem Beherbergungsvertrag (Vertrag sui generis) ergeben, wenn der Preisaushang im Zimmer Vertragsgrundlage geworden ist. P und F haben sich aber auch aus Sicht des P höchstens auf einen Preis von 60 € pro Person / Tag, also 1.680 € geeinigt. Diese spezielle Vereinbarung geht dem Preisaushang (AGB) gem. § 4 AGBG vor, sofern dieser überhaupt Vertragsbestandteil werden konnte, was gem. § 2 AGBG zu verneinen ist.

2. P ./. F wg. Zahlung von 1.680 € (60 € pro Person/Tag)
P und F haben sich zwar über den Vertragsgegenstand aufgrund des Angebots des P geeinigt. Über den Preis liegt jedoch keine Willensübereinstimmung vor. Ein Vertrag wäre dennoch zustande gekommen, wenn der objektive Erklärungsinhalt ihrer Willenserklärungen übereinstimmt. Da die Erklärung des P im Angebot („Doppelzimmer, Preis 50–60 €, letzteres Balkonzimmer, alles incl.") nicht eindeutig ist, muss sie nach § 157 BGB aus der Sicht eines „verständigen und redlichen Menschen" ausgelegt werden. Dass der Preis unmittelbar hinter dem Wort „Doppelzimmer" ohne weiteren Zusatz („pro Person") genannt wird, spricht dafür, dass er sich auf das Zimmer bezieht. Auch musste dem P klar sein, dass sich sein Angebot an eine Privatperson richtet, bei der er nicht ohne weiteres davon ausgehen kann, dass diese mit den Gepflogenheiten und Preisen im Beherbergungsgewerbe vertraut ist. Aus Sicht des Erklärungsempfängers beinhaltet das Angebot also nur einen Preis von 60 € pro Zimmer. Dieses Angebot hat F angenommen.

Ergebnis: F muss also nur 840 € zahlen.

Alternativlösungen: Wer – mit entsprechender Begründung – zu dem Ergebnis kommt, der Vertrag sei über einen Gesamtpreis von 1.680 € zustande gekommen, muss weiter prüfen, ob F diesen Vertrag wegen Irrtums (Inhaltsirrtum, § 119 Abs. 1 BGB) anfechten kann. Das wäre der Fall. Sodann stellt sich das Problem, wie viel F zahlen muss, da sie die Leistung ja in Anspruch genommen hat. P hätte dann einen Schadensersatzanspruch gem. § 122 BGB, sofern er das

Zimmer sonst zu einem höheren Preis hätte vermieten können. Allerdings trifft ihn ein Mitverschulden, da er durch nicht eindeutige Formulierung seines Angebots den Irrtum mitverursacht hat, so dass sein Anspruch gem. § 254 BGB gemindert oder gem. § 122 Abs. 2 BGB sogar ausgeschlossen ist.

In Frage kommt in diesem Fall weiter ein Anspruch aus §§ 812, 818 BGB. Danach muss F grundsätzlich den Wert der erhaltenen Leistungen ersetzen, kann sich aber hinsichtlich des 840 € übersteigenden Betrags auf den „Wegfall der Bereicherung" (§ 818 Abs. 3 BGB) berufen. Zu diesem Ergebnis müsste auch derjenige kommen, der einen Dissens (§ 155 BGB) annimmt, was mit entsprechender Begründung auch vertretbar ist.

Fall 17:

Entscheidungsgrundlage: §§ 117, 125, 128, 313 BGB

Ist V zur Vertragserfüllung verpflichtet?
Anspruchsgrundlage: § 433 Abs. 1 BGB
Der beurkundete Kaufvertrag über den Kaufpreis 250.000 € ist von den Beteiligten nicht gewollt, also ein Scheingeschäft gem. § 117 Abs. 1 BGB und damit nichtig. Durch diesen Vertrag wird jedoch ein anderes Geschäft (300.000 €) verdeckt. Nach § 117 Abs. 2 BGB könnte dieses Geschäft wirksam sein. Es ist aber – entgegen § 313 BGB – nicht beurkundet und deshalb gem. § 125 BGB nichtig.

Ergebnis: Der Kaufvertrag ist insgesamt nichtig; V ist nicht zur Vertragserfüllung verpflichtet.

Abwandlung: Die Lösung stellt sich zunächst genauso dar. § 313 S 2 BGB sieht jedoch eine Heilung des Formmangels vor, wenn Auflassung und Eintragung im Grundbuch erfolgen, d.h., der *gewollte* Vertrag (über 300.000 €) und *nicht* etwa das *Scheingeschäft* wird im nachhinein wirksam.

Quellennachweis

Baumbach, Adolf; Hueck, Götz: GmbH-Gesetz, 17. Auflage, München 2000

Hachenburg, Max; Ulmer, Peter; Behrens, Peter: GmbHG, 8. Auflage, Berlin 1992

Hummer, Waldemar; Simma, Bruno; Vedder, Christoph: Europarecht in Fällen, 3. Auflage, Baden-Baden 1999

König, Michael: Die Qualifizierung von Computerprogrammen als Sachen im Sinne des § 90 BGB, in: NJW 1989, S. 2604 f.

Larenz, Karl: Methodenlehre der Rechtswissenschaft, 6. Auflage, Berlin, Heidelberg u.a. 1991

Palandt, Otto: Bürgerliches Gesetzbuch, 60. Auflage, München 2001

Reese, Jürgen: Managerhaftung, in: DStR 1995, S. 532 ff.

Stober, Rolf: Allgemeines Wirtschaftsverwaltungsrecht, 12. Auflage, Stuttgart 2000

Wolf, Christian: Die Verwendung eines Fernkopieres zur Dokumentenübermittlung, in: NJW 1989, S. 2592

Weiterführende Literatur

Baur, Fritz (fortgeführt von Jürgen F. Baur, Rolf Stümer): Lehrbuch des Sachenrechts, 17. Auflage, München 1998
Dieses Werk gibt einen fundierten Überblick über das gesamte Sachenrecht.

Hattenhauer, Hans: Europäische Rechtsgeschichte, 3. Auflage, Heidelberg 1999
Gewährt einen tiefen Einblick in die Rechtsgeschichte von der archaischen Rechtstradition bis zum Neuaufbruch Europas nach dem II. Weltkrieg.

Hattenhauer, Hans: Grundbegriffe des Bürgerlichen Rechts, 2. Aufl., München 2000
Ein interessantes Werk, das dem Leser die Grundbegriffe des bürgerlichen Rechts in der jeweiligen zeitlichen Einordnung darstellt.

Hummer, Waldemar; Simma, Bruno; Vedder, Christoph: Europarecht in Fällen, 3. Auflage, Baden-Baden 1999
Sehr gut zusammengestellte Fallsammlung mit weiterführenden Hinweisen zum EG-Recht; sehr empfehlenswert für alle, die sich mit diesem Gebiet befassen wollen (müssen).

Kaufmann, Arthur: Grundprobleme der Rechtsphilosophie, München 1994
Gibt einen Überblick über die philosophischen Hintergründe des Rechts.

Larenz, Karl: Methodenlehre der Rechtswissenschaft, 6. Auflage, Berlin, Heidelberg u.a. 1991
Enthält einen Überblick über die Methoden zur Auslegung und Rechtsfortbildung des Rechts.

Liebs, Detlef: Lateinische Rechtsregeln und Rechtssprichwörter, 6. Auflage, München 1998
Wer Spaß an Rechtssprichwörtern hat, findet hier jede Menge „Futter".

Maurer, Hartmut: Allgemeines Verwaltungsrecht, 13. Auflage, München 2000
Stellt ein Standardwerk zum allgemeinen Verwaltungsrecht dar.

Medicus, Dieter: Bürgerliches Recht, 18. Auflage, Köln u.a. 1999
Für alle, die einen vertieften Einblick in die Anspruchsgrundlagen des Zivilrechts erlangen wollen, sehr zu empfehlen. Die Lektüre setzt allerdings gute Grundkenntnisse voraus.

Model, Otto; Creifelds, Carl; Lichtenberger, Gustav; Zirl, Gerhard: Staatsbürger-Taschen-buch, 30. Auflage, München 2000
Ein vorzügliches Übersichtswerk über den Staat, seinen Aufbau und seine Aufgaben.

Rohde, Christian u. Lorenzmeier, Stefan: Europarecht – schnell erfasst, 2. Auflage, Berlin u.a. 1999
Gibt eine sehr gute und verständliche Einführung in das Recht der Europäischen Gemeinschaften.

Steckler, Brunhilde: Kompendium Wirtschaftsrecht, 5. Auflage, Ludwigshafen 2000
Enthält insbesondere 30 – z.T. allerdings recht komplexe – Fälle mit Lösungen.

Stober, Rolf: Allgemeines Wirtschaftsverwaltungsrecht, 12. Auflage, Stuttgart 2000
Gibt einen guten Überblick über das Wirtschaftsverwaltungsrecht.

Wörlen, Rainer: Anleitung zur Lösung von Zivilrechtsfällen, 5. Aufl., Köln u.a. 1998
Wer mehr zur Fallbearbeitung an Hand von praktischen Fällen wissen möchte, ist hier gut aufgehoben.

Stichwortverzeichnis

Die Fundstelle wird als Absatznummer angegeben. Fette Ziffern verweisen auf die Hauptfundstelle.
Ein A vor der Ziffer weist auf eine Abbildung hin.

Abfallwirtschaftsrecht 74
Absolute Rechte s. Rechte
Abschlussfreiheit s. Vertragsfreiheit
Abstraktionsprinzip A42
Abtretung 218, 226, A38, 271
AG A19, 124, 135, A25, A27, **183**
– Auflösung 187
– Gründung 184
– Nachteile 188
– Organe 185
– Vorteile 188
AGB-Gesetz 29, 88, A39
Aktie 183
Akkreditierte Personen A16
Aktiengesellschaft s. AG
Allgemeine Geschäftsbedingungen 29, **304**
– Auslegungsregeln 313
– Besonderheiten für Kaufleute 310
– Gestaltungsspielraum A46
– Haftungsbegrenzung durch – A45
– Inhaltskontrolle 316
– Kollidierende 311
– Klauselverbote 317
– Unwirksamkeit 314
Allgemeiner Teil 56
Alltagssprache 37
Amsterdamer Vertrag 80
Amtsgericht 57
Analogie 44
Aneignung 217
Aneignungsrecht 224
Anfängliche Lücken 43
Anfechtung 227, A38, **289**, A44
– Erklärung der – 295
Angebot 242, **243**, A40, A41
Angelsachsen 18
Annahme 242, A40, **245**, A41
– moderierte 252
– verspätete 246, 249
Anscheinsvollmacht 112

Anspruch 49, 225
Anspruchsgrundlage **49, A9**
– dingliche 50, A9
– gesetzliche A9
– schuldrechtliche 50, A9
Antrag s. Angebot
Anwaltszwang 63
Anwartschaftsrecht 224
Arbeitsämter A15
Arbeitsgericht 58
Arbeitsrecht 32
Arbeitsverhältnis 32
Arbeitsvertrag 32
Architekten 253
Architektenkammer
Arzneimittelrecht 74
Ärztekammer 75
AO 156
Apothekerkammer 75
Arglist 293, A44
Atomrecht 74
Auflassung 216
Auflösung 154
Auflösungsbeschluss 187
Aufsichtsrat 177
Auftragsbestätigung 253
Augenschein 62
Ausbildung 76
Auslegung **36**
– Kriterien 42
– verfassungskonforme 41
– von Verträgen **254**
Außenverhältnis 97, 114, 160, 176
Außenvollmacht s. Vollmacht
Außenwirtschaftsrecht 74

Bank 248
Baurecht 74, 212, 222
Bedeutungszusammenhang 38

Stichwortverzeichnis

Bedingungen 301
- auflösende 302
- aufschiebende 302
Befristung 303
Behörden 167
- der Wirtschaftsverwaltung A15
Bekanntmachung
- unrichtige 132
Belastungen 212
Beliehene A16
Bereicherungsanspruch A36
Berufsgerichtsbarkeit 76
Berufung A10, 64
Beschwer 64
Beseitigungsanspruch A36, 222
Besitz 38, **205**, A34, 224
- Allein- 206
- fehlerhafter 208
- gutgläubiger 209
- Mit- 206
- mittelbarer A34
- Recht zum – 221
- Teil- 206
- unmittelbarer A34
- Vollbesitz 206
Besitzdiener 207
Besitzkonstitut 218
Bestandteile **193**
- wesentliche A30, 194
Bestätigungsschreiben 253
Betrieb 201
Betriebsverfassungsgesetz 32
Beweislastumkehr 25
Beweismittel 62
BGB 56, 88
BGB-Gesellschaft s. GbR
Bienen 190
Blankounterschrift 112, 279
Bote 92, 235
BRAGO 68
Brief 235
Bringschuld 298
Bundesarbeitsgericht 58
Bundesbank 74
Bundesfinanzhof 58
Bundesgerichtshof 57
Bundesgesetzblatt 22
Bundespräsident 22

Bundesrat 22
Bundesrecht 34
Bundessozialgericht 58
Bundestag 22
Bundesverfassungsgericht A10, A36
Bundesverwaltungsgericht 58
Bürger 88
Bürgerliches Gesetzbuch s. BGB

Case law 18
Computerprogramme 192

Deklaratorisch 128
Deliktsfähigkeit 89, A20
Denkmalschutzrecht 222
Dienstbarkeiten 212, 216
Diskriminierungsverbot 81
Dissens 257
- offener 261
- versteckter 263
Dritte 319
Drittschadensliquidation 323
Drohung 294
Duldungspflicht 222
Duldungsvollmacht 111

eG A19, 124, A25, 148, A27
EG-Richtlinien 83
EG-Verordnungen 34, 83
EG-Vertrag 81
Ehre A29
Eichämter A15
Eidesstattliche Versicherung 67
Eigenbesitz A34
Eigenmacht
- verbotene 208
Eigentum 38, A33, **210**, 224
- Allein- A35
- Erwerb des – **216**, **A37**, A38
- Gebrauch des – A36
- Gesamthand- A35
- Mit- A35
- Sicherungs- A33, 214
- Sonder- 213
- Störung des – A36
- Teil- 213
- treuhänderisches 214
- übertragung 271

- Verwertung des – A36
- Verbrauch des – A36
Eigentumserwerb 38
- gutgläubiger 38
Eigentumsgarantie
Eigentumsvorbehalt A33
Eingriffsverwaltung 15
Einheitliche Europäische Akte 80
Einigung 218
Einigungsmangel 259
Einmann-GmbH **178**
Einschreiben 235
Einspruch 58
Eintragung 216
Eintritt in ein Handelsgeschäft 142
Einwilligung 94
Einzelkaufmann s. Kaufmann
Eltern 103, 107
Energiewirtschaftsrecht 74
Enteignung A36
Erbbaurecht 198, A33
Erbrecht 56
Erklärungsbewusstsein 230
Erklärungsirrtum 291, A44
Erklärungstatbestand 229
Erlass A38, 271
Ersitzung 217
Erziehungsgeldgesetz 32
EU 79
EuGH 79
EU-Kommission 81
Europäische Parlament 81
Europäischer Rechnungshof 81
Europäische Union A17
Europäische Zentralbank 74
e.V. s. Verein
EWIV 144, A25, 164
ex nunc 116
ex tunc 92

Fallbearbeitung **48**
Fallstudie 156, 162
Falsa demonstratio 257, 289
Familiengericht 95
Familienrecht 56
Familiensachen A10, 61
Feiertagsgesetz 73
Fernabsatzgesetz 28, 88

Finanzgericht 58
Firma 126, **133**, 172, 186
- derivative **136**
- originäre **134**
- Schutz der – 139
Firmenausschließlichkeit 138
Firmeneinheit 137
Firmenfortführung 140, 142
Firmenwahrheit 134
Fischereirecht 224
Fiskalverwaltung 15
Fonds 77
Fördergebietsgesetz 74
Forderungen A29, 223, 225
Formkaufmann s. Kaufmann
Formelles Recht 12
Formmangel 278
Forstwirtschaft 122
Fortbildung 76
Fortsetzungsklausel 126
Freibleibend 244
Freie Berufe 75
Freiheit 224
- des Dienstleistungsverkehr 81
- des Kapital- und Zahlungsverkehrs 81
Freizügigkeit der Arbeitnehmer 81
Fremdbesitz A34
Fremdorganschaft 144
Frist 245
Früchte 203

GASP 80
Gastrecht 20
GbR A19, 124, A25, **147**, **A26**
Gebrauchsmuster 224
Gefahr 297
Gefahrstoffverordnung 74
Gegenstand **189**, **A29**
- körperlicher A29
- unkörperlicher 223
Geld 220
Geldwäschegesetz 74
Gemeinden 167
Gemeinschaftsrecht 81, 83, A18
Gemeinwohl 222
Genehmigung 94
Generalvollmacht 105
Genossenschaft s. eG

Genossenschaftsregister 168
Gerichtsbarkeit A10
Gerichtskosten A13
Gerichtssystem 57
Gerichtsvollzieher 67, 235
Gesamtgläubiger 325
Gesamtschuldner 325
Gesamtvertretung 107
Geschäftsanteile 175
Geschäftsbeziehung 251
Geschäftsfähigkeit 38, 89, **90**, A20
– beschränkte **94**, A21, 103
Geschäftsführer 103, 175, **176**
Geschäftsführung 158
Geschäftsführungsbefugnis 158
Geschäftsgrundlage 266
– Wegfall der – 264
Geschäftsherr A22
Geschäftsrisiko 266
Geschäftsunfähigkeit **91**
Geschäftswille 230
Gesetzgeber 22
– historischer 39
Gesellschaft bürgerlichen Recht s. GbR
Gesellschaft mit beschränkter Haftung
  s. GmbH
Gesellschaften A25
– Außen- 146
– Haftung der 161
– Innen- 146
– stille A25, 146, 166
Gesellschafter 148
– Ausscheiden eines 153
– beschlüsse 131
– bestand 136
– versammlung 175
Gesellschaftsformen 145
Gesellschaftsrecht 143
Gesellschaftsvertrag 149, 172, 181
Gesellschaftszweck 147, 181
Gesetz 9, **21**
– im formellen Sinne 10
– im materiellen Sinne 11
Gesetzeslücken 43
– anfängliche 43
– nachträgliche 43
– offene 43, **44**
– verdeckte 43, **47**

Gesetzespositivismus 5
Gesetzgebungskompetenz A4
Gesetzgebungsverfahren **22**
Gesetztes Recht 8
Gestaltungsfreiheit s. Vertragsfreiheit
Gesundheit 224
Gewaltmonopol 4
Gewerbe s. Handelsgewerbe
Gewerbebetrieb
– eingerichteter und ausgeübter 224
Gewerbeordnung 74
Gewerbliches Unternehmen 122
Gewillkürte Form 282
Gewinnverteilung 159, 175
Gewohnheitsrecht **7**
Gläubigerverzug 299
GmbH A19, 124, 135, A25, A27, **170**
– Beendigung 181
– Besteuerung 180
– Gründung 171, **A28**
– Nachteile 182
– Organe 175
– Vorteile 182
GmbH & Co. KG 145
Grundbuch 216
Grunddienstbarkeit 196, A33
Grundkapital 183
Grundpfandrechte A33
Grundschuld A33, 212, 216
Grundstücke 216
Gutachten 52

Haftung 152, 163, 179
– Des Geschäftsführers 176
– gesamtschuldnerische 173
Handelsbrauch 229, 253
Handelsgesetzbuch s. HGB
Handelsgewerbe 118
Handelsgeschäft
– Erwerb eines 136, 141
Handelsregister 120, 123, A23, **125**, 168, 174, 184
Handlungsbewusstsein 230
Handlungsfähigkeit 89, A20
Handlungsfreiheit 224
Handlungsstörer 222
Handlungsvollmacht 106
Handwerkskammer 75

Handwerksordnung 74
Hauptsache 201
Hauptzollämter A15
Haustürwiderrufsgesetz 28, 88
Herausgabeanspruch 209, A36, 218, 221
HGB 88
Hierarchie der Normen **34**
Historischer Gesetzgeber 39
Höchstgrenzen 25
Höchstpersönliche Geschäfte 98
Holschuld 297
Hypothek A33, 212, 216

Immissionsschutzrecht 74, 212
Immobilien A29
Implantate 224
INCOTERM 298
Industrie- und Handelskammer 75, 167
Indifferente Geschäfte 40
Inflation 265
Inhaberwechsel 136
Inhaltsfreiheit s. Vertragsfreiheit
Inhaltsirrtum 291, A44
Innenverhältnis 97, 114, 156, 176, 325
Innenvollmacht s. Vollmacht
Inpflichtgenommene A16
Insolvenz 127, 154, 181, 187
Instanzenzug im Zivilrecht 11
Interessenkollision 113
Internet 243
Invitatio ad offerendum 243
Irrtum 99, 100, **290**, A44
Istkaufmann s. Kaufmann

Jagdrecht 224
Jahresabschluß 175
Juristensprache 37
Juristische Personen s. Person

Kammer für Handelssachen 58
Kammergesetze
Kannkaufmann s. Kaufmann
Kapitalgesellschaften 144
Kauf 53
Kaufmann **118**, A23, 248
– Einzel- 134, 142
– Ist- (Muß-) 119
– Kann- 121

– kraft Rechtsform 124
– Schein- 123
Kaufmännische Einrichtung 120
KG A19, 124, 126, 135, 144, A25, **163**, **A26**
KGaA A19, 124, 135, A25, A27
Kirchen 167
Klage **60**
Klausel 66
Klauselverbote 317
Kleingewerbetreibende 147
Knebelungsverträge 285
Kommanditgesellschaft s. KG
– auf Aktien s. KGaA
Kommissionär 101, 248
Konjunkturentwicklung 266
Konstitutiv 128
Körper 224
Körperschaften 167
Kosten des Rechtsstreits **68**
Kreditwesen 74
Kündigung 227, A38
Kündigungsschutzgesetz 32

Ladenschlußgesetz 284
Ladenvollmacht 106
Lagerhalter 248
Landesarbeitsgericht 58
Landesrecht 34
Landesrundfunkanstalten 167
Landessozialgericht 58
Landesverfassung 34
Landgericht 57
Landwirtschaft 122
Landwirtschaftskamer 75
Leben 224
Legaldefinition 37
Leichnam 224
Leistungen an Dritte 319
Leistungsort 297
Leistungsverwaltung 15
Leistungsverweigerungsrecht 299
Leistungszeit 299
Lex specialis 35
Liquidation 155
Lohngleichheit von Mann und Frau 81

Maastrichter Vertrag 80
Mahnverfahren **65**

Makler 253
Marktordnung 74
Maßnahmegesetz A36
Materielles Recht 12
Miethöhegesetz 31
Mietrecht 30
Mietrechtssache 61
Minderjährige
  s. Geschäftsfähigkeit, beschränkte
Mindeststandards 25
Mitgliedschaftsrecht 223
Mittel-Zweck-Relation 294
Mobilien A29
Monopol 240, A39, 285
Moral 3
Mord 37
Motivirrtum 292, A44
Mutterschutzgesetz 32

Nachbarrecht 212
Nachschüsse 175
Nachträgliche Lücken 43
Name A29, 223, 224
Namenswechsel 136
Natürliche Person s. Person
Naturschutzrecht 222
Nebenbestimmungen 296
Nichtberechtigter 220
Nichtigkeitsgründe 275, A43
Niederlassung 126
Niederlassungsfreiheit 81
Nießbrauch A33, 216
Normen s. Gesetze
– Hierarchie der **34**
Notarielle Beurkundung 281
Notarkammer 75
Notstand 212
Notwehr A36
Nutzungsrechte A33

Oberlandesgericht 57
Oberverwaltungsgericht 58
Offene Handelsgesellschaft s. OHG
Offene Lücken 43, **44**
Öffentliche Beglaubigung 280
Öffentliches Recht 13, A2
OHG A19, 124, 126, 135, 144, A25, **157**,
  A26

Ordentliche Gerichte 58, A36
Organe 169, 185

Pacta sunt servanda 236, 267
Parteifähigkeit 38
Parteivernehmung 62
Partnerschaft A19, 144, A25, 164
Patent A29, 223
Patentanwälte
Patientendaten 27
Person **86**, A19
– natürliche **87**, A19, 148
– juristische A19, 103, A25, 148, **167**, A27
Personengesellschaft A19, 144, A25, **146**, 148
Personenhandelsgesellschaft 142
Persönlichkeitsrecht 224
Pfandrecht 224
Pfändung 67
pFV 47
Pflichtversicherung A39
positive Forderungsverletzung s. pFV
positive Vertragsverletzung s. pFV
Positives Recht 8
Preisauszeichnung 74
Preisrecht 74
Prioritätsgrundsatz 274
Privatrecht 13, A2
Prozeßfähigkeit 38
Private-Public-Partnership A16
Prokura 106, 117, 126, 175
Publizität 129
pVV s. pFV

Quittung 112

Rat der EU 81
Realakte 227
Reallasten A33
Recht **1**, A2
– formelles 12
– gesetztes 8
– immaterielle A29
– materielles 12
– positives 8
– subjektives 5
Rechte 196
– absolute 223, **224**
– dingliche A33

– relative 223, **225**
Rechtsanwalt 253
Rechtsanwaltsgebühren A14
Rechtsanwaltskammer 75
Rechtsfähigkeit 38, **89**, A20
– kraft Verleihung 169
Rechtsfamilien **17**, A3
Rechtsgeschäft 227, A38
– anfechtbares **289**
– sittenwidrige 285
Rechtsscheinshaftung 112
Rechtsschutzversicherung 69
Rechtssubjekte 87
Rechtsquellen A1
Reduktion
– gestaltungserhaltende 315
– teleologische 47
Regelungsabsicht 39
Regionalplanung 74
Relative Rechte s. Rechte
Rentenschuld 216
Repräsentant 99
Revision A10, 64
Rezeption 18
Risiko 297
Rohstoffpreise 266
Römische Verträge 80
Rücktritt A38

Sache 37, A29, **192**, A30
– bewegliche A30, 217
– herrenlose 217
– nicht verbrauchbare A32
– nicht vertretbare A31
– unbewegliche A30
– verbrauchbare A32
– vertretbare A31
Sachenrecht 56
Sachherrschaft
– rechtliche 211
– tatsächliche 211
Sachverhalt 48, A6
Sachverständige 62, 76
Salvatorische Klausel 288
Satzungen 34
Schadenersatz 25, 54, A36, 247
Scheingeschäft 276
Scheinkaufmann s. Kaufmann

Schenkung 92
Scherzerklärung 277
Schiedsgerichtsverfahren 59
Schiedsstellen 76
Schikaneverbot 212
Schmerzensgeld 38, 54
Schriftform 279
Schuldnerverzug 299
Schuldrecht 56
Schutzrechte, gewerbliche A29
Schweigen 130, **248**
Schwerbehindertengesetz 32
Selbstbedienung 243
Selbstkontrahieren 113
Selbstorganschaft 144
Selbstverwaltung 75
Sicherungsabrede 214
Sicherungseigentum s. Eigentum
Sicherungsrechte A33
Sinn und Zweck der Norm 39
Sitte 3
– gute A39
Sitz 169
Sitzverlegung 126
Sonderrechtstheorie 15
Sorgerecht 224
Sozialgericht 58
Sozialisierung 71
Sozialpflichtigkeit 212
Sparkassen 167
Spediteur 101, 248
Spekulationsgeschäfte 266
Städte 167
Stammkapital 170, 172, 175
Standesrecht
Stellvertretung **97**, A22
Steuerberater 253
Steuerberaterkammer 75
Steuern 37
Stiftung 167, A27
Stockwerkseigentum 213
Störer 222
Strahlenschutzrecht 74
Streitwert 61
Stückaktie 183
Subjektives Recht 5
Subjektstheorie 15
Subordinationstheorie 15

Subvention 74
Subsumtion 48, A6, **51**, A7

Taschengeld 96
Täuschung
– arglistige **293**, A44
Tatbestand 48, A6
– eintragungspflichtige **126**, A24
Teilnichtigkeit 47, 287
Telefax 235, 247, 279
Telegramm 235, 279
Teleologie 40
Teleologische Reduktion 47
Telex 245, 279
Testament 227, A38, 232
Tiere 87, 190
Tierärztekammer 75
Tierhalterhaftung 191
Tierschutz 190
Titel 66
Totschlag 37
Treu und Glauben 29, 212, 235, 251, 265
Treuhandabsprache 214

Übereignung s. Eigentum
Übergabe 218
Überraschungsklausel 312
Umgangssprache 37
Umsatzsteuer 156
Umweltrecht 212
Unerlaubte Handlung 54
Universitäten
Unterlassungsanspruch A36, 222
Unverbindlich 244
Unverlangt zugegangene Ware 250
Urheberrecht A29, 223, 224
Ursprungszeugnisse 76
Urteile 11, 52
UWG 33

Veranlagung 37
Verarbeitung 217
Verbindung 195, 217
Verbote 25
– gesetzliche A39
Verbraucherkreditgesetz 28, 88
Verbraucherschutz 74
Verdeckte Lücken 43, **47**

Verein A19, A25, 167, 169, A27
Vereinsregister 168
Verfassungsbeschwerde A36
Verfassungskonforme Auslegung 41
Verfügung 38, 216, **269**, A42
Verfügungsmaxime 60
Verhalten
– konkludentes 229
– schlüssiges 229
Verhandlungsmaxime 60
Verkäufer 101
Verkehrsrecht 74, 212
Verkehrssitte 229, 255
Verluste 159
Vermischung 217
Vermittlungsverfahren 22
Verpflichtung 38, 216, **269**, A42
Versandhaus 243
Versicherungsrecht
Versicherungsverein auf Gegenseitigkeit
  s. VVaG
Vertrag 227, A38, **236**
– Anpassung 268
– Aufhebung A38, 268
– einseitig verpflichtende 237
– Einbeziehung von AGB 308
– Mit Schutzwirkung für Dritte **321**
– Nebenbestimmungen **296**
– Nichtigkeit s. Nichtigkeitsgründe
– gegenseitige 238
Vertragserklärungen A40
Vertragsfreiheit 25, 239, A39, 306
Vertragsverhandlungen 253
Vertragsschluß A41
Vertreter s. Stellvertreter
Vertreter ohne Vertretungsmacht 108
Vertretung 160
– befugnis 176
– gesetzliche **103**
– gewillkürte **104**
Vertretungsmacht 102
Verwaltungsakt 37
Verwaltungsgericht 58, A36
Verwaltungsgerichtshof 58
Verwaltungshelfer A16
Vieh 201
Völkerrecht 34
Volljährigkeit 90

Stichwortverzeichnis

Vollmacht **104**, 227, A38
– Außen- 104, **110**
– Erlöschen **117**
– Innen- 104
– urkunde 110, 117
Vollrausch 93
Vorkaufrecht A33, 216
Vorgesellschaft 173, 184
Vorgründungsgesellschaft 171, 184
Vormundschaftsgericht 96
Vorstand 103, 185
Vorteil 96, A21
Vorverfahren 58
VVaG A19, 124, A25, A27

Währungsrecht 74
Warenzeichenrecht 224
Wassergebrauchsrecht 224
Wasserhaushaltsrecht 74
Weiterbildung 76
Wegerecht 216
Wertpapier 183, 220
Wettbewerbsordnung 33
Widerrufsrecht 28
Widerspruch 58
Wiedereinräumung 208
Wiederverheiratungsklausel 302
Willen 228, **230**, 257
Willenserklärung 99, **228**, A39, 257
– einseitige 227
– empfangsbedürftige 232
– mehrseitige 227

– schwebend unwirksame 94
– Zugang 234
Wirtschaftsförderung 74
Wirtschaftsordnung 71
Wirtschaftsprivatrecht **23**, A5
Wirtschaftsverfassung **71**
Wirtschaftsverwaltung **71**, 74
Wohnrecht 216
Wohnungseigentumsgesetz 213
Wortsinn 37
Wucher 286
Zahnärztekammer 75

ZBIJ 80
Zeitungsanzeige 243
Zeugen 62
Zivilrecht s. Privatrecht
Zollkodex 34
Zubehör 200
Zugang 246
Zurückbehaltungsrecht 299
Zuständigkeit A12
Zustandsstörer 222
Zustellung 66
Zustimmung 94, 96
Zwangsgeld 127
Zwangsversteigerung 67
Zwangsverwaltung 67
Zwangsvollstreckung **66**
Zweckvermögen 167
Zweigniederlassung 126
Zwischenbelieferung 244

Klausur Intensiv Training BWL

Herausgegeben von Prof. Werner Pepels

Diese innovative Buchreihe deckt alle Klausur relevanten Lerninhalte der gängigen Curricula im Studium ab und eignet sich deshalb hervorragend zur Ziel orientierten Prüfungsvorbereitung. Jeder Band ist dabei auf die wesentlichen Inhalte konzentriert, von überschaubarem Umfang und im Text lesefreundlich aufgemacht.

Die Reihe besteht aus folgenden 20 Bänden:

Band 1:
Hilmar Vollmuth
Buchführung
2001. 196 Seiten. Kart.
DM 29,90
ISBN 3-17-016552-6

Band 2:
Frank-Jürgen Witt
Externe Rechnungslegung
2000. 232 Seiten. Kart.
DM 29,90
ISBN 3-17-016497-X

Band 3:
Ute von Lojewski
Jobst Thalenhorst
Kostenrechnung
2001. 196 Seiten. Kart.
DM 29,90
ISBN 3-17-016460-0

Band 4:
Frank-Jürgen Witt
Controlling
2000. 214 Seiten. Kart.
DM 29,90
ISBN 3-17-016457-0

Band 5:
Joachim Sprink
Finanzierung
2000. 160 Seiten. Kart.
DM 29,90
ISBN 3-17-016458-9

Band 6:
Klaus ter Horst
Investition
2001. 216 Seiten. Kart.
DM 29,90
ISBN 3-17-016459-7

Band 7:
Günter Seigel
Steuerlehre
2001. 212 Seiten. Kart.
DM 35,–
ISBN 3-17-016464-3

Band 8:
Klaus-Michael Fortmann
Angela Kallweit
Logistik
2000. 244 Seiten. Kart.
DM 29,90
ISBN 3-17-016461-9

Band 9:
Radu Mihalcea
Produktion
Ca. 200 Seiten. Kart.
Ca. DM 30,–
ISBN 3-17-016705-7

Band 10:
Michael Zerres
Marketing
2000. 160 Seiten. Kart.
DM 29,90
ISBN 3-17-016462-7

Band 11:
Georg Siedenbiedel
Organisationslehre
Ca. 200 Seiten. Kart.
Ca. DM 30,–
ISBN 3-17-016498-8

Band 12:
Thomas Stelzer-Rothe
Frank Hohmeister
Personalwirtschaft
2001. 216 Seiten. Kart.
DM 29,90
ISBN 3-17-016463-5

Band 13:
Werner Pepels
Unternehmensführung
2000. 224 Seiten. Kart.
DM 29,90
ISBN 3-17-016465-1

Band 14:
Felicitas Albers
Ferdinand Rüschenbaum
Wirtschaftsinformatik
Ca. 200 Seiten. Kart.
Ca. DM 30,–
ISBN 3-17-016567-4

Band 15:
Horst Peters
Wirtschaftsmathematik
Ca. 200 Seiten. Kart.
Ca. DM 30,–
ISBN 3-17-016706-5

Band 16:
Elke Hörnstein
Horst Kreth
Wirtschaftsstatistik
Ca. 200 Seiten. Kart.
Ca. DM 30,–
ISBN 3-17-016704-9

Band 17:
Udo Beer/Jürgen Reese
Allgemeines Wirtschaftsrecht
2001. 220 Seiten. Kart.
DM 29,90
ISBN 3-17-016499-6

Band 18:
Udo Beer/Jürgen Reese
Besonderes Wirtschaftsrecht
Ca. 200 Seiten. Kart.
Ca. DM 30,–
ISBN 3-17-016500-3

Band 19:
Martin Wenke
Makroökonomie
Ca. 200 Seiten. Kart.
Ca. DM 30,–
ISBN 3-17-016501-1

Band 20:
Rüdiger Hamm
Mikroökonomie
2001. 204 Seiten. Kart.
DM 29,90
ISBN 3-17-016502-X

Kohlhammer

W. Kohlhammer GmbH · 70549 Stuttgart · Tel. 0711/78 63 - 72 80

Harm Peter Westermann

Grundbegriffe des BGB

Eine Einführung anhand von Fällen
Begr. von Harry Westermann
15., überarbeitete Auflage 1999
181 Seiten. Kart. DM 30,70
ISBN 3-17-015548-2

Das Buch gibt einen ersten Überblick über die mit dem Bürgerlichen Gesetzbuch unternommene Ordnung der privaten Rechtsverhältnisse. Ausgehend von einfachen Fällen und anhand der zu ihrer Lösung anzustellenden Überlegungen werden wichtige Institute und Einzelvorschriften des Gesetzes erläutert und auf dieser Grundlage sodann die Zusammenhänge und das Ineinandergreifen rechtlicher Regeln aufgezeigt. Dies geschieht schwerpunktmäßig anhand des Vermögensrechts in den ersten drei Büchern des BGB, daneben aber auch durch Vorstellung zentraler Fragenkreise des Familien- und des Erbrechts.

Die 15. Auflage berücksichtigt ferner verschiedene in Sondergesetzen geregelte, heute zunehmend in der Praxis wichtige Materien wie den Verbraucherschutz oder die Produzentenhaftung. Insbesondere hier mußten die Einflüsse der Rechtsangleichung innerhalb Europas eingearbeitet werden. Schließlich legt die Neuauflage besonderes Gewicht auf die in einer tiefgreifenden Reform neu gestalteten Materien des Familien- und Erbrechts.

Das Buch ist als Leitfaden zu einer ersten Erschließung des BGB-Systems für Studierende an Universitäten und Fachhochschulen, aber auch an Verwaltungs- und Wirtschaftsakademien gedacht.

Kohlhammer

W. Kohlhammer GmbH · 70549 Stuttgart · Tel. 0711/78 63 - 72 80